衍义体研究

YANYITI
YANJIU

孙先英 刘丽莎 向娟妮 著

社会科学文献出版社
SOCIAL SCIENCES ACADEMIC PRESS (CHINA)

目 录
Contents

绪　论

一　研究状况

（一）研究动机

（1）真德秀①《大学衍义》所创立的衍义体突破了注释性阐释经典的传统，开启了用历史故事敷衍义理的路径，完成了程朱理学的政治化，填补了"朱学由哲学理论到现实政治的理论基础之间的空白"②，从而实现了对当下政治的建构和规划的新的模式，成为现实政治的思想基础。在两宋《大学》阐释的视域下，本书探讨《大学衍义》的阐释特点、在经典阐释上的典范意义，这是研究的动机之一。

（2）真德秀《大学衍义》所建立的衍义体对元明清三朝影响极大，仿

---

① 真德秀（1178~1235 年），字希元，号西山，福建浦城县人，南宋庆元五年（1199 年）进士，开禧元年中博学宏词科。开禧三年（1207 年）为博士，嘉定元年（1208 年）任太学正，二年（1209 年）为校书郎，三年（1210 年）为秘书郎，四年（1211 年）为著作佐郎，五年（1212 年）为军器少监、兼直学士院。六年（1213 年）除起居舍人，兼太常少卿，充金国贺登位使。十年（1217 年）知泉州，十二年（1219 年）知隆兴府，十五年（1222 年）知潭州。宝庆元年（1225 年）落职罢祠。绍定四年（1231 年），复原官原祠，五年（1232 年）知泉州，六年（1233 年）知福州兼福建安抚使。端平元年（1234 年）十月进献《大学衍义》，继而迁参知政事，进资政殿学士，二年（1235 年）五月去世。著有《西山集》《大学衍义》《西山读书记》《心经》《政经》《文章正宗》《续文章正宗》等。

② 何俊：《南宋儒学建构》，上海人民出版社，2004，第 342 页。

作、节选之作约有 49 部之多。因此，从文献学角度，梳理这些作品的数量、写作朝代、作者、馆藏等基本状况，可以为深入的《大学衍义》价值或地位研究提供文献支撑，这是研究的动机之二。

（3）衍义之作又因社会背景的变化，其阐释目的、阐释体例、阐释方式等也随之不同。揭示和解释这种不同，有助于扩展理学后期多样性发展的研究领域，有助于揭示程朱理学在宋元明清不同历史时期的发展特点和发展逻辑，这是研究的动机之三。

（4）阐释衍义体对程朱理学的价值及其衰落所产生的影响，这是研究的动机之四。

（二）国内外相关研究的学术史梳理及研究动态

衍义体是由真德秀创建的一种经典阐释的新模式，是面向《大学》与它所处的特殊的历史环境、以当下和未来的应用为价值取向，它将理气、心性、天理、人欲、天命之性、气质之性、理一分殊等理学特有的重要概念，贯穿于衍义之作中，通过对经典文本的衍义来实现理学的政治目的，填补了程朱理学由"哲学理论到现实政治的理论基础之间的空白"[①]。

经典诠释研究思潮起于 20 世纪初，至今仍是热点。在这个思潮下，出现了一批比较有价值的研究成果。这些成果或是进行中西方的参照比较研究，或是沿着传统疏解的道路前进。诠释学具体成果有三：第一，这些成果主要以儒家经典为主，以诠释学方法来重构性地解读经典。第二，借助西方诠释学，进行东西方相关思想的对比融通。第三，开创中国诠释学的可能性探讨。目前学术界研究衍义体这一经典新模式的朱人求，他先后发表了《衍义体：经典诠释的新模式——以〈大学衍义〉为中心》和《衍义体在东亚世界的影响及其衰落》两篇论文。

衍义体这一概念是朱人求在他的论文《衍义体：经典阐释的新模式——以〈大学衍义〉为中心》中提出的。他认为，衍义是一种解释行为，是指对文本及其意义的扩展、发挥，使之流传久远。[②] 而衍义体是"以真德秀《大学衍义》诠释体例作为典范的经典诠释方式。《大学衍义》

---

① 何俊：《南宋儒学建构》，上海人民出版社，2004，第 342 页。
② 朱人求：《衍义体：经典诠释的新模式——以〈大学衍义〉为中心》，《哲学动态》2008年第 4 期。

开创了一种遵循'确立纲目、先经后史、诸子议论、自己按语'的原则和次序的经典诠释体例，它遵从'以义求经'的诠释原则，根据自己的诠释目的和诠释框架来推衍、发挥经义，重视经史互证、理事合一，以经世致用为基本价值取向，以服务帝王为根本目的，带有鲜明的时代性"。① 该文通过经典衍义和经典注疏的对比，认为"从经典注疏到经典衍义是我国经典诠释学发展的一个新突破，'衍义体'的突破在于完成了诠释中心、对话客体、诠释的时间性、诠释的方法、内容和形式等的根本转变"。② 并从"文本中心的转移""对话客体的转移""诠释的时间性的转移""诠释方法的突破""诠释内容和表现形式的多样性"五个方面挖掘衍义体的内涵、价值及影响，从而来展现衍义体相对于传统注疏的"新"突破并确立了衍义体这种经典阐释模式。朱人求认为衍义体成为帝王之学的诠释体裁原因有三：一是为帝王量身定做，以安邦济国为主要宗旨；二是衍义本身的宏大气魄与"帝王之象"密切相关；三是衍义"朝宗"之义。另外，通过对宋以前相关阐释著作的考察，朱人求认为衍义经历了由推衍议题到"推衍经典、阐发圣人之旨"的转变，这种"推衍经典、阐发圣人之旨"的衍义体始于南宋叶时③的《礼经会元》，而成于真德秀。

朱人求、王玲莉的《衍义体在东亚世界的影响及其衰落》一文，阐述了衍义体经世化性质和世界化、世俗化两大传播方向，并分析了衍义体最终衰落的原因。这篇论文对衍义体的性质、作用、意义及影响阐述得更加清晰。④ 但以上两篇文章均未探讨衍义文本的演变以及衍义体与程朱理学之间的相互关系。

此外，有一些论著虽不是以《大学衍义》的阐释模式为专题进行研究，但有所论及，如康士统在《真德秀〈大学衍义〉之研究》中注意到了《大学衍义》之后的一批仿作，提及了衍义派的存在，认为《大学衍义》

① 朱人求：《衍义体：经典诠释的新模式——以〈大学衍义〉为中心》，《哲学动态》2008年第4期。
② 朱人求：《衍义体：经典诠释的新模式——以〈大学衍义〉为中心》，《哲学动态》2008年第4期。
③ 叶时，字秀发，自号竹野愚叟，浙江括苍人，宋淳熙十一年（1184年）进士。历官奉国军节度推官、工部尚书、吏部尚书。
④ 朱人求、王玲莉：《衍义体在东亚世界的影响及其衰落》，《社会科学战线》2011年第3期。

"开创研究大学之衍义一派"①，但并没有对此进行探讨。向鸿全《真德秀及其〈大学衍义〉之研究》一书从方法论、思想体系、"庆元党禁"之后哲学性考察、真德秀的道统及《大学衍义》的解经方法等方面展开讨论，特别是在其第五章"《大学衍义》之解经方法论析"中，对"衍义"的含义、内容、体例及意义等多方面进行了深入探讨。② 钟文荣《真德秀〈大学衍义〉研究》一书，将《大学衍义》放到真德秀《大学》之学的研究范围之内和两宋《大学》研究的学术系统中，考察了《大学衍义》的阐释特征和方式，揭示了衍义体之产生及《大学衍义》的阐释特色。③

综上所述，该领域尚待深入的地方有以下几个方面：

（1）衍义体还需要从学理上反思其发生的缘由。

（2）已有的研究均未对大量的仿作及删节、辑要之作进行文献学研究。

（3）衍义之作所反映出来的经世思想演变。

（4）衍义体的价值及其当代意义需要探讨。

（三）本书的价值

借用经典阐释或注释的形式创造和建构新的思想体系，是中国古代哲学发展的重要形式，它有别于西方哲学发展传统的特点，然而学术界对此探讨不多。故本书以衍义体为题，对相关问题展开研究，其独到的学术价值和应用价值如下。

第一，就学术思想上的价值而论，以衍义体为题的研究，既可以揭示宋明理学经世思想的内在发展逻辑线索，又可见理学在宋元明清各个时期不同的发展特点。

第二，就传播理学价值而论，一是致君，《大学衍义》《大学衍义补》等衍义之作成为元明清三朝经筵必读书目；二是化民，陈宏谋④《大学衍

---

① 康士统：《真德秀〈大学衍义〉之研究》，花木兰文化出版社，2008。
② 向鸿全：《真德秀及其〈大学衍义〉之研究》，花木兰文化出版社，2009。
③ 钟文荣：《真德秀〈大学衍义〉研究》，黑龙江人民出版社，2011。
④ 陈宏谋（1696~1771年），清朝中期政治人物。字汝咨，曾用名弘谋，因避乾隆帝"弘历"之名讳而改名宏谋。临桂（今广西桂林）人。清雍正元年恩科第一，次年进士及第，官至东阁大学士，谥文恭，《清史稿》卷307有本传。著有《大学衍义辑要》六卷、《大学衍义补辑要》十二卷、《吕子节录》四卷、《补遗》二卷、《养正遗规》三卷、补一卷、《教女遗规》三卷、《训俗遗规》四卷、《从政遗规》二卷、《学仕遗规》、《在官法戒录》四卷、《培远堂偶存稿》十卷。

义辑要》《大学衍义补辑要》等书,在清中后期成为士子普通读物;三是影响海外,《大学衍义》《大学衍义补》等流播朝鲜、越南、日本等地,一时仿作继起,扩大了程朱理学在海外的影响。

第三,就经典阐释的价值而论,遵循从文献到学理的研究路数,从两宋《大学》注疏系统到真德秀《大学衍义》所创建的衍义体,是不同时代理学家们经世思想的体现。研究和揭示衍义体的发展轨迹及其内蕴,可以更深入地研究它在阐释学上的价值、意义,扩大理学研究视域,丰富其研究手段。

第四,就文献价值而论,"达于圣听"为目的、以传达理学为价值取向,而依附于理学走经世化道路的衍义之作随着经筵、科举等制度兴盛而得到重视,也随着经筵、科举等制度的衰落而无人问津,散佚严重,需及时对宋元明清各个时期的衍义之作的数量、作者、著录、版本、存佚、收藏和流传等情况做出系统、全面的文献梳理,为以后的研究打下坚实的文献基础。

二 本书的总体结构

(一) 研究对象

衍义体的兴起体现了程朱理学的治世特点,对中国传统社会精英的经世之道之术影响甚深,它促使了程朱理学经世思想的政治化、世俗化和国际化。

(二) 总体框架

第一章"经典阐释视域下的衍义体"。本章分为两节,第一节探讨衍义体产生的必然性、衍义体的阐释系统以及衍义体对《大学》传统注释方式的突破意义这样三个问题。第二节探讨了衍义体在经典阐释上的典范意义。衍义体在经典阐释上的典范意义是建立了可以仿效的衍义模式、确立了义理化原则,这开启了后人汇聚经典、以衍义之义阐释经典的新途径,推衍《大学》之道,也推衍其他经典之义,以开拓经学之新领域。后世遵循衍义体而创作的作品不少,多达 49 部。

第二章"衍义之作的特点及发展分期研究"。本章分为四节，首先，从文献学角度，分别从衍义类著述的确定，有关书名、作者、卷次问题的讨论，衍义类著述著录情况叙略，衍义类著述版本及收藏地以及著述者背景的变化五个方面，对现存49种衍义类作品进行了分析。其次，从衍义类著作分类、结构上的调整、引书变化、按语的表达四个方面进行了分析。衍义类作品，从发展的类型上看，主要可以分为两类：一类是沿袭《大学衍义》体例，继续衍义《大学》；第二类是以《大学衍义》的体例去衍义其他著作、篇章。而引证范围有一个基本发展倾向，即由古及今，由经到史，由先儒到当代名人，由古籍到圣谕等的变化。再次，按衍义体的发展逻辑，宋代是其创立时期，这一时期的《大学》阐释，主要还是沿着程朱以来的传统阐释义理，而体例也是随文阐述。《大学衍义》的影响在元代开始发酵，由皇帝、大臣的重视到以衍义体为轨范的著述。但此时的影响还比较微弱，并没有形成一股《大学衍义》的模仿潮流，此阶段乃是衍义体的发展阶段。相比于宋元时期，衍义类仿作著述无论在数量上还是在运用形式上，明代都可说得上是衍义体发展的兴盛时期，现存的衍义之作大都是明代留下来的。到了清朝，拟作或节略《大学衍义补》的热情消减了，又回归到对《大学衍义》进行增删改补的路子上。徐桐①、庆恕②、强汝询③等人的作品就是此类代表。相对于明代衍义类著作的繁盛，清代的衍义类著作急剧减少，直至最终消亡。最后，从各朝艺文志、书目的载录看，衍义体在《大学》阐释中并不居主流地位。

第三章"衍义之作的经世策略之变"。本章分为三节，第一节论述了从宋到清衍义之作的经世之术。真德秀所著《大学衍义》以《大学》作间

---

① 徐桐（1820~1900 年），字豫如，号荫轩，汉军正蓝旗人，清道光年间进士。先后任太常寺卿、都察院左副都御史、内阁学士、礼部右侍郎、礼部尚书、吏部尚书、协办大学士、体仁阁大学士、武英殿大学士等。徐桐师宗宋儒，出于倭仁门下，素负理学名，曾撰成《大学衍义体要》进呈。

② 庆恕（1840~1919 年），字云阁，今辽宁抚顺人，萨克达氏，满洲镶黄旗人。清光绪二年（1876 年）进士。著有《医学摘粹》《养正山房诗文集》《讲武要法》《三字心法》《大学衍义约旨》等。

③ 强汝询（1824~1894 年），字赓廷，一字莪叔，江苏溧阳人。清咸丰九年举人，授赣榆教谕，不赴。著有《求益斋文集》《求益斋诗钞》《春秋测义》《大学衍义续》《汉州郡县吏制考》《金坛见闻记》等。

架将帝王之学加以理论系统化，尊德性是《大学衍义》的主要内容。丘浚①的《大学衍义补》更加注重国家制度的建设与操作。到了清代，陈宏谋《大学衍义辑要》《大学衍义补辑要》所展示的是由士到仕经世之术的变化。第二节探讨衍义体从宋到清的经世路径，从真德秀的《大学衍义》和丘浚的《大学衍义补》，二者走的都是达于圣听的经筵讲读之路。到了清代，分化为三条路径：一是经筵之路，这是衍义作品经世的主要路径，其在清代发生了分流，经筵之路越来越窄，最终沦为形式；二是作为读书人的经世读物，成为他们的进身工具或素养读物；三是回归学术，从学理上得到众多学者的认同。第三节探讨了从真德秀的《大学衍义》到丘浚的《大学衍义补》再到陈宏谋的《大学衍义辑要》《大学衍义补辑要》，衍义之作阐释旨趣发生的演变，从《大学衍义》以正君心、格君心为政治构想的经世旨趣，变为《大学衍义补》以构建一套全面制度以制约君权为旨归，再到陈宏谋《大学衍义辑要》《大学衍义补辑要》以普通读书人的进德修行为中心的经世旨趣。

　　第四章"衍义体的价值及其衰落"。本章分三节，第一节从"内圣外王、修己治人""述而不作""重视史实和故事""进言上书的理论根据"四个方面，探讨了衍义体对传统精英思想方式的影响。衍义类著述遵循述而不作的著述之路，以史实和故事敷衍经义，并把衍义之作当作进谏进言的依据、治道良方。第二节探讨了衍义体对程朱理学的传播价值，衍义体对程朱理学的传播有三个主要方向，一是官方化。一批衍义类作品成为经筵讲义，得到了帝王的认可，大臣也以之为依据进谏进言。二是世俗化，衍义体一开始是专门为国君量身打造的，后来其阅读群体逐渐由国君走向普通士子，由经筵讲义变作普通读物。阅读群体的扩大，也扩大了程朱理学的接受范围。三是衍义体还把程朱理学带到国外，促进了程朱理学的国际化。程朱理学于宋元时期便开始传入韩国、越南、日本等国，而后影响东方诸国之思想、文化700多年。第三节探讨了衍义体的衰落。至清代，

---

① 丘浚（1421~1495年），字仲深，琼山（今海南海口市）人，明代中期著名的经学家。历事景泰、天顺、成化、弘治四朝，先后出任翰林院编修、侍讲学士、翰林院学士、国子监祭酒、礼部尚书、文渊阁大学士等职，弘治七年升户部尚书兼武英殿大学士。主要著作有《大学衍义补》《琼台诗文会稿》《朱子学的》等。《明史》卷181有传。丘浚，又写作丘濬。本书在正文统一用丘浚。

随着皇权进入历史，严重依赖经筵制度和科举制度的衍义体，也渐渐湮灭。且清代学术重心由理学转向传统经学，在这个大的学术背景下，衍义这种烦琐且冗长的解经方式已经不符合当时的学术发展潮流，走向衰落也就成了它必然的命运。

第一章　经典阐释视域下的
衍义体

在真德秀《大学衍义》出现以前，衍义仅作为一种考证名物、辨证谬误、推衍意义的阐释方式，并不具有政治意义。朱人求在《衍义体：经典诠释的新模式——以〈大学衍义〉为中心》一文中对衍义体有一个明确的定义，他说："所谓'衍义体'，就是以真德秀《大学衍义》诠释体例作为典范的经典诠释方式。"① 故衍义体包括真德秀《大学衍义》所创建的衍义体，也包括模仿《大学衍义》的体例而出现的一大批仿作。

第一节　经典阐释中的衍义体

一　关于衍

1. "衍"字释义

《易·系辞》"大衍之数五十"，"衍"有推衍、漫衍之义。《说文》："衍，水朝宗于海貌也。郑玄注：'衍，演也。'"② 高亨注曰："先秦人称

---

① 朱人求：《衍义体：经典诠释的新模式——以〈大学衍义〉为中心》，《哲学动态》2008
第4期。
② （汉）郑玄注，（宋）王应麟辑，（清）丁杰等校订《周易郑注》，中华书局，1985，第
89页。

9

算卦为衍，汉人称算卦为演，衍与演古字通也。"① "衍"与"演"通用现象，在古代著录中经常见到，如元代李治的《益古衍义》也作《益古演义》，梁寅《诗演义》也作《诗衍义》，明代王崇庆的《诗经衍义》也作《诗经演义》，明代罗贯中《三国演义》也作《三国衍义》。此时的衍不再和算卦有太大关联，而是"推衍、推广"之意。《孔丛子》云："泽之广谓之衍。"衍便有广的含义，如《演左氏传谚族图》是"以左氏学世谱增广之，贯穿系叙，差无遗略"，② 宋朝寇宗奭的《本草衍义》也作《本草广义》。

演在增广的同时也带有考证考辨之义。唐代苏鹗的《苏氏演义》，陈振孙《直斋书录解题》说此书"皆考究书传，订正名物，辨证讹谬，有益见闻"。③《本草广义》二十卷，晁公武《郡斋读书志》解题曰："以《本草》二部，著撰之人，或执用己私，失于商榷；并行诸家之说，参之事实，核其情理，证其误脱，以成其书。"④ 宋代胡旦《演圣通论》三十六卷，《崇文总目》曰："以《易》、《诗》、《书》、《论语》先儒传注得失参糅，故作论而辨正之。"⑤ 衍之推广义有利于后来衍义体用经史子集填充经义，而这种考辨之义有益于衍义体纠谬崇正的思路。

另外，衍也有朝宗之义，此义被认为最符合衍义体之衍的内在精神。"由于水必有所归，江河必汇流入海，因此'衍'的另一个意义，当与百川泾渭必朝海流去的终极意义有关，也就是说，众水在汇流前或许各不相干，各有其行径，然殊途而同归，必将朝大海而去，因此'朝宗'便成为更积极的意义，而不仅仅是支流散漫而已。"⑥ 这种径流朝宗的含义与"衍义体"把各分散的经史子集等史料、史实等汇于一宗的精神暗合。

2. 衍义

衍义的含义也随着衍字意义而发生变化，经历了由扩充、阐释含义到

---

① 高亨：《周易大传今注》，齐鲁书社，1998，第 394 页。

② （清）朱彝尊撰，中华书局编辑部编《经义考》，中华书局，1998，第 923 页。

③ （宋）陈振孙：《直斋书录解题》卷 10，中华书局，2006，第 671 页。

④ （宋）晁公武，（宋）赵希弁编《袁本昭德先生郡斋读书志》卷 3，中华书局，2006，第 77 页。

⑤ （宋）王尧臣等编次，（清）钱东垣等辑释《崇文总目》卷 2，载《宋元明清书目题跋丛刊》第 1 册，中华书局，2006，第 30 页。

⑥ 向鸿全：《真德秀及其〈大学衍义〉之研究》，花木兰文化出版社，2009。

成为一种经典阐释范式的改变。

衍作为一种注疏方式，皆阐释、推衍、发挥未尽之意，所衍对象皆为经典，其范围相当广，举凡儒家传统经典、道家、佛家、艺术、数术、方技等。梅文鼎《古算衍略》、方中通《数度衍》都如此。《四库全书总目提要·衍极》：

> 其书自仓颉迄元代，凡古人篆籀以极书法之变，皆在所论。宣抚使齐伯亨采而上之，作衍极堂以藏其书。陶宗仪《书史会要》又称其能大字，兼工八分，盖究心斯艺，故能析其源流如是也。①

又《内则衍义序》：

> 搜辑古来嘉言美行，统成一编，上备披阅，下示来兹。谨按：《内则》所载皆闺门之内起敬起孝、兴仁兴让之事。……是书一本经旨而推衍之，微而声气容色，显而言动仪文，精而乐心养志，粗而中馈女工，所以操其心而检其身者，施诸一家无不宜，放乎四海无不准。②

3. 以衍为题之书

目前已知最早的衍义著作是唐代苏鹗的《苏氏演义》，此书久佚，后从《永乐大典》辑出，《四库全书》著录仅一卷，周中孚的《郑堂读书记》著录为两卷，明代朱睦㮮的《授经图义例》著录"《九经演义》十卷，苏鹗"，亦当为此书。从目前辑出的《苏氏演义》看，其主要内容乃是"考究书传，订正名物，辨证讹谬"。"衍"只是一种阐释手段，其特点有三个：一是这些衍作以经典为中心，释义求通达为主，所谓传以通经为义，义以必当为主。在方法上坚持以经释经、以史释经。二是随文笺疏、阐发义理，不另立条目。三是没有按语或作者一己之见部分，如北宋政和年间寇宗奭《本草衍义》：

---

① （清）永瑢等撰《四库全书总目提要》卷112子部22，清乾隆武英殿刻本。
② （清）官修《内则衍义》，文渊阁四库全书本。

　　然《本草》二部，其间撰著之人，或执用己私，失于商校，致使学者检据之间，不得无惑。今则并考诸家之说，参之实事，有未尽厥理者衍之，<small>如东壁土、倒流水、冬灰之类</small>。隐避不断者伸之，以见其情，<small>如水自菊下过而水香，鼹鼠溺精坠地而生子</small>。文简脱误者证之，以明其意，<small>如玉泉、石蜜之类</small>。讳避而易名者原之，以存其名，<small>如山药避本朝讳及唐避代宗讳</small>。使是非归一，治疗有源，检用之际，晓然无惑。①

　　寇氏此书乃增广《本草》并对其进行考证。

　　南宋以衍义命名的著作较多，如张行成的《皇极经世观物外篇衍义》《潜虚衍义》，真德秀的《大学衍义》，刘元刚的《三经演义》《孝经演义》《论语演义》《孟子演义》《尚书演义》《诗演义》，王柏的《论语衍义》《大象衍义》《太极衍义》，钱时的《尚书衍义》，章元崇的《尚书衍义》，刘钦的《书经衍义》，王炎的《春秋衍义》，虞知方的《春秋衍义》，谢钥的《春秋衍义》，汤建的《诗衍义》，丘渐的《四书衍义》，周炎的《四书衍义》，房审权的《大乐演义》，曾原一的《选诗演义》等，这些书到如今大多已经亡佚。未亡佚著作中，张行成的《皇极经世观物外篇衍义》是对邵雍的《观物外篇》进行解说，其《原序》说：

　　外篇行于世久矣，阙数者三节，脱误者百余字。今补其阙而正其脱误，分数象、理类、相从为九卷，辄衍其义，以俟同志者择焉，蜀临邛张行成序。②

　　《潜虚衍义》是对司马光《温公易说》的敷衍，主要是串讲大义，推衍术数以明易理。《大乐演义》是房审权述其父房庶音乐意旨的一本书，而《选诗演义》则是曾原一对《选诗》中的一些诗人和诗作进行自己的详细解说。由此可见，在真德秀《大学衍义》出现以前，衍义并没有形成一种专门体例，但是在南宋，衍义不再局限于考证名物、辨证谬误，它呈现出与儒家经典相结合的特点，主要以串讲通晓经义为主。

---

① （宋）寇宗奭：《本草衍义》卷1，清十万卷楼丛书本。
② （宋）张行成：《皇极经世观物外篇衍义》，文渊阁四库全书本。

朱人求从衍义本身的意义探求过衍义最终成为帝王之学的诠释体裁的原因，认为有三：一是在"衍义的深层，有一种广大博洽、一切尽在掌握之中的帝王之气"①，衍义体为帝王量身定做，以安邦济国为主要宗旨。二是衍义体现出的浩浩荡荡的宏大气魄与"帝王之象"密切相关。三是上文提及的衍义万径归海的"朝宗"之义。衍义的这些属性，通过与儒家经典阐释结合、与理学结合，最终发展为衍义体这种经典阐释范式。

二　《大学衍义》之前《大学》阐释体例的发展

《大学》的阐释方式经历了三种变化。

一是传统的从文字训诂角度，随文做注，考注笺释，大约皆训诂章句辨别古今文同异，这为从西汉到隋唐的阐释者们所遵从。西汉郑玄注《大学》，不分经传，也没有对《大学》进行分段、注释。唐代孔颖达在其《大学正义》中，采用的是分段疏义的方式，把《大学》分为两段，第一段从"大学之道"开始到"止于至善"，"子曰听讼"到文章结束为另一段。这个分段并不是从义理的角度进行划分的，而仅仅是与《大学》文本的阐述联系在一起，为了注释的方便所做出的一种安排。

二是义理阐释，求其推广意蕴达之于万事万物，这是两宋《大学》阐释的主要形态。

三是为真德秀所创建的衍义体。《南雍志·经籍考》载：

> 真德秀因《大学》之条目，附之以经史，纂集为书，名之曰《大学衍义》。首之以帝王为治之序，次之以帝王为学之本，纲也。首之以格物致知之要，次以诚意正心之要、修身之要、齐家之要，目也，目之中又有细目焉。每条之中首之以圣贤典训，次之以古今事迹，诸儒之释经论史有所发明者录之，已见附于后焉。人君所当知之理，所当为之事，备见于此矣。②

---

① 朱人求：《儒家文化哲学研究》，安徽人民出版社，2008，第246页。
② （明）黄佐：《南雍志》卷18《经籍考》，民国景明嘉靖二十三年刻增修本。

1. 宋之前的《大学》及其阐释体例

《大学》的阐释，开始是同《礼记》并治的，"至孝宣世，复立大、小夏侯《尚书》，大、小戴《礼》，施、孟、梁、丘《易》，谷梁《春秋》"。①到了东汉，大、小戴《礼记》才被列为博士之学，进入官学系统。

汉代《大学》的阐释者中，影响最大的是郑玄，阐释《礼记》的还有戴圣、桥仁、马融、卢植、荀爽等，其中马融的《礼记注》、卢植的《礼记解诂》较为著名，但这些著作均已佚。郑玄遍注群经，《礼记》便是其中的一部，郑玄的注使得从属于《仪礼》的《礼记》取得了独立的地位，也开启了《大学》的最早阐释。郑玄注《大学》，一句一注或者数句一注，进行名物训诂，解释字词句，如：释"致知在格物"为"格，来也。物，事也。其知于善深则来善物，其知于恶深则来恶物，言事缘人所好来也。此'致'或为'至'"。注音采用直音法，如："恂，字或作峻，读如严峻之峻"等。郑玄的另外一个注释特点是在注中保存异文。郑玄用诸多异本参校，择善而从，异文也在注释中有所体现，异文往往注为"某或作某"或者"某或为某"，如"湜或为题""愪，怒貌也，或作愤，或为愠"。此外，郑玄注释文字力求简约，要言不烦，这与当时烦琐化的解经趋势大相径庭。

从魏晋南北朝一直到隋代，有关《礼记》的著述很丰富，据陶广学《孔颖达〈礼记正义〉研究》一文统计，凡61部，多达785卷。②只是这些著作均已亡佚，要考察其中对《大学》的阐释已是不可能。此时《礼记义疏》有南朝皇侃和北周熊安生两家，这两家对后来孔颖达的《礼记正义》影响很大。另外，从著录看，此时出现了一大批专门给《礼记》注音的著述，据王锷《三礼研究论著提要》统计有名姓者达16家之多。

唐代的《礼记》阐释没有那么兴盛，最著名的便是孔颖达的《礼记正义》，在《礼记正义》中《大学》篇才又一次被阐释。孔颖达在对《大学》的阐释过程中，在随文注释、疏不破注的基础上体例有了新的发展。首先，有解题，先引郑玄《三礼目录》，对《大学》主旨进行说明，认为"《大学》之篇，论学成之事，能治其国，章明其德于天下，却本明德所由，先从诚意为始"。其次，他将经文分成两大段，从"大学之道"到

---

① （汉）班固，张元济等辑《汉书》卷88，商务印书馆，1936。
② 陶广学：《孔颖达〈礼记正义〉研究》，硕士学位论文，扬州大学，2013。

"止于信"为一段，从"子曰听讼"到"义为利也"为另一段，这种分段方便注释，不是义理上的划分。再次，就注释来说，随文注释，注重名物训诂还有句义的理解，注音方法采用反切法。最后，语言上，孔颖达的《礼记正义》相对于郑玄的《礼记注》来说更加宏赡翔实。郑玄和孔颖达对《礼记》的注、疏对后世影响巨大，但作为《礼记》一篇的《大学》，在此时却并没有受到人们足够的重视。唐代韩愈的《原道》篇引《大学》"古之欲明明德于天下"一段，认为这是圣人之道，由此，《大学》篇才开始受到重视。后来韩愈弟子李翱在《复性书》中解释"致知在格物"，强调"格物致知"的重要性，韩愈、李翱对《大学》篇的重视为后来《大学》的独立创造了条件。

2. 宋《大学》及其阐释体例

《大学》受到帝王重视，始于宋仁宗赐进士王拱辰《大学》篇，从此登第者的赐书中必有《大学》篇，上行下效，《大学》篇的影响力也逐渐扩大。一方面，它逐渐从《礼记》中独立出来单独成书；另一方面，它先后经历了二程、朱熹等人的改定，不断地改定使《大学》的地位得到飞速上升，最终有资格位列四书之一，同其他三书一起完成宋代理学的架构。据《宋史·艺文志》记载，司马光有《中庸大学广义》一卷，朱彝尊《经义考》按语：

> 取《大学》于《戴记》，讲说而专行之，实自温公始。①

《四库全书总目提要》载：

> 惟《大学》自唐以前无别行之本。然《书录解题》载司马光有《大学广义》一卷、《中庸广义》一卷，已在二程以前，均不自洛闽诸儒始为表章。特其论说之详，自二程始。定著《四书》之名，则自朱子始耳。②

程颢、程颐也十分重视《大学》，程颐认为：

———————

① （清）朱彝尊：《经义考》卷156，文渊阁四库全书本，第170页。
② （清）永瑢等撰《四库全书总目提要》卷35经部35，清乾隆武英殿刻本。

《大学》，孔氏之遗书，而初学入德之门也。①

程颢有《明道改本大学》，此改本《大学》主要是将两段内容提前：第一，把"康诰曰克明德"到"止于信"这一段提前，放于"则近道矣"和"古之欲明明德于天下者"中间。在程颢看来，这段正好与开头的"大学之道，在明明德，在亲民，在止于至善"相对应；第二，把"所谓修身在正其心者"到"辟则为天下僇矣"这一段提前，放于"故君子必诚其意"与"《诗》云：瞻彼淇澳"之间。把这段提前，《大学》"诚意""正心""修身""治国""平天下"五个条目便相连贯了。虽然程颢改定《大学》没有版本史料依据，但这开启了《大学》改定的风潮，为程颐和朱熹的改定奠定了基础。

程颐《伊川改本大学》，对《大学》的章节调整如下。第一，把"子曰：'听讼，吾犹人也。必也使无讼乎！'无情者，不得尽其辞。大畏民志，此谓知本"段提前，置于"未之有也"与"此谓知本，此谓知之至也"之间。第二，在"此谓知之至也"后接"康诰曰克明德"到"止于信"这一段。第三，把"康诰曰惟命不于常"到"骄泰以失之"段提前到"诗云殷之未丧师"前。在此基础上，程颐认为"此谓知本"四字和"所谓齐其家在修其身者"中的"其"字是衍文。程颐对《大学》的字词也进行了质疑。认为"亲民"当作"新民"，"身有所忿懥"当作"心有所忿懥"，"举而不能先命也"中的"命""作殆之误"，并把这些质疑注在字词之后。二程改定《大学》都是在有意识地进行其理学思想的构建，其不同之处在于"今人一般认为与程颢重心、重诚敬内省的主体内倾性思想不同，程颐重理和事物的客体实在性，注重探求理与事物的关系，因此他突出发展了《大学》格物致知论，以格物、致知为本为始"。②

之后，注疏《大学》成为一时风尚，有吕大临③《大学解》、廖刚④《大

---

① （宋）朱熹：《四书章句集注》，宋刻本。
② 杨新勋：《宋代疑经研究》，中华书局，2007，第148页。
③ 吕大临（1042~1090年），宋代金石学家，字与叔。著有《礼记解》《大学解》《吕氏家礼》等。朱子评曰："吕氏之先与二程夫子游，故其家学最为近正。然未能不惑于浮屠、老子之说，故其末流不能无出入之弊。"（朱熹：《杂学辨》，文渊阁四库全书本。）
④ 廖刚（1070~1143年），字用中，南剑州顺昌人，官至工部尚书。

学讲义》、张九成①《中庸大学说》《大学说》、萧欲仁②《大学篇》、谭惟寅③《大学义》、喻樗④《大学中庸解》、石𪩘⑤《大学中庸辑略》、何佣⑥《大学讲义》、苏总龟⑦《大学解》、薛季宣⑧《大学说》、孙衲⑨《大学讲义》、倪思⑩《大学辨》、黄幹⑪《大学圣经解》《大学章句疏义》、熊以宁⑫《大学释义》、方禾⑬

---

① 《直斋书录解题》卷二、《文献通考·经籍考八》有著录。张九成为杨时弟子，朱子《杂学辨》说："张公始学于龟山之门，而逃儒以归于释，既自以为有得矣。而其释之师语之曰：'左右既得樆柄，入手开导之际，当改头换面，随宜说法，使殊途同归，则世出世间，两无遗恨矣。然此语亦不可使俗辈知，将谓实有怎么事也。'"见大慧禅师《与张侍郎书》，今不见于语录中，盖其徒讳之也。

② 萧欲仁，福建将乐人，杨时弟子。

③ 谭惟寅，字子钦，号蜕斋，南宋绍兴三年（1133年）进士，官至江西提刑按察使。

④ 喻樗，建德人，少慕伊洛之学，受业于杨时。宋建炎中登进士，累官工部员外郎。

⑤ 石𪩘（1128~1182年），字子重，号克斋，临海章安人。南宋绍兴十五年（1145年）进士，终知南康军事，与朱熹交往密切。

⑥ 何佣，字德辅，龙泉人。南宋绍兴十二年（1142年）进士，官至工部侍郎。

⑦ 苏总龟，宋泉州德化人，字待问。居太学十六年。南宋绍兴十六年（1146年）太学试中上舍优等第一。三十二年（1162年）宋孝宗登极，恩赐释褐，授衡州教授，迁广东市舶提举。文学与黄幹、陈淳齐名。有《论语解》《大学儒行篇》及诗文杂著。

⑧ 薛季宣（1134~1173年），字士龙，号艮斋，永嘉人。南宋绍兴二十九年，师事袁溉，得其所学，通礼、乐、兵、农。历仕鄂州武昌县令、大理寺主簿、大理正、知湖州，改知常州，未赴而卒。反对空谈义理，注重研究田赋、兵制、地形、水利等世务，永嘉学派创始人，事迹具《宋史·儒林传》。著有《浪语集》《书古文训》等。

⑨ 孙衲，浙江东阳人，南宋淳熙十四年（1187年）进士。

⑩ 倪思（1147~1220年），字正甫，湖州归安人。南宋乾道二年（1166年）进士，中博学宏词科，累迁秘书郎，除著作郎兼翰林权直。历孝宗、光宗、宁宗三朝，曾任礼部侍郎、兵部尚书、礼部尚书等职。主张抗金，反对求和，以直谏著称。曾斥韩侂胄而被革职，后重新起用。南宋嘉定二年（1209年），被史弥远两次罢官，卒后谥文节。著有《齐山甲乙稿》《兼山集》《经锄堂杂志》。

⑪ 黄幹（1152~1221年），字直卿，号勉斋，闽县人，少受业于朱子。南宋绍熙五年（1194年），授迪功郎，监台州酒务。庆元二年（1196年），"伪学"之禁起，黄幹于建阳潭溪建潭溪精舍，为其讲道著书之地，亦为朱熹往来云谷、考亭憩息之所。翌年，丁母忧，筑墓庐讲学，从者甚众。庆元六年（1200年）三月，朱熹病逝，黄幹守表3年毕，调监嘉兴石门酒库。嘉定元年（1208年），先后任江西临川令、新淦令及安徽丰安军通判。嘉定八年（1215年），知湖北汉阳军。嘉定十年（1217年），调知安庆府，次年，讲学江西白鹿洞书院。嘉定十二年（1219年）十月，返回福州，次年致仕。卒，谥文肃，事迹具《宋史·道学传》。元至正十九年（1359年），福州建勉斋书院纪念他，清雍正二年（1724年），从祀于孔庙，又在府学里建黄勉斋祠。著有《朱熹行状》《勉斋集》《书传》《易解》《孝经本旨》《四书通释》《仪礼通解》等。

⑫ 熊以宁，字伯诗，号东斋，福建建阳人。从朱熹学，宋淳熙五年（1178年）进士，授光泽县主簿。

⑬ 方禾，字耕叟，福建莆田人，朱熹弟子，有《大学讲义》一卷。

《大学讲义》、陈孔硕①《中庸大学讲义》、蔡渊②《中庸大学思问》、陈淳③《中庸大学讲义》、李起渭④《中庸大学要语》、真德秀《大学中庸集编》、魏文翁⑤《中庸大学讲义》、谢兴甫⑥《中庸大学讲义》、熊庆胄⑦《学庸绪言》、赵善湘⑧《大学解》、叶味道⑨《大学讲义》、卢孝标⑩《大学通义》、蔡模⑪《大学衍说》、何基⑫《大学发挥》、陈沂⑬《大学中庸说》、董槐⑭

---

① 陈孔硕，字肤仲，福建侯官人，师事朱熹。南宋淳熙二年（1175年）进士，监行在登闻检院，后以秘阁修撰致仕。《经义考》说他从张栻、吕祖谦、朱熹等问学。
② 蔡渊（1156~1236年），字伯静，号节斋，福建建阳人，蔡元定长子，从朱熹游。
③ 陈淳（1159~1223年），字安卿，亦称北溪先生，漳州龙溪（今福建龙海）人。朱熹晚年的得意门生，理学思想的重要继承者和阐发者，著有《北溪全集》。
④ 李起渭，字少望，闽县人，南宋庆元五年（1199年）进士，曾为辰州教授、澧州司户参军。
⑤ 魏文翁（1180~1231年），字嘉父，号果斋，魏了翁堂弟，南宋著名经学家。
⑥ 谢兴甫，进士及第，南宋嘉定年间知涪州。
⑦ 熊庆胄，字竹谷，浦城人，受业蔡渊，后游真德秀、刘宰之门，著有《三礼通议》《春秋约说》《中兴三朝通略》《学庸绪言》等。
⑧ 赵善湘，字清臣，濮安懿王五世孙，仕至资政殿大学士，封文水郡公，赠少师，事迹具《宋史》本传。著有《周易说约》《周易或问》《周易续问》《周易指问》《学易补过》《洪范统一》《中庸说约》《大学解》《论语大意》《孟子解》《春秋三传通义》等，仅存《洪范统一》。
⑨ 叶味道，初名贺孙，以字行，更字知道，号西山。温州人，一作龙泉人。南宋嘉定十三年（1220年）进士，调鄂州教授，授太学博士，兼崇政殿说书，官终著作佐郎。师事朱熹，凡所陈说，无一言不开导引翼，推致于治道。著有《四书说》《大学讲义》《祭法宗庙庙享郊社外传》等。
⑩ 卢孝标，字孝孙，号玉溪，寄籍福建福州。南宋理学家。卢孝标精通经史之学，授官翰林博士，后辞官，讲学著书，听者甚众，学者称"玉溪先生"。著有《玉溪文集》《得闲堂集》。
⑪ 蔡模（1188~1246年），字仲觉，号觉轩，蔡沈长子。著有《易传集解》《大学衍说》《河洛探颐》《续近思录》《论孟集疏》。
⑫ 何基（1188~1268年），字子恭，号北山，学者称北山先生，南宋婺州金华（今属浙江）人。师事黄幹，与王柏、金履祥、许谦并称"金华四先生"（或"北山四先生"）。辑有《大学发挥》《中庸发挥》《易系辞发挥》等。著作多亡佚，今仅存《何北山遗集》4卷。
⑬ 陈沂，兴化仙游人，著有《读易记》《论语说》《大学中庸说》等。
⑭ 董槐（？~1262年），字庭植，号榘堂，定远（今属安徽）人，南宋嘉定六年（1213年）进士。历任广德军录事参军、镇江观察推官、镇江府通判、常州知州、提点湖北刑狱、常德知府、江州知州兼都督府参谋、谭州知州、沿江制置使、户部侍郎、江东安抚使兼建康知府、广西运判兼提点刑狱、工部侍郎兼转运使、兵部侍郎兼给事中、宝章阁直学士、福州知州及福建安抚使、端明殿学士、参知政事，直到拜右丞相兼枢密使等，赠太子少傅，谥号文清，事具《宋史》本传。

《大学记》、王柏①《鲁斋大学》、车若水②《大学沿革论》、陈尧道③《大学说》、邵囦④《大学解》、余学古⑤《大学辨问》、吴季子⑥《大学讲义》、黎立武⑦《大学发微》《大学本旨》、金履祥⑧《大学疏义》、黄必昌⑨《中庸大学讲义》、柴元佑⑩《中庸大学说》、牟少真⑪《中庸大学发蒙俗解》、蔡元鼎⑫《中庸大学解》、谢升贤⑬《大学中庸解》、饶鲁⑭《中庸大学纂

---

① 王柏（1197~1274 年），字会之，婺州金华人。从何基学，以教授为业，曾受聘主丽泽、上蔡等书院。谥文宪。著述繁富，有《诗疑》《书疑》等，大多已佚。其诗文集《甲寅稿》亦已佚，明正统年间六世孙王迪裒集为《王文宪公文集》二十卷，由义乌县正刘同于明正统八年（1443 年）刊行。事见《续金华丛书》本卷末附《王文宪公圹志》，《宋史》卷四三八有传。

② 车若水，字清臣，号玉峰山民，黄岩人。曾师事陈耆卿、陈文蔚，著有《格物致知传》《大学沿革论》《脚气集》等。

③ 陈尧道，今仙游鲤城镇城内街人。南宋端平二年（1235 年）进士，历任秘书郎、监察御史、殿中侍御史、右谏议大夫（从四品），卒后被赠工部尚书。著《中庸说》《大学说》等。

④ 南宋德祐二年（1276 年），台州府学教授邵囦等招募义军筑城，并死守临海城。城破以后，邵囦死难。

⑤ 余学古，青田人，国子学正。余学古师王梦松，王梦松传叶味道之学，叶味道则朱熹弟子也。

⑥ 吴季子，字节卿，邵武人，南宋宝祐年间进士，官国子监丞，笃学工文，著有《大学讲义》。

⑦ 黎立武，字以常，号寄翁，新余递步人。南宋景定三年（1262 年）入太学，咸淳四年（1268 年）擢进士第三，恩赐状元。历任镇南军节度判官、袁州通判、秘书省校书兼庄文府教谕、奉议郎、承议郎、军器少监国子司等职。宋亡，不仕。建蒙峰书院，讲学著述，主要有《大易元通说》《大学本旨》《中庸指归》《中庸分章》《大学发微》等。

⑧ 金履祥（1232~1303 年），字吉父，号次农，自号桐阳叔子，浙江兰溪人。宋、元之际的学者。为浙东学派、金华学派的中坚，"北山四先生"之一，学者尊称为仁山先生。初受学于王柏，后又学于何基，造诣益深，凡天文、地形、礼乐、田乘、兵谋、阴阳、律历之书，无不精研。宋亡，筑室隐居金华仁山下，讲学著书，著有《尚书注》《大学疏义》《论语集注考证》《孟子集注考证》《通鉴前编》《举要》《仁山集》，编有《濂洛风雅》。

⑨ 黄必昌，字京父，晋江人，从陈淳学，南宋嘉定十年（1217 年）进士，官循州通判。

⑩ 柴元佑，字益之，通五经，尤长于易，以穷理尽性为本，四方从学者众。汤汉、李伯玉、饶鲁皆其门人，学者称曰强恕先生。著有《春秋解》《尚书解》《论语解》《易系》《中庸大学说》等。

⑪ 牟少真，生平事迹不详，魏了翁《鹤山集》卷 64 有《跋牟少真中庸大学发蒙俗解》。

⑫ 蔡元鼎，宋漳州漳浦人。宋初，屡征不就，讲学，生徒至者千人，称蒙斋先生。著有《中庸大学解》《语孟讲义》《九经解》《洪范会元》《诗文集》等。

⑬ 谢升贤，字景芳，仙游人。南宋端平二年（1235 年）进士，著有《太极图说》《西铭说》《易通》《大学中庸解》《语孟解》等。

⑭ 饶鲁，字伯与，余干人，号双峰。师从黄幹，传朱熹之学。著有《五经讲义》《语孟纪闻》《春秋节传》《庸学纂述》《太极三图》《双峰文集》等。

述》、戴景魏①《中庸大学要义》、刘黻②《中庸大学说》、方逢辰③《大学中庸注疏》、王幼孙④《中庸大学章句》、何梦桂⑤《中庸大学说》等。

　　总之，《大学》原是《礼记》中的一篇，其地位本与其他 48 篇一样。自从韩愈作《原道》，引《大学》修齐治平、正心诚意之说，以破佛老"治心而外天下国家"之非，李翱《复性书》将《大学》提升到"性命之书"的高度，《大学》篇开始受到重视。进入宋代，其地位日隆，司马光也曾取以讲说，撰成《大学广义》一书，是为《大学》别出单行之始。这一时期，《大学》的研究由于受到"经学变古"思潮的影响，也开始注重思想义理阐发，一改汉、唐时期以文字、训诂、章句为特征的义疏之学。到了北宋熙宁、元丰年间，随着儒学的深入发展，义理之学基本上取代了汉唐的注疏之学，并向着性理之学发展。而这一时期，《大学》本身所开辟的内圣外王经世之路开始被发掘和重视。二程特别重视《大学》，并借此探讨儒学修养工夫学说，这对宋代的经学发展影响极大。陈来说："比较北宋道学家群内部的论述，周敦颐、张载、邵雍更多的是从《周易》和《易传》出发，故其话语带有明显的易学色彩，思想的讨论中宇宙论的色彩比较强。而二程的论述明显突出四书的重要性，心性和工夫的讨论比较多。由于二程兄弟的影响最大，从北宋到南宋前期，道学的话语既以四书为其中心，又以二程及其后学对四书的阐发为主流。"⑥ 在二程的著述中，有大量关于《大学》的语录：

　　　　棣初见先生，问："初学如何?"曰："入德之门，无如《大学》。"⑦

---

①　戴景魏，宋末人，曾官县丞。

②　刘黻（1217~1276 年），字声伯，号质翁，又号蒙川，福建乐清人。南宋景定三年（1262 年）进士，官至参知政事。

③　方逢辰，原名梦魁，浙江淳安人。南宋淳祐十年（1250 年）进士第一，宋理宗为改今名。官至吏部侍郎，元至元二十八年（1291 年）卒。学者称蛟峰先生。

④　王幼孙，字季稚，号自观先生，江西庐陵人。性笃厚，留心医药。南宋宝祐四年（1256 年）上万言论国事，归教授于乡。

⑤　何梦桂（1229~1303 年），字岩叟，号潜斋，浙江淳安人。南宋咸淳元年（1265 年）进士第三名。历官太常博士、监察御史。元初，著书自娱，终老于家。

⑥　陈来：《早期道学话语的形成及其演变》，安徽教育出版社，2007，第 9 页。

⑦　（宋）程颢、程颐：《二程集》，王孝鱼点校，中华书局，1981，第 277 页。

在对道德修养工夫的论证上，二程对《大学》"格物致知"的阐释对后世尤为深远。他们根据天理的需要，把"格物"解释为"穷至天地万物之理"，这种解释的重点不在探讨大自然的规律法则，而在于对人伦道德、纲常名教的体认上，这种解释被朱熹所继承，由此，格物成为程朱学派的重要概念。二程学说在南宋由于赵鼎、张浚等政治人物的推崇，一时超过心学，在儒家经典中居于核心地位。

朱熹对《大学》地位的确立起到了关键作用。他把《大学》和《中庸》从《礼记》中抽出，与《论语》《孟子》一起合称"四书"，并认为《大学》居《四书》之首：

> 子程子曰："《大学》，孔氏之遗书，而初学入德之门也。"于今可见古人为学次第者，独赖此篇之存，而《论》、《孟》次之。学者必由是而学焉，则庶乎其不差矣。①
>
> 学问须以《大学》为先，次《论语》，次《孟子》，次《中庸》。《中庸》工夫密，规模大。②

朱熹将《大学》提升到儒学经典的崇高地位。朱熹对《大学》的阐释主要集中在《大学章句》《大学或问》和《朱子语录》中。朱熹对《大学》做了四个方面的改动。

第一，明确提出三纲领八条目。朱熹将《大学》的章节次序按照"明明德""新民""止于至善""格物致知""诚意正心""修身齐家""治国平天下"进行改定，这样《大学》"三纲领八条目"的架构形成。

第二，分经传。在《大学章句》中，《大学》被分为经一章而传十章。

第三，补格致之传。"右传之五章，盖释'格物''致知'之义，而今亡矣。间尝窃取程子之意以补之。"③首先他认为原本《大学》与程子改本的"此谓知之至也"的位置都不对，并认为此处有阙文，缺"知至"："以文意与下文推之，而知其释致知也；以句法推之，而知其为结语也；

---

① （宋）朱熹：《四书章句集注》，宋刻本。
② （宋）黎靖德编《朱子语类》卷13，明成化九年陈炜刻本。
③ （宋）朱熹：《四书集注》，世界书局，1937，第8页。

以传之例推之，而知其有阙文也。"① 由于传中就格物致知字义不明，又格物致知为为学之首，"学莫先于致知"，鉴于格物致知的重要性，朱熹反复考察揣摩程子对格物致知的解释，"反复考之，而有以信其必然"②。朱熹对《大学》的改定，并无文献依据，以己意改之，显示了其架构理学的意图。

第四，把格物致知作为《大学》的起点。朱熹《大学章句》对《大学》的阐释也表现出如下特点：首先，有序文，于每章之后有提示章节大旨的说明。序文着重阐释《大学》的重要性，乃"初学入德之门"，"古人为学次第者，独赖此篇之存"，"学者必由是而学焉"。章节之后说明有提示、总结作用，如在"未之有也"后附"右经一章，盖孔子之言，而曾子述之。其传十章，则曾子之意而门人记之也。旧本颇有错简，今因程子所定而更考经文，别为序次如左"。于每传之后，都有提示，如"右传之首章，释'明明德'""右传之二章，释'新民'"等。又于传十章之后，有一个总结性说明"凡传十章：前四章统论纲领指趣，后六章细论条目工夫。其第五章乃明善之要，第六章乃诚身之本，在初学尤为当务之急，读者不可以其近而忽之也"③。序文和说明使《大学》按照朱熹的意图真的"文理接续，血脉贯通"了。其次，朱熹注释简洁明快，多用常用之字，务求明了。如"格，至也""物，犹事也"。注音反切和直音法都有，尽量考虑阅读者的接受，如释"谦，读为慊，苦切反"等。最后，朱熹注释注重考据和义理的结合，这与当时宋儒解经重义理而忽视考据有所不同，如"明明德"，"明，明之也。明德者，人之所得乎天，而虚灵不昧，以具众理而应万事者也。但为气禀所拘，人欲所蔽，则有时而昏。然其本体之明，则有未尝息者。故学者当因其所发而遂明之，以复其初也"④。朱熹改定后的《大学》对后世影响巨大，成为宋明理学的核心文本。二程、朱熹对《大学》的认定都是有意识地通过《大学》来完成理学架构。

朱熹遍注六经，然其学问之要乃在《大学》一书上。《四书》经朱熹

---

① （宋）朱熹撰，朱杰人、严佐之、刘永翔主编《朱子全书》第6册，上海古籍出版社、安徽教育出版社，2002，第523页。
② （宋）朱熹撰，朱杰人、严佐之、刘永翔主编《朱子全书》第6册，上海古籍出版社、安徽教育出版社，2002，第526页。
③ （宋）朱熹：《四书章句集注》，宋刻本。
④ （宋）朱熹：《四书章句集注》，宋刻本。

整理、阐释后，成为朝廷官学的一部分，天下士子都无法逃脱其笼络，而四书中的入门典籍《大学》更成为整个南宋学术论述的重要文献。刘又铭在《〈大学〉思想的历史变迁》中说：

> 朱子之后，儒者依循同一路线，有的人修订改本的更动方式，有的人斟酌细部义理的得失，还有人作进一步的补充疏释，可说蔚为大宗。①

在朱熹的弟子中也掀起了注疏和阐发《大学》的风潮：黄幹作《大学圣经解》、蔡渊作《大学思问》、陈淳作《大学讲义》、熊以宁作《大学释义》，其中蔡渊是理学家蔡元定长子，他对《大学》的阐释是朱熹《大学章句》的重要补充。"真德秀、陈宓……黄自然、王埜莫不曲巷过门，以问出处之实、理乱之由。真公参大政，欲以《大学》为对，先生（蔡渊）以为实之以事，则理有据而言之易入，不然无益。真公深敬服。"② 真德秀的《大学》之学就是在这样一种学术氛围中产生的。

三　从《大学》的注疏体到衍义体的必然性讨论

1. 《大学》的性质

《大学》存在孟学与荀学之争，这关乎《大学》"内圣""外王"两种思想孰为其根本的问题，而宋明理学阐释《大学》的思路主要是孟学一派。冯友兰1930年在《燕京学报》发表《〈大学〉为荀学说》③ 一文，通过荀学多言礼，又其势力在当时的影响颇大，以及《大学》思想与荀子思想极大的相似性论证《大学》实乃荀学，而非孟学，这一观点引起了不少争论。刘又铭是荀学派的坚定支持者，在《〈大学〉思想的历史变迁》一文中通过对孟学派朱子、王阳明等的《大学》阐释作深入剖析，解构孟学诠释理路，并对《大学》重新从荀学的思路做了解读和建构，认为"《大

---

① 刘又铭：《〈大学〉思想的历史变迁》，载黄俊杰编《东亚儒者的〈四书〉诠释》，华东师范大学出版社，2008，第19页。

② （清）李清馥：《闽中理学渊源考》，文渊阁四库全书本。

③ 冯友兰：《〈大学〉为荀学说》，《燕京学报》1930年第7期。

学》并不是宋明理学主流观点那种内圣优位或者说以内圣决定外王的形态。它一开始就以家国天下现实情况的'止于至善'也就是外王实践的目标来带出内圣的实践，这是不讳言外王，直接在外王的脉络中做内圣工夫的形态"①。《大学》之所以会存在孟学、荀学之争，在于《大学》的作者问题一直悬而未决，文本具有不确定性，另外，还在于学者们对程颐、朱熹等对《大学》改定和诠释的质疑，认为与原本《大学》旨意相差甚远。

程颐、朱熹从孟学的观点来阐释《大学》。"《大学》，孔氏之遗书，而初学入德之门。"② 尊崇德行，强调王者的自身修养，认为只有内圣才能外王，德治才是《大学》一书的核心。而荀学支持者则认为朱熹对"明明德""新民""止于至善"存在误读，"明明德"不是人"得乎天"本身具有的德行，而是后天所修成的德行；"新民"，是教导人民；"止于至善"不是道德上的完善，而是指国家治理美好和谐。这样"外王"才是《大学》的主要内容，而"内圣"是附属于外王的。其实，不论《大学》是内圣形态还是外王形态，是从内圣走向外王，还是外王带出内圣，它的落脚点最终在外王之学，与政治联姻是其摆脱不了的宿命。郑玄注《大学》篇曰："大学者，以其记博学，可以为政也。"孔颖达《礼记正义》曰："此《大学》之篇，论学成之事，能治其国，章明其德于天下，却本明德所由，先从诚意为始。"③ 无论是郑玄还是孔颖达无一不把《大学》指向为政。确然，"大学之道，在明明德，在亲民，在止于至善"，明德是为了新民，是为了使国家社会和谐美好。"物格而后知至，知至而后意诚，意诚而后心正，心正而后身修，身修而后家齐，家齐而后国治，国治而后天下平。"格物、致知、诚意、正心、修身的具体要求和实践最后都必定是指向国治而天下太平的。"为政之学"乃是《大学》篇的本质。然《大学》篇长期被冷落，《大学》的政治性在很长时间里都没有得到关注。韩愈为了排斥佛道两家而作《原道》篇，而引用《大学》说：

传曰："古之欲明明德于天下者，先治其国；欲治其国者，先齐

① 刘又铭：《〈大学〉思想的历史变迁》，载黄俊杰编《东亚儒者的〈四书〉诠释》，华东师范大学出版社，2008，第12页。
② （宋）朱熹：《四书章句集注》，宋刻本。
③ （汉）郑玄注，（唐）孔颖达疏《礼记正义》，北京大学出版社，2000，第1859页。

其家；欲齐其家者，先修其身；欲修其身者，先正其心；欲正其心者，先诚其意；欲诚其意者，先致其知。致知在格物。"然则古之所谓正心而诚意者，将以有为也。今也欲治其心，而外天下国家，灭其天常，子焉而不父其父，臣焉而不君其君，民焉而不事其事。[1]

韩愈通过对《大学》正心诚意的引用抨击道、佛两家的心性说，认为："今也举夷狄之法，而加之先王之教之上，几何其不胥而为夷也？"[2]就韩愈来说，《大学》是他攻击佛道的武器，至于《大学》"为政"他并不多加关注。李翱在《复性书》中认为复性就是要人达到静心至诚的精神境界，他认为这种境界可以治国平天下，可以参乎天地。要达到这种境界需要去掉外界的思虑，应对外物的干扰。面对外物的声色诱惑虽不能目而不睹、充耳不闻，但在这种可睹可闻的外物面前，李翱强调做到"心寂然""明辨而不应于物"的"诚明"境界，其中他引用《大学》"格物"来说明物与心的关系：

> 《大学》曰："致知在格物也。"……曰："敢问致知在格物"，何谓也？曰："物者，万物也。格者，来也，至也。物至之时，其心昭昭然，明辨焉而不应于物者，是致知也，是知之至也。知至故意诚，意诚故心正，心正故身修，身修而家齐，家齐而国理，国理而天下平，此所以能参天地者也。"[3]

李翱提及《大学》也并不是出于《大学》可以为政的目的。但是，李翱认为《中庸》为性命之书，强调至诚的精神境界，开启了后来《中庸》《大学》性命之学道路。另外，李翱虽排斥佛教，《复性书》却吸收了大量的佛家、道家思想，援佛道入儒，对后来宋代理学家影响巨大。

《大学》一书勾勒了一个很好的君臣为学轮廓。儒家经典的立论主旨，都由《大学》一书所阐明，诚意正心、修身齐家、治国平天下，这就是一切儒学的归宗汇元之论。"大学之道，在明明德，在亲民，在止于至善"，

---

① （唐）韩愈：《东雅堂昌黎集注》卷11《杂著》，文渊阁四库全书本。
② （唐）韩愈：《东雅堂昌黎集注》卷11《杂著》，文渊阁四库全书本。
③ （唐）李翱：《李文公集》卷2，四部丛刊景明成化本。

"明明德"则内圣，"亲民"则外王，"止于至善"则是平天下，"三纲领"与格物、致知、诚意、正心、修身、齐家、治国、平天下"八条目"是相通的，展示出儒家经世致用的具体路径，《大学》一书的架构从诚意、正心以至齐家、治国、平天下，是一个由内而外、逐步扩展的实践历程。在这一路径中前五者属于内圣之体，后三者属于外王之用，是从伦理学推及政治学，总归于儒家的政治理想，反映出儒家体用兼备、内圣与外王兼该的价值取向。正如周予同所指出的，宋代以前的儒学，是"留意于修齐治平之道，疲精于礼乐刑政之术；虽间有仁义中和之谈，要不越日常道德之际"①。

三纲领八条目成为儒家经世思想的一个基本框架。儒家所提倡的内圣外王理想，在《大学》中是完整的，是不同思想体系儒家学者的共同体认。程颐早就说过：

> 治身齐家以至平天下者，治之道也。建立治纲，分正百职，顺天时以制事。至于创制立度，尽天之事者，治之法也。圣人治天下之道，唯此二端而已。②

朱熹《大学章句序》："大学之书，古之大学所以教人之法也。"《大学》是"治道"，即经世的基本原则与指导思想；各种制度安排是治法的统一，有体用兼备的特点，即既讲器、物等形而下之学，也讲道、理等形而上之学。《大学》是有体有用之学，讲求成己成物，圣功王道。程颐、朱熹强调穷理正心，修己治人之道的《大学》诠释，才是《大学》精义所在。

2. 真德秀把《大学》作为外王的文本

首先，正如蒋庆在《政治儒学》中所论，"政治儒学直接源于经，是经学"③，所以，真德秀宗经，特别是《大学》。真德秀本人对《大学》有极深的研究，除《大学衍义》之外，真德秀还著有《大学集编》《广大学》《经筵大学讲义》等，是其对《大学》进行义理诠释的初步尝试，是

---

① 周予同著，朱维铮编《周予同经学史论著选集》，上海人民出版社，1983，第 114 页。
② 陈荣捷：《近思录详注集评》，华东师范大学出版社，2007，第 226 页。
③ 蒋庆：《政治儒学：当代儒学的转向、特质与发展》，三联书店，2003，第 28 页。

《大学衍义》的准备。

《大学集编》成书于南宋宝庆三年（1227年），以朱熹《大学章句》《大学或问》为纲，以二程、张载之说或间引他说附下以申其说，最后附以一己之见。其体例为先《大学章句》，后《大学或问》，后《朱子语类辑略》《朱子语录》等。真志道《学庸集编后序》云：

> 《大学集编》、《中庸集编》，先公手所定也。公每晨起，坐堂上，炷香开卷，必点校一章，从而演说其义，子侄皆立侍焉。既终篇，呼志道而前，告之曰："《大学》《中庸》之书，至于朱子而理尽明，至予所编而说始备。虽从《或问》、《辑略》、《语录》中出，然铨择刊润之功亦多，间或附以己见。学者倘能潜心焉，则有余师矣。然又须先熟乎诸书，然后知予用功深，采取精。此亦自博而约之义也。"①

刘才之序略曰：

> 西山所编《中庸》、《大学》本之朱子《集注》附以诸儒问辨，间又断之以己意，会萃详，采择精，诚后学所愿见者。已镂之梓，为衍其传。②

从《大学集编》的编纂，可以看出真德秀对《大学》一书用力之勤之深。

> 《集注》虽参取旧文，而亦多与先儒异。其所以去取之义，散见《或问》、《语类》、《文集》中，不能一一载也。而《或问》、《语类》、《文集》，又多一时未定之说与门人记录失真之处。故先后异同，重复颠舛，读者往往病焉。是编博采朱子之说以相发明，复间附己见，以折衷讹异。③

---

① （宋）真德秀：《真文忠公全集》，台湾文有书店，1974。
② （清）朱彝尊：《经义考》卷252，文渊阁四库全书本。
③ （清）永瑢等撰《四库全书总目提要》卷35经部35，清乾隆武英殿刻本。

真德秀《大学集编》是对于朱熹《大学》思想精华的总结，也又一次宣传了朱熹的学术思想。可以说，《四书集注》为《大学衍义》的成书打下了坚实的基础，为《大学衍义》做了充分的前期准备工作。

《广大学》是真德秀扩充《大学》的初次尝试，《广大学》实为《大学衍义》的方法学或导论，也是具体而微呈现《大学衍义》的操作模型。这个方法学的意义，就在于重讲明义理，以实现历史典籍中的道德价值，并将《大学》中的格致、诚正、修齐的内圣观念推广出去以接续现实世界的种种现象。《广大学》收录在《西山读书记》卷二十三至卷二十七中，主要扩充了《大学》格物、致知、修身、齐家四条目。在《广大学》中，真德秀遵循程子的方法，"或读书讲明道义""或论古今人物而别其是非""或应接事物而处其当否"，对"格物致知"进行扩充，其中"或读书讲明道义"又分为"易要旨""书要旨""诗要旨""礼要旨""春秋要旨""语孟要旨"等。《广大学》是真德秀以六经和《论语》《孟子》衍《大学》的初次尝试，他是以先确定纲领，再在六经和《论语》《孟子》中寻求支撑依据，汇集诸子（主要是理学家）言论，适当加入自己按语的方式进行。《广大学》为《大学衍义》的创作方式奠定了基础。

《经筵大学讲义》更是真德秀发挥《大学》经世致用作用的一个尝试。《经筵大学讲义》收录在《西山文集》卷十八，包括《进读大学卷子》十月十九日，《讲筵卷子》十一月八日、十三日、十六日、十八日、二十七日，十二月十二日、二十七日，《讲筵进读大学章句手记》九月十四日、十九日、二十六，十一月初八日、十六日、十八日、二十七日，十二月十三日，正月廿二日，可以看出这是宋端平元年真德秀兼侍讲时讲朱熹《大学章句》的讲义。《进读大学卷子》主要记录真德秀进讲时对《大学》中一些章句的阐释，这些阐释多本朱熹。由于是进讲，真德秀不仅仅阐释《大学》字句意思，而且注重拓展材料，多方面劝诫君主，如释"汤之盘铭"时，又举"武王作盥盘铭"来告诫君主溺于奸邪小人不可救；释"诚意章"举汉成帝的例子，汉成帝虽"临朝渊默尊严若神，论者以为有穆穆天子之容"，而"在宫中则湛于酒色，委政外家"，终致王莽之祸，这都是"自欺""不慎独""意不诚"的结果。《讲筵进读大学章句手记》也流露出真德秀对现实政治的深深关切，如十四日《手记》：

赐茶毕。上曰："虏使来议和，闻外间议论颇纷纷。"奏曰："臣却不闻外间议论。但自古兵交，使在其间，纵使虏人已犯边，若有使来，犹当礼接，况未尝犯我乎！或谓欲却而绝之，或谓宜拘留勿遣，此皆不可行。但当以礼遣之，万一露欲和之意，切不可轻信。盖金人昨以和误我，后来虏人又祖其故智以误金人，今日虽不可沮其善意，亦不可堕其奸谋。边面之备，一事不可阙略，一日不可稽缓。惟陛下深留圣念。"①

综观《经筵大学讲义》，可以看到真德秀真诚劝诫君主，希望君主修身诚意安定国家社稷的拳拳之心。《宋史·真德秀传》这样评价真德秀说：

立朝不满十年，奏疏无虑数十万言，皆切当世要务，直声振朝廷。四方人士颂其文，想见其风采。及宦游所至，惠政深洽，不愧其言，由是中外交颂。②

真德秀在当时是一名很有才干、声名也很大的官员，有着一颗经世济民、致君尧舜的心。由于史弥远的排挤，真德秀多次被人弹劾离朝归家，修《读书记》时，对门人说："此人君为治之门，如有用我者，执此以往。"③ 这也是其《大学衍义》成书的动力。

真德秀的《大学衍义》对《大学》评述很多，归结起来，有以下两点。

第一，就《大学》的地位而言，真德秀认为它是"百圣传心之要典，而非孔氏之私言也"④。

第二，就《大学》性质而论，《大学》体用兼备的为政属性使《大学衍义》能够对其进行政治解读。郑玄曰："《大学》者，以其记博学，可以为政也。"孔颖达《礼记正义》曰："此《大学》之篇，论学成之事，能治其国，章明其德于天下。"前人很早就认识到了《大学》可以为政、可

---

① （宋）真德秀：《西山先生真文忠公文集》卷18，四部丛刊景明正德刊本。
② （元）脱脱等撰、张元济等辑《宋史》卷437列传196，商务印书馆，1936。
③ （元）脱脱等撰、张元济等辑《宋史》卷437列传196，商务印书馆，1936。
④ （宋）真德秀：《西山先生真文忠公文集》卷29，四部丛刊景明正德刊本。

以治国。《大学》在宋儒手中朝着成德、内圣方向阐释，其为政性未得到充分发展。真德秀需要打破《大学》单一的阐释进路，肯定和突出《大学》的治术，于是通过《大学衍义》全力对《大学》进行政治解读。真德秀还在《尚书省札子》中细致地分析了《大学》的体用关系：

> 臣闻圣人之道，有体有用。本之一身者，体也；达之天下者，用也。尧、舜、三王之为治，六经、《语》《孟》之为教，不出乎此。而《大学》一书，由体而用，本末先后，由明且备。……盖其所谓格物致知、诚意正心、修身者，体也；其所谓齐家、治国、平天下者，用也。人主之学，必以此为据依，然后体用之全，可以默识矣。①

《大学》有体有用，乃圣人为治之道，它最终要由体而用。为此，真德秀首先为《大学》正名，在《帝王为治之序》下引《尧典》曰：“夫五帝之治，莫盛于尧，而其本则自克明俊德始，故《大学》以明明德为新民之端。然则《尧典》者，其《大学》之宗祖欤。”②五帝时期政治清明，源于“克明俊德”，与《大学》“明明德”精神内核相同，这不仅从本源上肯定了《大学》，还肯定了《大学》是为治之术。真德秀又说：

> 为人君者不可以不知《大学》，为人臣者不可以不知《大学》。为人君而不知《大学》，无以清出治之源；为人臣而不知《大学》，无以尽正君之法。既又考观在昔帝王之治，未有不本诸身而达之天下者。③
> 而亦未知其为圣学之渊源，治道之根柢也，况其他乎？臣尝妄谓“《大学》一书，君天下者之律令格例也。本之则必治，违之则必乱”。④

清初的陆世仪曾这样论述《大学》《大学衍义》《大学衍义补》三者的关系，他说：

---

① （宋）真德秀：《西山先生真文忠公文集》卷13，四部丛刊景明正德刊本。
② （宋）真德秀：《大学衍义》，朱人求点校，华东师范大学出版社，2010，第10页。
③ （宋）真德秀：《西山先生真文忠公文集》卷29，四部丛刊景明正德刊本。
④ （宋）真德秀：《西山先生真文忠公文集》卷29，四部丛刊景明正德刊本。

修己治人之道，莫备于《大学》。西山《衍义》、琼山《衍义补》，则旁通而曲畅之旨也。学者能熟读深考，则于修己治人之道其庶几乎？能读《衍义》《衍义补》二书，则知天下无一书不可入《大学》，其不可入《大学》者，皆无用之书，皆无益于修己治人者也。①

3. 与朱熹有关

宋绍熙五年（1194 年），朱熹被宋宁宗召入朝中，他首先为皇帝讲授的便是《大学》。"欲修己以治人而及于天下国家者，岂可以舍是而他求哉"②，朱熹将《大学》作为君主修身治国的起始之基。

　　《大学》是为学纲目，先通《大学》，立定纲领，其他经皆杂说在里许。通得《大学》了，去看他经，方见得此是格物致知事，此是正心诚意事，此是修身事，此是齐家治国平天下事。③

《大学》一书有"明明德、亲民、止于至善"三纲目。"明明德"是心性论，朱熹《大学章句》的特点是：以明德—气禀—复其明德为基本结构，以明德为心的本然之体，赋予《大学》一种心性论的诠释，而突出心性论的工夫，这种高度心性化的经典阐释为理学的发展提供了经典理解的根据。"格物"是工夫论，一个整体性的概念全体大用，此概念代表一种思维模式。理学家借用《大学》一书的架构和名目，分别从心性论、工夫论以及整体思维模式三方面入手，将此书变成了一部扎根于天道性命深处，并表现出儒家政治哲学与文化哲学要义的典籍。真德秀有言：

　　《大学》《中庸》之书，至于朱子而理尽明，至予所编而说始备。虽从《或问》、《辑略》、《语类》中出，然铨择刊润之功亦多。④

① （清）陆世仪：《思辨录辑要》卷 4《格致类》，文渊阁四库全书本，第 45 页。
② （宋）朱熹撰，朱杰人、严佐之、刘永翔主编《朱子全书》第 6 册，上海古籍出版社、安徽教育出版社，2002，第 692 页。
③ （宋）朱熹撰，朱杰人、严佐之、刘永翔主编《朱子全书》，上海古籍出版社、安徽教育出版社，2002。
④ （宋）真德秀：《西山先生真文忠公文集》卷 29《大学衍义序》，四部丛刊景明正德刊本。

真德秀祖述朱熹的思想。对此,真德秀毫不讳言,他说:

> 近世大儒朱熹尝为《章句》、《或问》以析其义,宁皇之初入侍经
> 帷,又尝以此书进讲。愿治之君傥取其书,玩而绎之,则凡帝王为治
> 之序,为学之本,洞然于胸次矣。臣不佞,窃思所以羽翼是书者。①

> 夫人君于天下之理、天下之事须是都讲究,令透彻,方能诚意正
> 心。又读至明道术、辨人材处,某奏云:昨来权臣凡事皆是欺罔陛
> 下,是时讲筵官亦为欺罔之言。臣记得一日讲官讲《易》,辄为奸言
> 云云。臣是时深不能平,欲辟之,又恐纷争于陛下之前,有伤事体。
> 退而自咎,若使程颐、朱熹当此,必是与之深辨,臣因自咎学力未
> 到,故不当放过处放过了,上亦愕然。某奏:陛下须是做格物致知工
> 夫,于天下义理无不通晓,则此等奸罔之言自不敢进,臣于是时,便
> 欲编集此书,以献陛下。②

薛瑄曰:"朱子之后,大儒真西山《大学衍义》有补于治道。"③ 夏良
胜说:"真德秀衍《大学》而程朱之说大备。"④

4.《大学衍义》对《礼经会元》的借鉴

《大学衍义》这种阐释方式是在继承前人的基础上发展而来的,这一
点在《中庸衍义提要》中就说得很明白:

> 自宋以来,取古今之义括举条目,而衍其说者始叶时《礼经会
> 元》,嗣则真德秀《大学衍义》,良胜又因德秀之例以阐发《中庸》
> 其书。⑤

叶时⑥与真德秀是有交往的。二人曾同朝为官,南宋嘉定元年(1208

---

① (宋)真德秀:《西山先生真文忠公文集》卷29《大学衍义序》,四部丛刊景明正德刊本。
② (宋)真德秀:《西山先生真文忠公文集》卷13《得圣语申省状》,四部丛刊景明正德刊本。
③ (明)薛瑄:《读书录附续录》卷10,文渊阁四库全书本。
④ (明)夏良胜:《中庸衍义》,文渊阁四库全书本。
⑤ (清)永瑢等撰《四库全书总目提要》,清乾隆武英殿刻本。
⑥ 叶时,字秀发,自号竹野愚叟,浙江括苍人,宋淳熙十一年(1184年)进士。历官奉国
军节度推官、工部尚书,吏部尚书。卒,谥文康。

年）在朝任谏议大夫，叶时上书要求枭韩侂胄的头，"置之淮甸，积尸丛冢之间，以谢天下"①。而宋嘉定元年（1208 年），真德秀擢升博士，被召试学士院。宋嘉定十五年（1222 年），真德秀以宝谟阁待制、荆湖南路安抚使知潭州，叶时就是真德秀的前任。宋宝庆三年（1227 年）当时还落职在家的真德秀，受时任建宁知府叶时之请，作《建宁府重修府学记》，真德秀在记中说：

> 宝庆绍元之初年，天官尚书叶公以显谟阁学士出牧建安，……起孟秋甲辰迄九月甲寅，功用成于是府，学正叶端甫等书来，俾识厥事。……公名时，字秀发，括苍人。三年春三月甲寅郡人真某记。②

叶时的《礼经会元》分为 100 个子目。卷一上：礼经、注疏、民极、官名、兼官、相权、邦典、官法、都则、驭臣、驭民、任民、赋敛、式法（14 个子目）。卷一下：侯贡、系民、正朔、象法、考课、宫刑、官叙、官属、官联、官成、朝仪（11 个子目）。卷二上：宫卫、膳羞、燕礼、飨食、耕藉、同姓、医官、酒政、藏冰、盐政、财计、内帑、钱币（13 个子目）。卷二上：内政、门制、阉官、教化、王畿、封建、井田、荒政、乡遂、军赋、役法、选举（12 个子目）。卷三上：齿德、迁邑、社稷、教胄、谏官、和难、婚礼、市治、水利、重农、山泽、囿游、制禄（13 个子目）。卷三下：祭祀、郊庙、宾礼、礼命、瑞节、礼乐、天府、冕服、学校、祭乐、乐舞、诗乐（12 个子目）。卷四上：卜筮、史官、明堂、系世、名讳、天文、分星、车旗、兵政、将权、师田（11 个子目）。卷四下：功赏、马政、火禁、险固、射仪、久任、图籍、地理、刑罚、诅盟、鸟兽、遣使、夷狄、补亡（14 个子目）。其阐释有如下特点。

第一，纲目结构，每一子目下，以经为纲，旁征经史子集，以证其说。潘元明在《礼经会元序》中指出，濂、洛诸儒对于《易》《诗》《书》《春秋》皆有成说，唯独对《周礼》没有训释，而叶时的《礼经会元》一书"实可缉濂洛之未备"③。此著述方式初步建立起了以史证经、以经立意

---

① （宋）刘时举：《续宋编年资治通鉴》卷 14《宋宁宗 3》，文渊阁四库全书本。
② （宋）真德秀：《西山先生真文忠公文集》卷 25，四部丛刊景明正德刊本。
③ （清）朱彝尊：《经义考》卷 125，文渊阁四库全书本。

这样一个阐释方式，这与传统儒家经学大量的注疏体的经学著作不同。

第二，不随文笺疏，归纳相关经文，以敷衍己意。叶时在《礼经会元提要》中说：

> 是书名曰释经，而实不随文笺疏，但举《周礼》中大指为目，凡一百篇，皆旁推交通以畅其说，盖取镕经义以自成一家言者。时与朱子友善，深诋王安石新法，谓程子所云有《关雎》、《麟趾》之意而后可行《周官》之法，度正为安石而发，是固然矣。至其言《冬官》不必补，而訾河间献王取《考工记》附《周礼》，适以启武帝之忽略是经，甚且以为坏《周礼》自郑康成始，皆过于非议古人，未免自立门户之习，其他臆断之处，虽时有之，然亦颇有深切著明，可以施于实用者。①

第三，不重训诂释词，以发挥义理为主。叶时的《礼经会元》在解释过程中，打破注疏体和笺注体的解释体例，以经立意，阐述义理。他的这部经学著作是得到理学家认可的，尤其在儒家内外贯通这个问题上，叶时与理学家的看法完全一致，而且完全认同理学家对儒家内圣学的发展，这是很有意义的一点。余英时曾经指出，南宋时期的士人虽然可以大致分为理学家群体和官僚群体，且他们因为现实的政治权力也有相当激烈的冲突与矛盾，但是在儒家内圣之学及内圣与外王的贯通方面，二者并无原则的分歧。同时，官僚群体大多具有理学背景，认可理学家的内圣之学，而且"往往争取一切可能的空隙进修'内圣'"② 之学，这也是南宋政治文化一个极显著的特色。这说明理学家所倡导的心性义理之学已成为南宋时期儒学发展的主导，得到了多数士人的认可，叶时就是一个很好的佐证。

四 自成体系的阐释系统的建立

《大学衍义》对传统阐释方式的突破在于建立了完善的阐释框架，这

---

① （宋）叶时：《礼经会元》，文渊阁四库全书本，第 1 页。
② 余英时：《朱熹的历史世界：宋代士大夫政治文化的研究》，三联书店，2011，第 405 页。

相对于原有的随文注释、串讲大义的阐释方式而言别具一格，而这也是衍义类著作的一个明显特征。

1. 有一个明确的阐释对象

《大学衍义》一书就是真德秀对宋理宗的诤言。宋理宗这个阐释对象的确立，使该书的为政性有的放矢、顺理成章。《大学》在宋代的阐释对象主要是针对大众的，进一步说是针对整个士阶层的，他们集中于学问的精进及自身道德的完善；《大学》的阐释内容的指向也是面向全体大众或者士阶层。宋仁宗以《大学》一书赐进士王拱辰，之后的登第者被赐《大学》篇成为常规便可为证。士阶层对于《大学》的接纳更多的是有益于道德而非作用于经世。真德秀为扭转这一格局做的最重要的事是转变《大学》的接受者，以当时的君主宋理宗为阐释对象。阐释对象的确立首先是对《大学》一书定性，把它从士子人臣之学变为人君为治之学，把《大学》与治道紧密结合，凸显《大学》对君主为治的重要性。《大学衍义序》中真德秀开篇名义：

> 为人君者不可以不知《大学》，为人臣者不可以不知《大学》。为人君而不知《大学》，无以清出治之源；为人臣而不知《大学》，无以尽正君之法。既又考观在昔帝王之治，未有不本诸身而达之天下者，然后知此书所陈，实百圣传心之要典，而非孔氏之私言也。①
>
> 《大学》一书，君天下者之律令格例也。本之则必治，违之则必乱。②

其次认为"上下数千载间，治乱存亡皆由是出"③。《大学》载明治乱存亡之道，其地位飞升，指向性也由一般士子直接变成君王。

宋理宗并非真正意义上的明主，宋理宗在位40年间，在朝政上弃贤良不用，而史弥远、贾似道等相继把持朝政；外交上兵连祸结，使南宋积贫积弱，自己又多欲而怠于政事，和所谓的明君相差甚远。四库馆臣说他

---

① （宋）真德秀：《西山先生真文忠公文集》卷29《大学衍义序》，四部丛刊景明正德刊本。
② （宋）真德秀：《西山先生真文忠公文集》卷29《大学衍义序》，四部丛刊景明正德刊本。
③ （宋）真德秀：《西山先生真文忠公文集》卷29《大学衍义序》，四部丛刊景明正德刊本。

"虽浮慕道学之名，而内实多欲；权臣外戚，交煽为奸"①。然而在真德秀的眼里，宋理宗却是当时整个国家的希望，"帝性凝重寡言，洁修好学，每朝参待漏，或多笑语，帝独俨然。出入殿庭，矩度有常，见者敛容。"②就形象气质来说，宋理宗以沉稳洁修好学示人。而且在其当政早年，的确也做了一些给人以希望的事情，如褒表老儒，"升濂、洛九儒，表章朱熹《四书》"，诏曰："朕观朱熹集注《大学》《论语》《孟子》《中庸》，发挥圣贤蕴奥，有补治道，朕励志讲学，缅怀典刑，可特赠熹太师，追封信国公。"③确有扫除奸党匡扶正学的倾向。真德秀在进《大学衍义》的《尚书省札子》中言："恭惟陛下有高宗之逊志时敏，有成王之缉熙光明。即位以来，无一日不亲近儒生，无一日不讲劘道义，自昔好学之君，未有加焉者也。"④ 真德秀对宋理宗的评价之高已然在文字之间。

真德秀认为宋理宗是明主，是国家的希望，真德秀一片赤诚的忠君爱国之情凝聚在《大学衍义》对宋理宗的劝勉之中，自己的经世理念与策略也希望通过宋理宗而得以实现。真德秀以尧、舜、禹、汤、文、武、周公、孔子等一脉相传的圣王之道来指导君王，也把圣王之治作为自己的经世理想。真德秀对宋理宗的劝谏在《大学衍义》中体现在以下三个方面。

一是总体框架的设定。真德秀用自己想对宋理宗说的话完成了《大学衍义》二纲领六条目的设定。《大学衍义》在帝王为治之序、帝王为学之本两纲领的统摄下，分格物致知之要、诚意正心之要、修身之要、齐家之要四个大类，这四大类之下又分若干小类，小类下又分小类。如格物致知之下分明道术、辨人材、审治体、察民情四类，而明道术下又分异端学术之差、王道霸术之异；辨人材下又分奸雄窃国之术、憸邪罔上之情；审治体下又分德刑先后之分、义利轻重之别；察民情下又分生灵向背之由、田里戚休之实。框架的设定使整部书条理分明，且每一分类都是针对不同问题对宋理宗的进言。

二是阐释框架下材料的选取组织及其次序。《大学衍义》以《尧典》

①（元）脱脱等撰、张元济等辑《宋史》卷45，商务印书馆，1936。
②（元）脱脱等撰、张元济等辑《宋史》卷41，商务印书馆，1936。
③（元）脱脱等撰、张元济等辑《宋史》卷41，商务印书馆，1936。
④（宋）真德秀：《西山先生真文忠公文集》卷13《召除户书内引札子》，四部丛刊景明正德刊本。

开篇，"夫五帝之治，莫盛于尧，而其本则自克明俊德始，故《大学》以明明德为新民之端。然则《尧典》者，其《大学》之宗祖欤。"①《大学》之旨有典可依，源远流长；君主德行乃安邦之本，有史可鉴。次接以《皋陶谟》《伊训》《诗》等六经内容，后又加以《中庸》、吕大临、朱熹等诸子言论，循循善诱，层层深入来阐释帝王为治的顺序。

三是体现在每则材料下的按语里。真德秀在每则材料下都附有可长可短的按语来解释说明材料的内涵及其意义。这些按语包罗万千，有的是解释材料阐发义理，如：

> 熹又曰："一者，诚也。一不诚则九者皆为虚文矣。"
>
> 臣按：九经之说，朱熹尽之矣。或谓：《大学》先言诚意正心而后修身，《中庸》九经之序乃自修身始，何也？曰：齐明盛服，非礼不动，此所谓敬也。敬则意诚，心正在其中矣。熹之以一为诚，何也？曰：天下之理一则纯，二则杂，纯则诚，杂则妄。修身不一，善恶杂矣。尊贤不一，邪正杂矣。不二不杂，非诚而何？故舜曰"惟一"，伊尹曰"克一"，《中庸》曰"行之者一"。②

按语中经常引用史实，于得失治乱之中，劝谏自现。如《圣贤观人之法》中：

> 子曰："始吾于人也，听其言而信其行。今吾于人也，听其言而观其行。于予与改是。"
>
> 臣按：其后武帝之于江充，唐文宗之于郑注，皆以应对敏捷悦而信之，巫蛊、甘露之祸几至亡国。③

有的按语对材料进行点评，开启圣智。如引汉高后元年，议立诸吕为王时，王陵面折廷争，认为非刘氏而王，天下共击之，而陈平、周勃却曰："可，太后嘉。"王陵怒而不解，陈平、周勃曰："面折廷争，臣不如

---

① （宋）真德秀：《大学衍义》，朱人求点校，华东师范大学出版社，2010，第9页。
② （宋）真德秀：《大学衍义》，朱人求点校，华东师范大学出版社，2010，第20页。
③ （宋）真德秀：《大学衍义》，朱人求点校，华东师范大学出版社，2010，第253页。

君。全社稷、安刘氏，君亦不如臣。"① 吕后以王陵为太傅，夺其相权。对此，真德秀按语："陵之争王诸吕，戆也。平不争而许之，智也。"②

真德秀《大学衍义》一书首先将《大学》指向当朝帝王，阐释对象十分明确，通过书的框架组织、材料安排以及自己按语等各种各样的形式，力图使帝王成为一代明君，忠君爱国之良苦用心跃然纸上。其次，明确的阐释对象还包含有针对性的问题，所谓针对性，指的是《大学衍义》主要讨论的宋宁宗、理宗两朝权相专政、太后干政问题。《续通志》记载："理宗受制权奸九年，直待弥远死后始亲政事。前此之阙失既多，即欲励精求治，亦复何及。"③《大学衍义》所引史事的统计证明，奸邪之臣占 66 条。"谗臣""佞幸之臣""聚敛之臣""篡臣"这些都是针对宋理宗的弱点而作，用四库馆臣的话说，"阴切时事以立言"。真德秀将理学特有的重要概念如理气、心性、天理、人欲、天命之性、气质之性、理一分殊等，一以贯之地贯穿于衍义之中，希望通过对经典文本的衍义，来实现理学的政治目的，填补了朱学由哲学理论到现实政治的理论基础之间的空白。

2. 衍经不衍传的阐释框架

第一，《大学》只是一个框架，一个指导纲领，该如何旁通发挥以尽先儒未尽之言、阐释自己的经世理念，是真德秀需要解决的问题。我们说《大学衍义》不再采用经典注疏的阐释方法，而是创造了"衍义"这一阐释方式，那么，这一阐释方式该如何运作。真德秀继承的《大学》是朱熹的《大学》，而不是原本《大学》。朱熹将《大学》分经别传，分为经一章，传十章。真德秀衍义《大学》衍经不衍传，进《大学衍义序》称：

> 臣不佞，窃思所以羽翼是书者，故剟取经文二百有五字载于是编，而先以之《尧典》、《皋陶谟》、《伊训》与《思齐》之诗、《家人》之卦者。见前圣之规抚，不异乎此也。继之以子思、孟子、荀况、董仲舒、扬雄、周敦颐之说者，见后贤之议论，不能外乎此。④

① （宋）真德秀：《大学衍义》，朱人求点校，华东师范大学出版社，2010。
② （宋）真德秀：《大学衍义》，朱人求点校，华东师范大学出版社，2010。
③ （清）嵇璜撰《续通志》卷405，文渊阁四库全书本。
④ （宋）真德秀：《西山先生真文忠公文集》卷29《大学衍义序》，四部丛刊景明正德刊本。

《御定孝经衍义凡例》第二条说：

> 朱熹取古文《孝经》刊其误者，考正章次，定为经一章传十四章，即《大学或问》所谓以经统传，以传附经，则其次第可知矣。真德秀衍经不衍传，深有见于经之统传，传之附经者也。今但标举经文以为衍母，条缕五性五常之属以为衍子，以融会传十四章之义，非阙如也。①

经之统传，传之附经，经为本，传为末，传本来就是解释经文的，衍义也是阐发经文的，经义明而传义自晓。朱子把"大学之道，在明明德，在新民，在止于至善"到"其所厚者薄，而其所薄者厚，未之有也"作为《大学》经一章，经一章主要强调事物本末有序，先后有别。《大学》之道在明明德，经一章便由本及末、由先及后地指明了"欲明明德于天下"的途径，即格物、致知、诚意、正心、修身、齐家、治国、平天下。《大学》在这种衍经不衍传的阐释定位下，真德秀将《大学衍义》提纲挈领地分为帝王为治之序、帝王为学之本、格物致知之要、正心诚意之要、修身之要、齐家之要。《大学衍义》在"帝王为治之序""帝王为学之本"的统领下设"格物致知之要""正心诚意之要""修身之要""齐家之要"四目，在四目之下又分小目，使得阐释若网在纲，有条不紊，重点突出，切中要害。

第二，阐释框架的建立。

《大学衍义》结构如下。

　　帝王为治之序

　　帝王为学之本

　　尧舜禹汤文武之学　商高宗周成王之学　汉高文武宣之学　汉光武明帝唐三宗之学　汉魏陈隋唐数君之学

　　格物致知之要一

　　明道术

---

① （清）叶芳蔼、张英等撰《御定孝经衍义》，文渊阁四库全书本。

天理人心之善　天理人伦之正　吾道源流之正　异端学术之差王道霸术之异

格物致知之要二

辨人材

圣贤观人之法　帝王知人之事　奸雄窃国之术　憸邪罔上之情

格物致知之要三

审治体

德刑先后之分　义利重轻之别

格物致知之要四

察民情

生灵向背之由　田里戚休之实

诚意正心之要一

崇敬畏

修己之敬　事天之敬　遇灾之敬　临民之敬　治事之敬　操存省察之功

诚意正心之要二

崇敬畏

规警箴诫之助

戒逸欲

逸欲之戒　沉湎之戒　荒淫之戒　盘游之戒　奢侈之戒

修身之要

谨言行　正威仪

齐家之要一

重妃匹

谨选立之道　赖规警之益　明嫡媵之辨　惩废夺之失

齐家之要二

严内治

宫闱内外之分　宫闱预政之戒　内臣忠谨之福　内臣预政之祸

齐家之要三

定国本

建立之计宜蚤　谕教之法宜豫　嫡庶之分宜辨　废夺之失宜监

教戚属

外家谦谨之福　　外家骄恣之祸

3. 义理贯通时势的结构模式

所谓"治体"之治，含义为治理、管控，一是指体例安排上的首之以帝王为治之序，次之以帝王为学之本。二是放在每条开头的圣贤典训。真德秀在《尚书省札子》中说道：

> 每条之中，首之以圣贤之典训，次之以古今之事迹，诸儒之释经论史有所发明者录之，臣愚一得之见亦窃附焉。虽其铨次无法，论议无取，然人君所当知之理，所当为之事，粗见于此。①

首之以格物致知之要，次之以诚意正心之要、修身之要、齐家之要。显然，"体"是儒家纲要，"治术"指的是达到治理具体的操作途径和方式、手段，即故事与近规。在对历史经验诠释（"学"）的过程中，表达自己政治实践（"术"）的理念。在程朱义理的指导下，《大学衍义》的结构安排便是按照"圣贤训典、古今事迹、先儒发明"的顺序进行编排，如"帝王为治之序"圣贤训典为《尚书》之《尧典》《皋陶谟》，《诗经》之《思齐》，《易经》之《家人》，《大学》《中庸》；然后接以吕大临、朱熹、孟子、荀子、董仲舒、扬雄、周敦颐等诸儒的言论。又如"汉高文武宣之学"，先是史实加胡宏言论，后多只有史实，而无诸儒言论也无圣贤训典，然"圣贤训典、古今事迹、先儒发明"这种结构安排并非一成不变，而是根据材料的需要合理运用。

真德秀《西山先生真文忠公文集》卷二十八"儒者之学有二：曰性命道德之学，曰古今世变之学"，这种把"性命道德之学"与"古今世变之学"结合起来的结构方式，源于其实学思想。他曾说："惟其以实学见实用，以实志起实功，卓然有益于世。"② 以达到经世致用目的。他在程颢"道即器，器即道"，道器统一的基础上，发展了朱熹的理学思想，进一步

---

① （宋）真德秀：《大学衍义》，朱人求点校，华东师范大学出版社，2010，第6页。

② （宋）真德秀：《西山先生真文忠公文集》卷28，四部丛刊景明正德刊本。

论证了理的实体性。他认为"即器以求之，则理在其中"，更明确地称自己的理学为"实学"："若舍器而求理，未有不蹈于空虚之见，非吾儒之实学也"。① 真德秀的实学思想贯穿在其整体思想体系中，他认为："形而上者理也，形而下者物也。有是理故有是物，有是物则具是理，二者未尝相离也。方其未有物也，若可谓无矣，而理已具焉，其得谓之无邪？天之生物，无一之非实，理之在人亦无一之非实。故立心以实意为主，修身以实践为贵，讲学以实见为是，行事以实用为功。"② 此言涵盖了实体、实用、实修和实践的各个方面，可谓真德秀实学思想的总结。在此基础上，他指出释氏空虚之论与儒学貌似相同实则相反，"释氏之言偶与圣贤相似者多矣。但其本不同，则虽相似而实相反也。……其学以空为真，以理为障，而以横纵作用为奇特，故与吾儒之论正相南北。"③ 他强调"参考事物，以求义理"，才是"著实用功之地，不至驰心于虚无之境也"。④ 这就在理的本体论上，反驳了佛老的虚无倾向，极有见识地划清了理学与佛学的思想界限。真德秀坚信只要讲明义理，就必然有能力去应对时势，但是这个坚持却正如牟宗三所说仅是"理性的运用表现"，忽略了"理性的架构"。

4. 言天必有征于人，语事而不遗乎理的言说形态

《大学衍义》中的"圣贤训典"撷取于六经四书，认为它们包含了道德之理。史实来源于《春秋》、《国语》、前四史、五代史、新旧《唐书》等，因为史书记录了道德之理的实际运用及其成效，揭示古今变化并提供道德借鉴的经验教训。其对诸儒的界定也十分明确，即孔子、孟子、荀子、晏子、董仲舒、扬雄、二程、吕祖谦、吕大临、胡安国、胡宏、朱熹等，而其中二程、吕祖谦、吕大临、胡安国、胡宏、朱熹等都是宋代理学家，在这些人的思想中又以对朱熹言论的引用及其思想的阐发为主。经史中用为我所用的内容和历史故事，来诠释程朱的义理内容，即先有一个观点，再找内容来阐释它、充实它，以类串联，形成某种法则，这受佛教影响而来。明人丁辛说："尼山以《大学》衍六经，先生还以六经衍《大

---

① （宋）真德秀：《西山先生真文忠公文集》卷30，四部丛刊景明正德刊本。
② （宋）真德秀：《大学衍义》，朱人求点校，华东师范大学出版社，2010。
③ （宋）真德秀：《西山读书记》，文渊阁四库全书本。
④ （宋）真德秀：《西山先生真文忠公文集》卷30，四部丛刊景明正德刊本。

学》。"① 的确，真德秀十分重视四书，书中大量引用《论语》《孟子》《中庸》《大学》的内容。真德秀说：

> 夫古今之书籍虽多，其切于君德、治道者，六经而已尔，《论》《孟》而已尔。六经之大义，人君皆所当闻，然一日万机，无遍读博通之理。苟专精其一二，而兼致力于《论》、《孟》、《大学》、《中庸》之书，间命儒臣敷陈历代之得失，则其开聪明而发知识者，亦岂少哉？②

对于这些经典材料的组织源于以义求经，它们在一定的目的和标准下被收集起来，这些材料的运用方法则是以理释经，用理学的观点加以阐释，如："尧舜禹汤文武之学"中对《大禹谟》"帝曰：人心惟危，道心惟微，惟精惟一，允执厥中"的解释可以鲜明体现这个特点，即于经文之后引用朱熹的言论，朱熹用"天理性命"解释：

> 夫心之虚灵知觉，一而已矣。而以为有人心、道心之异者，以其或生于形气之私，或源于性命之正，而所以为知觉者不同。是以或危殆而不安，或微妙而难见尔。然人莫不有是形，故虽上智不能无人心；亦莫不有是性，故虽下愚不能无道心。③

真德秀的按语肯定了朱熹的解释"先儒训释虽众，独朱熹之说最为精准"，进而在朱熹的基础上继续进行阐释：

> 夫所谓形气之私者，指声色臭味之欲而言也。性命之正者，指仁义礼智之理而言也。声色臭味之欲皆发于气，所谓人心也；仁义礼智之理皆根于性，所谓道心也。④

---

① （宋）真德秀：《大学衍义》，朱人求点校，华东师范大学出版社，2010。
② （宋）真德秀：《大学衍义》，朱人求点校，华东师范大学出版社，2010，第63页。
③ （宋）真德秀：《大学衍义》，朱人求点校，华东师范大学出版社，2010，第26页。
④ （宋）真德秀：《大学衍义》，朱人求点校，华东师范大学出版社，2010，第26页。

再如释《论语》："子曰：'参乎！吾道一以贯之。'曾子曰：'唯。'子出，门人问曰：'何谓也？'曾子曰：'夫子之道，忠恕而已矣！'"后接朱熹、程颐以及《大学或问》的言论进行阐释，最后真德秀按语曰：

> 一贯之指，朱熹尽之矣，是岂惟学者所当知哉！夫天之于众形，匪物物刻而雕之也。维天之命，於穆不已，而洪纤小大，各正性命焉。人君以一身应天下之务，苟不知道之大原，而欲随事随物以应之，各当其理，难矣。①

真德秀对于六经四书的解释都是基于理学义理的，其每引一条经典最终的落脚点都在理学义理的阐发上。真德秀用"六经注我"的方式来阐发义理，在他那里，六经四书只是手段，只是其宣扬理学的工具，其方法就是引用理学名家的释义加上自己的按语，或者自己直接按语，宣扬理学的意图十分明显。于经是这样，于史亦然。如举汉文帝问贾谊鬼神事，真德秀按曰：

> 文帝之问贾谊及于鬼神之本，鬼神者何？阴阳造化之谓也。帝之问及此，其有意穷理之学乎？谊具道所以然之故，帝为之前席，其必深有感于心矣。……盖幽明二致，而其理一原，知仁义则知阴阳，能尽性则能至命。……帝有穷理之心，而谊无造理之学，故君德成就终有愧于古。吁！可惜哉！②

真德秀以理学解读《大学衍义》除了用理学来解读经史之外，还体现在其对理学家的推崇，书中大量引用吕祖谦、二程、朱熹等人的言论，而对朱熹则倍加推崇，书中随处可见对朱熹的肯定以及对朱熹学说的阐发，这都是对《大学》进行理学解读的表现。

5. 蜘蛛网式的理解方式

蜘蛛网式的理解方式，即以原典为中心向四面八方辐射，形成一张知

---

① （宋）真德秀：《大学衍义》，朱人求点校，华东师范大学出版社，2010，第182页。
② （宋）真德秀：《大学衍义》，朱人求点校，华东师范大学出版社，2010，第45页。

识网，它是一种发散思维。《大学衍义》的理解方式是以经史先儒记载为节点，通过引用、按语等方式加以敷衍、延伸，从而建构了一个体系完整的帝王之学。朱子说：

> 今且须熟究《大学》作间架，却以他书填补去。
>
> 《大学》是一个腔子，而今却要去填教实著。如他说格物，自家是去格物，后填教实著；如他说诚意，自家须是去诚意，后亦填教实著。①

《大学衍义》因《大学》条目而附以经史，首之以帝王为治之序，次之以帝王为学之本，是之谓纲；首之以明道术、辨人材、审治体、察民情，次之以崇敬畏、戒逸欲，又次之以重妃匹、严内治、定国本、教戚属，是之谓目。每条之中，首之以圣贤之典训，次之以古今之事迹，诸儒之释经论史有发明者，而公之说亦附见焉。

其理解方式有以下 4 种。

第一，以经证经+按语。经包括《诗经》《尚书》《礼记》《易经》《春秋》《孝经》《大学》《中庸》《孟子》《论语》等，摘录它们中切合旨意的文句，再引用经中相关内容做佐证，最后加上自己的按语，以阐释某一思想观念。在所有的经书中，按引用数量，依次是《尚书》《诗经》《春秋》《周易》《礼记》，引用或标明来源，照录原文，或不标明原文直接引用，在具体对某一条经文阐释时，则是遵循先字词，后解说大义，最后加上按语，阐述一己之见，例如，卷一引用《尧典》："曰若稽古帝尧，曰放勋，钦明文思安安。"首先，"曰若稽古"之下解释说："曰若发语辞，曰字与粤越通用。稽，考也，言考古之帝尧其事云云也。""曰放勋"解释说："放，至也，亦广大之意，如放乎四海之放。勋，功也。""钦明文思安安"解释说："钦，敬也。思，去声。"其次，解说一句或几句大意，如此条按语中的前面几句，"臣按：此章纪尧之功德，与其为治之次序也"。最后，加上按语，发挥义理，如此句，"臣按：此章纪尧之功德，与其为治之次序也。自鸿荒以来，羲农黄帝数圣人作，皆有功于生民，而尧之功

---

① （宋）黎靖德编《朱子语类》卷14《大学》，明成化九年陈炜刻本。

为尤大，故曰放勋，亦犹孔子称尧曰：巍巍乎其有成功也。钦明文思尧之德也，钦谓无不敬，明谓无不照，文谓英华之发见，思谓意虑之深远。安安与所勉强之意，言其德性之美出乎自然，不待用力，所谓性之者也。"①

第二，以史证经+按语。史不仅包括历史人物、历史事件，而且包括名物典章制度、圣谕、策文、诏书、《东观汉记》、《白虎通》、《贞观纪要》、《资治通鉴》等中的史实，不仅其认知的对象是客观的、确定的，而且充满了意义和价值，是超越感、道德感的重要来源。如卷三"倪宽见武帝，语经学"条，曰："吾始以《尚书》为朴学，弗好，及闻宽语，可观。"乃从宽问一篇。援史入经，以史证经，可以使抽象的义理具体、鲜活，易于理解和把握，起到提示、警醒的作用。一般说来，真德秀征引历史时，一般按照时间顺序进行，其下限在唐。征引历史故事在《大学衍义》里有两种作用，一是用以阐述经书的微言大义，二是征引正面和反面历史人物或事件以维护政体的严肃性。正面典型如尧、舜、禹、汤、文、武，揭示帝王为学的对象是古代圣君，学习的目的是体会成圣成德的思想和做法，学习的途径就是学习经书；反面典型即征引各个历史时期的奸相佞臣，如寒浞、吕不韦、王莽等，目的在揭示他们欺上罔下的手段，提高帝王辨识贤才、奸佞的能力和水平。

第三，以子证经+按语。真德秀《大学衍义》除旁征博引经史之外，也大量引用诸子之说来阐释自己的观点，如引用晏子、孟子、荀子、董仲舒、扬雄等人的学说。

第四，先儒（宋）言论+按语。《大学衍义》先后征引了周敦颐、张载、谢良佐、杨时、吕大临、朱熹、吕祖谦、张栻、胡寅、范祖禹、欧阳修等人的言说，当然，征引最多的是朱熹，其次是程颐。阐释次序是先征引一段经文，再接入宋儒的相关言论加以义理发挥，最后加上一己之见。至于其征引宋儒言论的深刻含义，钟文荣在《真德秀〈大学衍义〉研究》一书中有过分析，有兴趣的读者可以参考。②

从上面的统计可以看出，真德秀的引书以六经为主，另外还有四书以及正史等，每一目的第一部引书也以《尚书》《诗经》《礼记》为主，这

---

① （宋）真德秀：《大学衍义》，朱人求点校，华东师范大学出版社，2010。
② 钟文荣：《真德秀〈大学衍义〉研究》，黑龙江人民出版社，2011，第354~361页。

一方面表现出了真德秀崇古的心理状态，另一方面也表明了先秦经典在中国古代知识分子心目中的重要地位。

6. 故事与近规——叙述故事的体例

"录善恶以示百世王之监（鉴）戒，广节要以尽八条目之工夫"①，真德秀已经完全把自己从神圣的文本教义下解放出来。语录的魅力，正是作为一种能够允许注者继续反思、参与对话，但又能拥有更大的发挥空间，更能独立于权威的一种形式。语录把评注者从对古代圣人言语的逐行回应束缚中解放出来，以便能更自由地反思文本。宋儒一方面极力希望为他们自己的说法建立可信的基础，另一方面却在言谈的姿态上赋予最大的自由度。真德秀除从传统的经史中找到理论的合理基础外，也透过经验法则来告诫君主。因此，《大学衍义》除了重视经典之外，另一大特点便是对史实和故事的重视。重视史实和故事表明了后世之士经世致用的价值取向及其对经典通俗化、世俗化的努力。章学诚说"六经皆史"，史实和故事主要来源于两类：一类是经书，另一类是中国古代的史书，包括《史记》《汉书》《后汉书》《资治通鉴》等。经书重视史实和故事，一方面是因为有一部分经书本身就是史实，如《尚书》《春秋》等；另一方面是因为注重用史实和故事来阐释经义，可以使经义更加通俗易懂。以《大学衍义》为例，如《天理人伦之正·长幼之序》中引《棠棣》之诗，真德秀按语曰：

> 周公使二叔监殷，二叔以殷畔。公既奉行天讨矣，使他人处此，必且疾视同姓，惟恐疏弃不暇，……其后有周世赖宗强之助，王室之势安如磐石，虽历变故，而根本不摇。襄王怒郑，欲以狄师伐之，其臣富辰谏曰："兄弟虽有小忿，不废懿亲。今天子不忍小忿以弃郑亲，其若之何？"襄王不从，果召狄难。②

真德秀首先讲解了《棠棣》背后的故事，后又用襄王伐郑的故事加以说明。又如《天理人伦之正·通言人子之孝》中引用《论语·为政》中的"孟武伯问孝"一则，真德秀按语曰：

---

① （明）张宁：《方洲集》卷1，文渊阁四库全书本。
② （宋）真德秀：《大学衍义》，朱人求点校，华东师范大学出版社，2010，第126~127页。

先儒之说谓武伯之为人，必多可忧之事者，故夫子以此告之，欲其体父母之心，知所以自爱也。……故汉文帝尝骑驰下峻坂，袁盎谏曰："陛下纵自轻，奈高庙、太后何？"此言足以深儆之矣。①

这则按语首先从孟武伯为人——必多可忧之事入手，让人理解孔子的用意，又附以汉文帝的故事来说明"孝"为"父母唯其疾之忧"，乃是"体父母之心，知所以自爱也"。另外，还重视对史书中史料的运用，如《憸邪罔上之情·奸臣》中列举了秦代的赵高、汉代的弘恭和石显、晋代的贾充、梁代的朱异等人来详细地揭露奸臣的丑恶嘴脸。衍义体重视历史事实和故事，一方面是希望读者（君王、大臣、士子）等能够知史实，以史为鉴治理好国家；另一方面也为了增加经典的趣味性，使之更加通俗易懂，也显示出了古代知识分子在经典通俗化、世俗化方面的努力。

薛瑄说："朱子之后，大儒真西山《大学衍义》有补于治道。"②张宁曰："《大学衍义》一编依经据史，博古通今。言天必有征于人，语事而不遗乎理。录善恶以示百世王之监（鉴）戒，广节要以尽八条目之工夫，忠臣爱主之讽导箴规，人君治世之格例律令，于今可见，尽在此书。"③杨士奇《跋大学衍义》："宋儒真文忠公著此书，所以备有天下国家者之法戒也。为人主及其辅臣皆不可离此。董子论《春秋》，谓有国者及为臣者皆不可不知。""其为书广大精密，纲目毕备，有天下国家之任及为臣欲致其君于唐虞三代者，必考之于斯焉。"④

第二节　衍义体在经典阐释上的典范意义

一　创建了一个可以仿效的模式

真德秀所创建的衍义体，开启了后人汇聚经典、以衍义之义阐释经典

① （宋）真德秀：《大学衍义》，朱人求点校，华东师范大学出版社，2010，第98~99页。
② （明）薛瑄：《读书录附续录》卷10，文渊阁四库全书本。
③ （明）张宁：《方洲集》卷1，文渊阁四库全书本。
④ （明）杨士奇：《东里集续集》卷17，文渊阁四库全书本。

的新途径，推衍《大学》之道，也推衍其他经典之义，开拓了经学之新领域。后世遵循衍义体而创作的作品不少，多达 49 部，如丘濬《大学衍义补》、陈宏谋《大学衍义辑要》《大学衍义补辑要》《五种遗规》等。

从体例上看，这 49 部作品主要可以分为两类。一类是秉承真德秀，继续衍义《大学》。其中有补作、续作，如明代丘濬的《大学衍义补》、吴瑞登①的《皇明绳武编拟续大学衍义》、邹观光②的《续大学衍义补》等；有删节之作，如明代杨廉③的《大学衍义节略》，清代陈宏谋的《大学衍义辑要》等；还有衍义《大学》中的某个思想的，如湛若水④的《格物通》等。另一类是以《大学衍义》的体例去衍义其他著作、篇章。这一类作品不多，但也应纳入衍义体范畴进行考察，如杨伯嵒⑤的《泳斋近思录衍注》，李好文⑥的《端本堂经训要义》，夏良胜⑦的《中庸衍义》、吴从周的《父母生之续莫大焉章衍义》、叶方蔼、张英、韩菼的《御定孝经衍义》，傅以渐的《御定内则衍义》等。李好文的《端本堂经训要义》言："欲求二帝三王之道，必由于孔氏其书，则《孝经》、《大学》、《论语》、《孟子》、《中庸》乃摘其要旨，释以经义；又取史传及先儒论说有关治体而协经旨者，加以所见，仿真德秀《大学衍义》之例，为书十一卷，名曰《端

---

① 吴瑞登，明万历十四年（1586 年）岁贡生。选授河南汝宁府光州儒学训导。万历二十年（1592 年）供职史馆。著有《两朝宪章录》二十卷，《皇明绳武编拟续大学衍义》（又名《皇明绳武编》）三十四卷，《毛郑诗义》一卷，《辰州府志》八卷。

② 邹观光，字孚如，云梦人，明万历二十八年（1580 年）进士。与吉安邹元标齐名，时称"二邹先生"，与顾宪成关系密切，官至南京兵部郎中，擢太仆寺少卿，未上任而卒。有《孚如集》传于世，《明史》卷 239 有传。

③ 杨廉（1452～1525 年），字方震，号月湖，一号畏轩，江西丰城人，明成化二十三年（1487 年）进士，官至礼部尚书。卒，谥文恪，学者称月湖先生。著有《伊洛渊源新增》《皇明名臣言行录》《月湖集》。

④ 湛若水（1466～1560 年），字符明，号甘泉，广东增城人，明弘治乙丑（1505 年）进士，历任南京礼部尚书、吏部尚书、兵部尚书，谥文简。著有《二礼经传测》《春秋正传》《古乐经传》《圣学格物通》《心性图说》《白沙诗教解注》等，有《甘泉集》传世。

⑤ 杨伯嵒（？～1254 年），南宋诗人，字彦瞻，号泳斋，著有《六帖补》、《九经补韵》，《泳斋近思录衍注》等，事见《宋诗纪事》卷 66 小传。

⑥ 李好文，字惟中，大名府东明县人，元至治元年（1321 年）进士及第，参与编修《辽史》《金史》《宋史》，纂有《太常集礼》五十卷、《端本堂经训要义》、《大宝龟鉴》和《长安志图》。

⑦ 夏良胜（1480～1538 年），字于中，江西南城人。明正德进士。著有《东洲初稿》《中庸衍义》。

本堂经训要义》，奉表以进，诏付端本堂令太子习焉。"①

二　确定了衍义之作的义理化原则

义理化在《大学衍义》里，可理解为理学化。真德秀在《大学衍义序》中称赞说："程氏以来，大明厥旨，迨师儒之继出，有章句之昭垂。"②把朱熹及其《四书章句集注》摆到重要位置，继承朱熹重义理的学风，把《大学》之义纳入朱熹理学的轨道上来，即把外王之事置于内圣的纲领下，也就是说，要从外王的事业中发现一个隐然流行于其间的明德之心，从散殊各异的历史经验中找到一个贯穿的道德之理。

真德秀平生笃信孔孟和朱熹，在表彰孔孟之道和朱子之学方面竭尽全力。他给朝廷的上书、所撰写的论著以及往来的书信，全部都是直抒自己学习朱子学说的心得体会，他说："然则所以相传者，果何道邪？曰尧、舜、禹、汤之中，孔子、颜子之仁，曾子之忠恕，子思之中之诚，孟子之仁义，此所谓相传之道也。知吾圣贤相传之正，则彼异端之失可不辩而明矣。"③ 他认为朱熹是"巍巍紫阳，百代宗师"，私淑朱子而有得。真德秀穷年累月地精研儒家经典和理学家们的各种文献，进一步充实了朱熹的理学思想，如他钻研董仲舒的学说，继承了董仲舒的神学目的论和神秘主义的天道观，在一定程度上抛弃了董子粗糙的天人感应和关于灾异的怪诞之说，提出了德性天与的伦理道德论。对盛行于隋唐时期的佛道思想，真德秀虽然视其为异端邪说，却又吸取了其中具有哲理性与思辨性的东西，他善于博采各家之精要，而加以融会贯通，经过一番理学方法的改造，使之作为构造朱子学思想殿堂的砖石，纳入他理学的轨道，使儒学面貌焕然一新，大大增强了儒学的吸引力和生命力，丰富了儒家哲学。在此基础上，他著《四书集编》《大学衍义》，发挥四书道德性命的精粹，弘扬四书的"仁政"政治思想。真德秀受朱熹影响，特别重视《大学》，对之评价甚高，他说：

---

① （明）宋濂等撰《元史》卷 183，清乾隆武英殿刻本，第 1948 页。
② （宋）真德秀：《西山先生真文忠公文集》卷 16，四部丛刊景明正德刊本。
③ （宋）真德秀：《大学衍义》，朱人求点校，华东师范大学出版社，2010，第 620~621 页。

为人君者不可以不知《大学》，为人臣者不可以不知《大学》。为人君而不知《大学》，无以清出治之源；为人臣而不知《大学》，无以尽正君之法。既又考观在昔帝王之治，未有不本诸身而达之天下者。①

虽然他对四书等儒家经典仍然是注释，但他重在阐述四书中的义理，并加以引申和发挥，其意超出四书之外，这实际上是把四书纳入了他自己的理学轨道。这种学风是承程朱理学而来，具有不空谈、务致用的特点。他尊儒家为正学，拒异端邪说，专心致志于经传，又主张切实，要实行孔孟的实践之学。他的这种务实精神，集中表现在他强烈的事业心上。不论是在朝廷任事，还是在地方务政，真德秀都能提出切合时宜的治世方法和改革措施。他提倡仁义、讲道德、行道德，有较好的政绩，为国家做了一番实实在在的事业，受人尊敬。

《大学衍义》全书中引用了不少理学家的著作言论，其中朱熹40条，周敦颐1条，程颢2条，程颐5条，邵雍2条，张载3条；直接摘录朱熹原文就有11300字。真德秀的按语活跃地传播着朱熹的理学思想，这对朱子学无疑起着羽翼作用。真德秀选择朱子学说作为主要纲目、间架和腔子，然后旁涉其他诸儒来发挥朱子思想，具体表现在格物致知、恪守朱熹心法说。真德秀的格物致知中的格物，等同于多读书，其书的范围多定义在《论语》《孟子》，真德秀选择这种以品评人物作为格物致知的方法，最主要的用意还是在通过诸圣贤品评人物的文字中，找到自我反省之道，"学者观圣人论人之得失，皆当反而观己之得失，然后为有补云"。② 格圣人之道，"以其察世俗毁誉，而断之以至公之理，深得论人之法"。③ "形而上者，真不在形而下者之外矣。"④ 他强调读圣贤书，以古人为师，就是希望通过正确地理解把握圣贤或经典的意义，并以此为基础，进而找到治乱的规则。真德秀认为格物是治心的前提与保证，这是他遵循朱子学而不是陆子学的根本点。"又读进书札，至《大学》一书，由体而用，本末先后，

① （宋）真德秀：《大学衍义》，朱人求点校，华东师范大学出版社，2010，第501~502页。
② （宋）真德秀：《西山读书记》卷25，文渊阁四库全书本。
③ （宋）真德秀：《西山读书记》卷25，文渊阁四库全书本。
④ （宋）真德秀：《西山读书记》卷26，文渊阁四库全书本。

尤明且备"①，这段话与真德秀以往所言对权臣瞒下罔上的体会相联系来看，不难发现其基本思想价值在于揭示不等于价值落实，落实需要知识、经验，如果具有知识，则价值便会因为知识上的蒙蔽而发生失落，这个思想正是朱子学与陆氏心学在哲学上的根本分歧。所谓心法之说，指的是人们的言行必须通过心的主宰，而此心非主敬无以操持，穷理持敬是为学之要。穷理致知、力行道德以至修身齐家治国平天下，其本源之地，只是此心之敬而已。真德秀的哲学思想还具有强烈的宗派色彩，他信奉道统论，认为程朱是直接继承了尧、舜、禹以至孔、孟圣贤相传之"道"。他说：

> 汉武帝建元元年，董仲舒《对策》曰："春秋大一统者，天地之常经，古今之通谊也。"今师异道，人异论，百家殊方，指意不同，是以上亡以持一统，法制数变，下不知所守。臣愚以为诸不在六艺之科，孔子之术者，皆绝其道，勿使复进，邪辟之说灭息，然后统纪可一。而法度可明，民知所从矣。②

1. 皇极

"皇极"一词出现于《周书·洪范》篇，"《洪范》九筹，皇极居五"。朱熹曰：

> 《洛书》九数而五居中，《洪范》九畴而皇极居五。故自孔氏传训皇极为大中，而诸儒皆祖其说。余独尝以经之文义语脉求之，而有以知其必不然也。盖皇者，君之称也。极者，至极之义，标准之名，常在物之中央而四外望之以取正者也，故以极为在中之准的则可，而训便极为中则不可。③

朱熹力排众议，认为皇极是在中的标准，而不是中的意思。真德秀继承朱熹的观点，他认为：

---

① （宋）真德秀：《西山先生真文忠公文集》卷13，四部丛刊景明正德刊本。
② （宋）真德秀：《大学衍义》，朱人求点校，华东师范大学出版社，2010，第620~621页。
③ （宋）朱熹：《朱熹集》卷72，郭齐、尹波点校，四川教育出版社，1996，第3743页。

既居天下之至中，则必有天下之绝德，而后可以立至极之标准。故必顺五行、敬五事以修其身，厚八政、协五纪以齐其政。[1]

君主要立至极之标准于天下便要有绝德，《大学衍义》便是在皇极视野下对君主的审视和要求：君主要以身作则，为世人树立道德楷模，即《大学》之"明明德""新民"。皇极要求君主的道德高尚到无以复加，而其为全民表率的精神内核与《大学》内圣的阐释在本质上是吻合的。《大学衍义》强调德治，认为"政治权力可由内在德行的培养去转化，而非由外在制度的建立去防范"[2]，"另一种趋势就是以现实政治为基础而求德治的实现。代表这个趋势的是南宋以来影响极大的一本书——《大学衍义》"。[3] 绝德是皇极的内在要求。《大学》三纲领之首便是明明德，而《大学衍义》二纲四目框架的设定都是为了君主道德的完善。首章《帝王为治之序》以《尧典》为首，认为"夫五帝之治，莫盛于尧，而其本则自克明俊德始"[4]，又说"凡民局于气禀，蔽于私欲，故其德不能自明，必赖神圣之君明德，为天下倡，然后各有以复其初。民德之明，由君德之先明也"。[5] 在《帝王为学之本》中引《仲虺之诰》"德日新，万邦为怀"中，真德秀按语曰："德修于身者，日新而不已，则万邦为怀，所谓多助之至，天下顺之也。"[6] 强调君之明德的重要性，德不单单为了道德完善，更重要的是它能治平、能化民。在君主高度集权的封建社会，皇帝具有至高无上的权力和地位，正因为如此，则希望皇帝具有"绝德"，可以成为万民之标准。

2. 诚心

"德是兼心与性"[7]，"天所赋为命，物所受为性。此明德正是说性，不曰性而曰明德者，盖明处是心，明底是性。心是虚灵底物，着得许多道理

---

① （宋）真德秀：《大学衍义》，朱人求点校，华东师范大学出版社，2010，第171页。
② 张灏：《张灏自选集》，上海教育出版社，2002，第18页。
③ 张灏：《张灏自选集》，上海教育出版社，2002，第19页。
④ （宋）真德秀：《大学衍义》，朱人求点校，华东师范大学出版社，2010。
⑤ （宋）真德秀：《大学衍义》，朱人求点校，华东师范大学出版社，2010。
⑥ （宋）真德秀：《大学衍义》，朱人求点校，华东师范大学出版社，2010。
⑦ （宋）真德秀：《西山先生真文忠公文集》卷18《讲筵进读手记》，四部丛刊景明正德刊本。

在其中，光明照彻，故曰明德"。① 性乃仁义礼智信，心乃一身之主宰，帝王要立绝德于世，其重点还是在君主的心上。

《大学衍义》"首之以帝王为治之序者，见尧舜禹汤文武之为治，莫不自心身始也；次之以帝王为学之本者，见尧舜禹汤文武之为学，亦莫不自心身始也，此所谓纲也"。②

真德秀强调君主的为学为治之本都在心身。

> 我先攻其邪心，心既正而后天下之事可得而理也。③

而辅相之事也就是格君心之非。如何格君心呢，其核心在守诚持敬，"真德秀吸取了朱学的心学，摆脱了朱熹的矛盾，提出了心即是理、心即是太极的一元论，从而发展了朱学的心学理论，形成了以'诚敬'为核心、以'求仁'为终极指向的心学取向"。④ 要正君心首先得"诚"，而"诚"的根本则是"敬"。

从全书的结构上来说，虽然格物致知占书的篇幅比诚意正心要多得多，"上面更有格物致知的工夫。人君于天下之理，天下之事，须是都讲究令透彻，方能诚意正心"，⑤ 但格物致知只是诚意正心的方法和途径而已，敬是诚意正心的核心。诚意正心分崇敬畏和戒逸欲二细目，而崇敬畏又细分修己之敬、事天之敬、遇灾之敬、临民之敬、治事之敬等五目。

> 尧、舜、禹、汤、文、武，皆天纵之圣，而《诗》《书》之叙其德必以敬为首称。盖敬者，一心之主宰，万善之本源。学者之所以学，圣人之所以圣，未有外乎此者。圣人之敬，纯亦不已，即天也。君子之敬自强不息，由人而天也。⑥

---

① （宋）真德秀：《西山先生真文忠公文集》卷18《讲筵进读手记》，四部丛刊景明正德刊本。
② （宋）真德秀：《大学衍义》，朱人求点校，华东师范大学出版社，2010，第6页。
③ （宋）真德秀：《大学衍义》，朱人求点校，华东师范大学出版社，2010，第160页。
④ 孙先英：《真德秀学术思想研究》，上海人民出版社，2008，第132页。
⑤ （宋）真德秀：《西山先生真文忠公文集》卷13，四部丛刊景明正德刊本。
⑥ （宋）真德秀：《大学衍义》，朱人求点校，华东师范大学出版社，2010，第441~442页。

"隆古君臣之间，讲论政治，无一事不本于天，无一事不主于敬，真后王所当法与。"① 真德秀把敬上升到政治高度，敬成了约束皇帝权力、防止皇帝权力过分膨胀的武器。向鸿全说："要言之，真德秀所以不断强调'主敬以立其本'，乃因主敬能够收拾精神，对人君来说，尊重自己的权力与地位与尊重天是一样重要，也唯有懂得通过收敛精神以体会天道，才能够达到内心的澄静以应对政事，这是真氏运用主敬工夫在教育人君上的用意。"② 又说："如果用现代的词汇来说，真氏所强调的'敬'，就是透过权力拥有者的自我尊重以节制自我权力的傲慢，只不过现代法制是借由客观法理制度以节制人君，而真氏则选择他最熟悉的理论来操作；或者说，真氏其实已然了解到，人君是否自我膨胀或者沦为权力的自我傲慢已经不是法理或者制度的问题，真氏或许选择了看来最保守的方式，但却在某种程度上参透了权力的本质。"③ 心乃一身之本，《大学衍义》一书的核心在诚意正心上，如何诚，如何格君心，重点在敬。真德秀希望通过"敬"来防止君权的过分膨胀，以达到为治的目的。

3. 理事为一，明理达用

《四库全书总目提要》评论《大学衍义》说：

> 若夫宰驭百职，综理万端，常变经权，因机而应，利弊情伪，随事而求，其理虽相贯通，而为之有节次，行之有实际，非空谈心性即可坐而致者。④

《大学衍义》一书并非空谈心性，它讲求实践、有着实际意义。然而后世很多人不满意《大学衍义》，明代丘濬从技术层面续《大学衍义》而成《大学衍义补》，朱鸿林直接称《大学衍义》为"理论性的经世之学"，故要谈《大学衍义》还必须涉及真德秀的理事观。在真德秀看来，理即事，事即理，理事是合一、不可分离的，理即用，用即理，明理而达用，这也是《大学衍义》创作及其架构的理论基础。

---

① （宋）真德秀：《大学衍义》，朱人求点校，华东师范大学出版社，2010，第446页。
② 向鸿全：《真德秀及其〈大学衍义〉之研究》，花木兰文化出版社，2009。
③ 向鸿全：《真德秀及其〈大学衍义〉之研究》，花木兰文化出版社，2009。
④ （清）永瑢等撰《四库全书总目提要》卷92子部2，清乾隆武英殿刻本。

　　自吾儒言之，形而上者，理也；形而下者，物也。有是理故有是物，有是物则具是理，二者未尝相离也。方其未有物也，若可谓无矣，而理已具焉，其得谓之无邪！①

　　然则世之以知行为异路，理事为殊方者，其又可信欤？②

　　在真德秀看来，理和物是不相离的。

　　天下未尝有无理之器，无器之理，即器以求之，则其理在其中。③

　　形而上者指理而言，形而下者指事物而言，事事物物皆有其理，事物可见而其理难知，即事即物便要见此理。《大学》之道不曰穷理而曰格物，只是使人就实处穷竟。④ 事物很容易被感知和认知，然而理没有那么容易把握，要把握理就需要即物而求理，《大学》里的穷理就是格物。真德秀说：

　　惟圣贤之学，则以理为事之本，事为理之用，二者相须，本无二致，此所以为无蔽也。⑤

　　事与理是本和用的关系，相互依存，事在理中，理在事中。理为本，所以《大学衍义》一书重理的阐发，经史诸子之言都为其服务；事为用，所以《大学衍义》十分注重格物致知，也用经史来填充理，并希望皇帝采纳，最终用于国家之事中。

三　对《大学》进行政治解读

　　天道、性理不仅要成圣成德，完善个人生命的人格提升，而且还要关

---

① （宋）真德秀：《大学衍义》，朱人求点校，华东师范大学出版社，2010，第220页。
② （宋）真德秀：《西山先生真文忠公文集》卷46，四部丛刊景明正德刊本。
③ （宋）真德秀：《西山先生真文忠公文集》卷30，四部丛刊景明正德刊本。
④ （宋）真德秀：《西山读书记》卷15，文渊阁四库全书本，第360页。
⑤ （宋）真德秀：《西山先生真文忠公文集》卷18，四部丛刊景明正德刊本。

心活生生的现实存在及其诉求，在当时的历史条件下，唯有依托经筵、科举、节日、祠庙、政策行令等开出新外王，实现其价值，不然，它就会因得不到实践的活水而枯萎。个人的身心德性修炼固然可以实践其理论，但不能实现兼济天下的社会价值。因此，《大学衍义》对《大学》的政治解读就是对理学外王之道的一次大胆的实践。程朱理学是心性儒学，也是生命儒学，它以成圣成德为依归而如何在此基础上开出政道，这就是真德秀《大学衍义》试图解决的问题，因而，真德秀的最大贡献之一就是接续了儒学的政治性，开出了理学的政治方向。

1.《大学衍义》的政治沟通前提

《大学衍义》的政治意图十分明确。上文已说，虽然宋理宗并非真正意义上的明主，但是在真德秀眼中，他是国家社稷的希望，这部书是为他而作，为后世君主而作。《大学衍义》二纲领四条目的构架就是为君王量身制作的，目的在于"正君心、肃宫闱、抑权幸"。对其纲目次序及其作用，清嘉庆年间重刊《大学衍义》的序里有明确的说明：

> 夫真氏之撰是书也，首卷帝王为治之序，盖统言之。次则论尧舜以下诸君之学。夫学则心志通明，事至物来，无所不达，故务学为人君之首事。至论格物致知之要，先明道术，本之天理人伦。理明则人欲灭，伦序则纲常正，而异端之差，王霸之异，有不足辨矣。次辨人材，欲以圣贤之观人、帝王之知人为法，则君子小人之不同道，忠直邪媚之不同科，较然可知。次审治体以昭礼乐刑政之序，察民情以明抚虐向背之机。诚意正心之要，其论崇敬畏、戒逸欲为详。修身之要，谨言行、正威仪为主。而齐家之要，则所谓重妃匹、严内治、定国本、教戚属者，无有不备焉……呜呼！真西山撰述此书，其所以望于后之君天下者，不既深哉！①

2.《大学衍义》不及治平原因探析

真德秀的《大学衍义》的四目乃格物致知之要、诚意正心之要、修身之要、齐家之要，从结构上来说并不涉及治平、体用之分，用乃不全。明

---

① （宋）真德秀：《大学衍义》，朱人求点校，华东师范大学出版社，2010，第767页。

代的丘濬对真德秀这样的做法不满意，并作《大学衍义补》一书以补齐所缺。丘濬在《大学衍义补序》中说：

> 臣窃以为，儒者之学，有体有用。体虽本乎一理，用则散于万事。要必析之极其精，然后合之尽其大。是以《大学》之教，既举其纲领，而复列其条目之详，而其条目之中，又各具其条理节目者焉。其序不可乱，其功不可阙。夫苟缺其一节，则既不足以成其用之大。而体之为体，亦有所不全矣。……此臣所以不揆愚陋，窃仿真氏所衍之义，而于齐家之下，又补以治国平天下之要也。①

然而清朝强汝询则认为丘氏这种"讥其阙"不可行，还在其《大学衍义续自序》中说道：

> 虽然，有治道有治法，王者用真氏之书，而得治道之本，必将考先生之治法，与因时制宜之道。诚述而论之，综至变之法而明其必不可变者，以为王者格物致知之助，或亦真氏之所许也。乃观丘氏之书则蒙有惑焉。今夫《大学》之道，万世之常道也，真氏所衍亦万世之常道也。丘氏之书乃杂取后世功利苟且之政津津称道，而其大旨则在推尊明制，夫明制岂果可垂之万世耶？以是为一代之书则可，而欲以衍《大学》之义继真氏之作，殆有间矣!②

对于真德秀不衍治国、平天下二目，我们当从以下几个方面加以解释。

（1）重心即经世

真德秀并不是一个只讲心性空谈性理的官员，他也是一个很有治术，在政治上有自己的见解、取得了一定成就、正直爱民的官员，如江东发生蝗灾，真德秀与百姓共同抗灾并开仓发粮济灾，将一切工作安排好才离开，当时有数千百姓送他到郊外，对他十分感激。真德秀还弹劾了一些贪

---

① （明）丘浚：《大学衍义补》，林冠群、周济夫点校，京华出版社，1999，第3页。
② （清）强汝询：《求益斋文集》卷6，清光绪江苏书局刻求益斋全集本。

赃枉法、不仁民爱物的官员，如徽州太守林琰、宁国太守张忠恕等。真德秀知泉州时，采取宽税政策，使外国船只愿意到泉州贸易，打击凌人欺人的豪强大家。海贼作乱时，他临危不惧，拟定战略战术，擒获海贼，并加强海防。真德秀知潭州时，开仓济民，多惠民政策，并诛灭了江华县苏师的叛乱。然而真德秀在《大学衍义》中不曾提及技术层面的为治，原因之一就在于真德秀认为读书的重心是经世，心是一身的根本，是人的行为指南，然而心却又十分容易受到干扰，对于君王尤为如此。"今宫阁之义浸备，以一心而受众攻，未有不浸淫而蠹蚀者"，① 并且真德秀认为"惟学可以明此心，惟敬可以存此心，惟亲君子可以维持此心"。② 学、敬、亲君子是修心养身的三大法宝，也是真德秀《大学衍义》着重强调的三点。真德秀认为只有知晓圣人的心法，内可成就道德，外可治平，故"人君心正则治，心不正则乱，故曰治之在心"。③ 真德秀因治平而治心，他另外著有《心经》一书。《心经》的体例是"是编集圣贤论心格言，而以诸家议论为之注，末附四言赞一首"。④ 《心经》从《诗经》《尚书》《周易》《孟子》《大学》《论语》等经典中选取修心养身的格言，然后主要用朱熹和程子的观点加以阐释。全书围绕着《尧典》"人心惟危，道心惟微，惟精惟一，允执厥中"十六字展开论述，从诚、敬、慎独等方面来论人心、道心，强调用道心遏制人心，存天理灭人欲，并认为其"散之万事，其用弗穷"。从真德秀单独著述《心经》一书，极力倡导儒家的修身养性的工夫，可见其对于心的重视。真德秀不光重视理论，也同样以身作则地践行着，其后学颜若愚说：

> 故其行己也，上帝临女，可以对越而无愧；其临民也，若保赤子，痒疴疾痛真切于吾身；其立朝也，忧国如饥渴，所言皆至诚恻怛之所形，而非以衒直也；其将劝讲，若斋戒以交神明，而冀其感悟也；迨退而筑室粤山之下，虽晏息之地，常如君父之临其前。⑤

---

① （元）脱脱等撰、张元济等辑《宋史》卷437，商务印书馆，1936。
② （元）脱脱等撰、张元济等辑《宋史》卷437，商务印书馆，1936。
③ （宋）真德秀：《大学衍义》，朱人求点校，华东师范大学出版社，2010。
④ （清）永瑢等撰《四库全书总目提要》，文渊阁四库全书本。
⑤ （宋）真德秀：《心经》，文渊阁四库全书本。

相对于《心经》，以真德秀之名传世的还有《政经》一书，其体例为"撰采典籍中论政之言列于前，而以行政之迹列于后，题曰传以别之，末附当时近事六条谓之附录，其后载德秀帅长沙咨呈及知泉州军事时《劝谕文》，帅长沙时劝民间置义仓，帅福州晓谕文诸篇"，[①]《四库全书总目提要》谓："《书录解题》载《心经》而不及此书，岂《心经》行世早而此书晚出欤？抑或德秀名重，好事者依托之也？真伪既不可诘，而其言能不悖于儒者，故姑与《心经》并存焉。"[②] 但观此书体例，其采政论之言而不及程朱等诸子之言论，与其著作《西山读书记》《四书集编》《大学衍义》《心经》等著述体例不合，或为伪作。

（2）齐家即治国平天下

杨廉在《大学衍义节略》自序中说：

> 格致以始之，修齐以终之，即《大学》八条目之六也。虽曰三纲领之二，而至善之止固在乎中；虽曰八条目之六，而治平之理悉该乎内。[③]

真德秀说：

> 夫王者之道，修身以齐家，家正则天下治矣。自古圣王未有不以恭己正家为本，故有家之道既至，则不忧劳而天下治矣。勿恤而吉也，五恭己于外，二正家于内，内外同德，可谓正矣。[④]

君王以天下为家，天下事都是君王之家事，天下治在于家正，家正便可不忧劳而天下治，故《大学衍义》止于齐家而不及治平。

真德秀处于政治的旋涡之中，看到了至高权力的争夺以及权力转移对社稷的影响，在《大学衍义》中总结了国家灭亡的两大原因：第一个原因是君德不修，所以通过格物、致知、正心、诚意、修身来明君德；第二个

---

① （清）永瑢等撰《四库全书总目提要》，中华书局，1965，第 785 页。
② （清）永瑢等撰《四库全书总目提要》，中华书局，1965，第 786 页。
③ （明）杨廉：《杨文恪公文集》，明刻本。
④ （宋）真德秀：《西山读书记》卷 27，文渊阁四库全书本，第 687 页。

原因是君家不齐，主要表现在后宫预政、宦官专权、皇子夺嫡、外戚弄权。而皇子的废立、后宫预政、贵臣专权在当时南宋朝廷的表现又极为突出，真德秀深深有感于历朝最终灭亡的经验教训，示借鉴与警示于《大学衍义》中。《大学衍义》"齐家之要"通过重妃匹、严内治、定国本、教戚属四细目来重点讨论，以防稍有不失，国家便走向灭亡。"妃匹之际，生民之始，万福之原，婚姻之礼正，然后品物遂而天命全"，① 真德秀从妃子的选立、规警、嫡媵、废夺四点出发来说明后宫对于整个国家的重要性，认为一个政治清明的国家必须要有一名德行兼备的皇后，对皇后的选定必须要"视其世族，观其祖考，察其家风，参以庶事"，② 其作用乃日陈规益，有补于帝德、有益于社稷。对于后宫还必须要明嫡媵之辨，否则尊卑失序，贻害无穷；对皇后的废夺也得慎重，稍有不慎，将有害于国家，褒姒、武氏等之祸可以为鉴。为了维护国家的稳定，还必须要防止宫闱预政，后宫干政古而有之，而汉吕太后、唐武则天等可以为戒。宦官侍候帝王，多为帝王所亲信，忠谨乃福，预政乃祸，汉末唐末无一不是为宦官所乱。除了宫中的妃子、宦官，太子的废立也关系到国家的兴亡。真德秀认为太子的确立应该尽早，而且应该给太子请好的老师进行教育。除此之外，还需要有嫡庶之分，并且太子的废立也得十分谨慎。外戚和皇室有千丝万缕的关系，外戚谦谨是国家的福分，反之，外戚骄恣就是国家的不幸，所以皇帝还需要教外戚谦谨。真德秀对于历代兴亡祸端看得十分透彻。另外，在真德秀看来，万事理一，类推而可得知。何为类推？即"节节推将去，今人不曾以类而推，盖不曾先理会一件，却理会一件，若理会得一件，逐件推将去，相次亦不难"③，"如修身便推类去齐家，齐家便推类去治国，只是一步了又一步"④，真德秀认为齐家和治国是一个道理，能够齐家便能够治国了。

总之，真德秀所创建的衍义体，突破了用注疏方式解经的传统，丰富了经典阐释的手段，且为程朱理学的经世致用价值发挥找到了一条实现路径，因此，《大学衍义》从产生之日起，对后世就产生了极大的影响。宋

---

① （宋）真德秀：《大学衍义》，朱人求点校，华东师范大学出版社，2010，第 568 页。
② （宋）真德秀：《大学衍义》，朱人求点校，华东师范大学出版社，2010，第 581 页。
③ （宋）真德秀：《西山读书记》卷 6，文渊阁四库全书本，第 159 页。
④ （宋）真德秀：《西山读书记》卷 6，文渊阁四库全书本，第 160 页。

理宗十分称赞此书，说它"备人君之轨范"①：

> 真德秀进《大学衍义》，其书首之以帝王为治之序，次之以帝王为学之本，莫不自心身始也，此所谓刚也。……次日，后殿聚讲，上曰："卿所进《大学衍义》一书，有补治道，朕朝夕观览。"后德秀轮当进读《大学章句》毕，上谕："卿所进《大学衍义》便合就今日进读。"②

《大学衍义》自进书始，便开始了经筵讲读的历史。宋度宗朝，"初开经筵，讲殿以熙明为名。礼部尚书马廷鸾进读《大学衍义序》，陈心法之要"。③ 虽然此时《大学衍义》受到了君王的重视，但是并没有它的仿作出现。

元朝虽然为外族所建立，然而元朝的统治者十分推崇《大学衍义》，一再肯定它在治理国家方面的作用，并且把《大学衍义》翻译成了蒙古语。《元史》载元仁宗时：

> 时有进《大学衍义》者，命詹事王约等节而译之，帝曰："治天下，此一书足矣！"因命与《图象》、《孝经》、《列女传》并刊行赐臣。④
>
> 以江浙省所印《大学衍义》五十部赐朝臣。⑤
>
> 翰林学士承旨和塔拉都哩默也、刘赓等译《大学衍义》以进，帝览之，谓群臣曰："《大学衍义》议论甚嘉！"令翰林学士阿拉特克穆尔译以国语。⑥
>
> 癸丑以天寿节，预遣使修醮于龙虎山。……翰林学士呼图克都哩译进宋儒真德秀《大学衍义》，帝曰："修身治国，无踰此书，赐钞五

① （宋）真采：《西山真夫子年谱》，台湾文友书店，1974。
② （宋）佚名：《宋季三朝政要》卷11，元皇庆元年陈氏余庆堂刻本，第9页。
③ （元）脱脱等撰、张元济等辑《宋史》卷46，商务印书馆，1936。
④ （明）宋濂等撰《元史》卷24，清乾隆武英殿刻本。
⑤ （明）宋濂等撰《元史》卷26，清乾隆武英殿刻本。
⑥ （明）宋濂等撰《元史》卷26，清乾隆武英殿刻本。

万贯。"……以《大学衍义》印本颁赐群臣。①

元泰定帝曰：

> 遂命平章政事张珪、翰林学士承旨和塔拉都哩默也、学士吴澄、集贤学士邓文原以《帝范》《资治通鉴》《大学衍义》《贞观政要》等书进讲。②

明太祖尝问"以帝王之学何书为要"，宋濂举《大学衍义》，乃命大书揭之殿两庑。③

> 永乐初，定讲读仪。春坊官与翰林院官日分二员，讲书以《尚书》《春秋》《通鉴》《大学衍义》《贞观政要》等书进讲。④

> 正统初，始著为仪常，以月之二日，御文华殿进讲，月三次，寒暑暂免。日讲于文华穿殿，其仪简。嘉靖初，命儒臣进讲《大学衍义》。⑤

> 出御讲读。午膳毕，还宫讲《大学衍义》。嘉靖六年，定每月初三、初八、十三、十八、二十三、二十八日，用经筵日讲官二员进讲。⑥

据《大明实录》记载，还设有专讲《大学衍义》的讲读官、侍读学士⑦：

---

① （明）宋濂等撰《元史》卷27本纪第27，清乾隆武英殿刻本。
② （明）宋濂等撰《元史》卷29本纪第29，清乾隆武英殿刻本。
③ （清）张廷玉等撰《明史》卷128，清抄本。
④ （清）张廷玉等撰《明史》卷193，清抄本。
⑤ （明）俞汝楫编《礼部志稿》卷14，清抄本。
⑥ （明）俞汝楫编《礼部志稿》卷14，清抄本。
⑦ 翰林院侍读，官名，是清代官员第十级，从五品，文职京官。唐始设，初属集贤殿书院，职在刊辑经籍。后为翰林院学士之一，职在为皇帝及太子讲读经史，备顾问应对。清沿明制，设翰林院，掌修国史、记载皇帝言行、进讲经史，以及草拟有关典礼的文稿。其长官为掌院学士，以大臣充任，所属职官如侍读学士、侍讲学士，侍读、侍讲、修撰、编修、检讨和庶吉士等，统称翰林。

赐故太常寺少卿兼翰林院侍读学士郭维藩祭葬。维藩，河南仪封县人，正德六年进士，改翰林院庶吉士，除检讨。升南京国子监司业，翰林院侍讲学士，管南京翰林院事，历七载，召还以原职。管理诰敕充筵讲官。寻改侍读学士，充讲《大学衍义》官，纂修《列圣御制文集》，充管录官，擢今官，至是卒。①

二十八日，以礼部右侍郎方献夫为吏部左侍郎，仍兼翰林院学士，经筵日讲，并讲《大学衍义》，纂修《明伦大典》如故。②

此外，《明史》中有关经筵讲授《大学衍义》的记载很多，如《列传第一·后妃》："儒臣为太子讲《大学衍义》。"③《列传》第八十一："并进讲《祖训》及《大学衍义》。"④《列传》第八十三："李广贵幸，华讲《大学衍义》。"⑤《列传》第九十一："请命儒臣日讲《大学衍义》。"⑥《列传》第九十五："于宫中日诵《大学衍义》。"⑦《列传》第一百七十："进讲宜先《大学衍义》。"⑧《志第三十·礼八》："经筵日讲官二员，讲《大学衍义》。"⑨

明世宗特命司礼监重刻《大学衍义》，并亲自为其写序，从此对《大学衍义》的话语权渐渐转到了皇帝手里，据丁丙《善本书室藏书志》（清光绪刻本）卷十五记载，明之世宗亦宋之理宗也，尝命经筵轮讲是书，一时温仁和、桂萼、张璁、董玘、徐缙、顾鼎臣之外，又增穆孔晖、严嵩、张璧、许成名、张潮、谢丕六员，逢三八日，日值二人，且命司礼监重刻以传。嘉靖六年亲制序文，少师杨一清为后序，端楷精刊，即是帙也。⑩

又据《清会典》记载：

① 李国祥等主编《明实录类纂》，武汉出版社，1990，第1013页。
② 胡广等撰《明世宗实录》卷118，嘉靖九年十月乙亥，清抄本。
③ （清）张廷玉等撰《明史》卷115，清抄本。
④ （清）张廷玉等撰《明史》卷193，清抄本。
⑤ （清）张廷玉等撰《明史》卷195，清抄本。
⑥ （清）张廷玉等撰《明史》卷203，清抄本。
⑦ （清）张廷玉等撰《明史》卷207，清抄本。
⑧ （清）张廷玉等撰《明史》卷282，清抄本。
⑨ （清）张廷玉等撰《明史》卷55，清抄本。
⑩ （清）丁丙：《善本书室藏书志》卷15《四书类》，清光绪刻本。

前据大学士文庆等进呈，前任巴里坤领队大臣三等侍卫孟保译《大学衍义》一书，当交镶黄旗汉军校刊，并派侍郎穆荫协同校阅。兹据文庆等奏称，督同翻书房司员等详加校订，并发交该旗印务章京会同孟保刊刻成书。①

《大学衍义》也常被皇帝作为奖赏、表示宠信的方式之一，赐给官员、学校等。元仁宗时：

己卯，以江浙省所印《大学衍义》五十部赐朝臣。②

元英宗也曾以《大学衍义》印本颁赐群臣。明正德二年十月，"赐郑府庐江王《大学衍义》，从其请也"。③

九年三月，上谕大学士张璁曰："朕近以新刻真德秀所著《大学衍义》，每卷之首记之曰格致诚正之方，修齐治平之道，用以识是书，所以教人之方，兹特赐卿。卿于辅赞政机暇，时为翻阅，当以是书及二典三谟之言，朝夕陈之，此朕赐书意也。"璁疏谢因言："臣尝稽二典三谟以至于《大学》纲类条目，其道一以贯之，若思其要，只在絜矩。皇上以不忍人之心，行不忍人之政，戒守令、示俭约、省冗费、蠲租税、发仓廪以赈贷，然犹频年四方告凶，百姓流移失所，以至于父子相食，有人心者所不忍闻。夫上有明德爱民之君，而下无辅理承化之臣，臣宜首被诛斥，而顾赍赏有加，臣无任愧惧。孟轲氏曰：'尧舜之知而不遍物，急先务也。尧舜之仁不遍爱人，急亲贤也。'典谟治道，要不外是，臣感恩陈谢，敢并及焉。"上曰："阅卿疏，朕当勉之。"④

壬辰，大学士赵志皋、沈一贯进自万历二十七年起所撰讲章《大学衍义》四本、《通鉴》纂要四本，以备省览。仍乞发司礼监按续刊

---

①　（清）刘锦藻：《清续文献通考》卷1《田赋考一》，民国景十通本。
②　（明）宋濂等撰《元史》卷26，文渊阁四库全书本。
③　李国祥等主编《明实录类纂》，武汉出版社，1990，第1172页。
④　（明）胡广等撰《大明实录》卷111《大明世宗肃皇帝实录》，清抄本。

行，赐该书以示宠信。①

清顺治时，读满书须选年轻貌秀、声音明爽者，每员颁给《辽金元史》《洪武宝训》《大学衍义日讲》《四书解义》等书。②

> 上御经筵，命讲官日值。戊辰，赐八旗官学翻译《大学衍义》。③

元至正二十二年，礼部封真德秀为"福国公"。《元史》评价说：

> 西山先生真德秀，博学穷经，践履笃实。当时立伪学之禁，以锢善类。德秀晚出，独以斯文为己任，讲习躬行，党禁解而正学明。此五人者，学问接道统之传，著述发儒先之秘，其功甚大。况科举取士，……真德秀《大学衍义》亦备经筵讲读，是皆有补于国家之治道者矣。……俱应追锡名爵，从祀先圣庙庭，可以敦厚儒风，激劝后学。④

明英宗正统二年六月：

> 以宋儒胡安国、蔡沈、真德秀从祀孔子庙庭。至宪宗成化三年七月，封安国建宁伯、沈崇安伯、德秀浦城伯。⑤

清顺治二年，真德秀等西庑从祀。⑥ 道光十年，真德秀等被列西庑，并绘图颁各省。⑦ 明代民间就有儒者祭祀真德秀，永乐十三年的一个叫彭勖的儒者，"创尊贤堂，祀胡安国、蔡沈、真德秀"。⑧

---

① （明）胡广等撰《大明实录》卷354《大明神宗显皇帝实录》，清抄本。
② 商衍鎏：《清代科举考试述录》，故宫出版社，2014，第165页。
③ 赵尔巽等撰《清史稿》，民国十七年清史馆本。
④ （明）宋濂等撰《元史》卷77，清乾隆武英殿刻本，第1921~1922页。
⑤ （清）嵇璜：《续文献通考》卷48《学校考》，文渊阁四库全书本。
⑥ 赵尔巽等撰《清史稿》卷66《礼三》，民国十七年清史馆本。
⑦ 赵尔巽等撰《清史稿》卷66《礼三》，民国十七年清史馆本。
⑧ （清）张廷玉等纂修《明史》列传第161《彭勖传》，清抄本。

第二章 衍义之作的特点及
发展分期研究

第一节 衍义著作的文献考证和研究

衍义之作是指模仿《大学衍义》体例而产生的著述，包括续作、节要。刘声木说："书之有衍义体始于宋之德秀撰《大学衍义》。"[①] 钟文荣在《真德秀〈大学衍义〉研究》中说："衍义体的编撰方式侧重于以经史来论证作者的理解，摆脱了章句体局限于文字训诂的弊端，达到了作者追求经书中义理的目标，这种体例给予阐释者广泛的空间，深受推崇。"[②] 之后，以衍义冠名的有《周易衍义》《中庸衍义》《钦定孝经衍义》《钦定内则衍义》《皇极经世观物外篇衍义》和《大学衍义补》等。台湾学者高明认为："这是朱子以后，笃信朱子的真德秀研究《大学》所开的一派，可以称为衍义派，真公是书成为衍义之鼻，对开拓大学之研究领域，其功厥伟。"[③] 衍义派不是一个严格意义的学术派别，它没有学术师承、统一的学术组织和主张，但衍义派可以称之为派的主要依据在于遵循真德秀所创建的模式，仿作萌动的契机和目的相同，它们都是回应时代关切的有为之作。但不同时代，仿作发生的契机、阐述中心、自我角色定位、经世路

---

① 刘声木：《苌楚斋随笔 续笔 三笔》，文海出版社，1973，第483页。
② 钟文荣：《真德秀〈大学衍义〉研究》，黑龙江出版社，2011，第324页。
③ 高明：《高明文辑》，黎明文化事业公司，1978。

径、关注重点、衍义内容、思想旨趣因社会思潮等因素影响而有所不同，这也恰好揭示了理学的经世济民特性和经世思想演变的逻辑。

一 衍义类著述的确定

衍义类作品的确定一是根据著述者本人的自述，明确表示沿袭真德秀《大学衍义》所创体例进行编撰的作品，二是后世研究者所认定的作品，三是从体例上分析得知。如此，经过仔细的对比分析，查明衍义类著作为49部，其中现存的有31种，亡佚的有24种，未见4种。

1. 《泳斋近思录衍注》十四卷

（宋）杨伯嵒衍注 存

杨伯嵒衍注时，拟定了十四卷卷名，此书篇名与《朱子语类》中所载的纲目比较，除"道体""存养""圣贤气象"等文字上没有差别外，其余都做了删节缩改，但总体上保留着朱子原纲目的逻辑体系，理学宗旨未改。注文多引用孔子、孟子、程颐、张轼、朱熹、吕东莱等诸子语要以及四书、五经等儒家经典来注释，与历史上南宋叶采《集解》同中有异，具有很好的文献价值。《泳斋近思录衍注》之"衍"，继承了真德秀《大学衍义》的体例，以《近思录》所列为纲，旁征博引程朱等人之说以敷衍，最后以按语形式附以己意。

2. 《端本堂经训要义》十一卷

（元）李好文撰 佚

其书最早见于《元史》，元史至正九年，顺帝开端本堂，命皇太子入学，命李好文以翰林学士兼谕德。"欲求二帝三王之道，必由于孔氏其书，则《孝经》、《大学》、《论语》、《孟子》、《中庸》，乃摘其要旨，释以经义。又取史传及先儒论说有关治体、而协经旨者，加以所见，仿真德秀《大学衍义》之例，为书十一卷，名曰《端本堂经训要义》，奉表以进。"[1]

3. 《大学衍义补》一百六十卷

（明）丘濬撰 存

丘濬自序曰："建安真德秀又剿取经传子史之言以填实之，各因其言

---

[1] （明）宋濂等撰《元史》卷183，文渊阁四库全书本。

以推广其义，名曰《大学衍义》。献之时君，以端出治之本，以立为治之则，将以垂之后世，以为君天下者之律令也。然其所衍者，止于格致诚正修身齐家，盖即人君所切近者而言，欲其举此而措之于国天下耳。臣窃以为，儒者之学，有体有用，体虽本乎一理，用则散于万事。要必析之极其精，然后合之尽其大。是以《大学》之教，既举其纲领，而复列其条目之详，而其条目之中又各有条理节目者焉，其序不可乱，其功不可阙，夫苟缺其一节则既不足以成其用之大，而体之为体，亦有所不全矣。……此臣之所以不揆愚陋，窃仿真氏所衍之义，而于齐家之下，又补以治国平天下之要也。其为目凡十有二：曰正朝廷、曰正百官、曰固邦本、曰制国用、曰明礼乐、曰秩祭祀、曰崇教化、曰备规制、曰慎刑宪、曰严武备、曰驭夷狄、曰成功化，先其本而后末，由乎内以及外，而终归于圣神功化之极，所以兼本末合内外，以成夫全体大用之极功也。真氏前书，本之身家以达之天下，臣为此编则又将以致夫治平之效，以收夫格致诚正修齐之功。因其所余而推广之，补其略以成其全，故题其书曰《大学衍义补》云。"①《四库全书总目提要》曰："以宋真德秀《大学衍义》止于格致诚正修齐，而阙治国平天下之事，虽所著《读书乙记》采录史事，称为是书之下编，然多录名臣事迹，无与政典，又草创未完，乃采经传子史辑成是书，附以己见。"②

4.《大学稽古衍义》

（明）王启③撰　佚

仿真德秀《大学衍义》，引经据典，敷衍《大学》。

5.《学庸衍义》

（明）林士元④撰　佚

仿《大学衍义》，推衍《大学》《中庸》，征引有关的经史，再加按语发挥自己的观点。

---

① （明）丘浚：《大学衍义补》，林冠群、周济夫点校，京华出版社，1999，第3页。

② （清）永瑢等撰《四库全书总目提要》，清乾隆武英殿刻本。

③ 王启（1465～1534年），字景昭，号东瀛。浙江黄岩县人，官至刑部右侍郎，人称东瀛先生。明成化二十三年（1487年）进士。经史著作14部，大多已散佚。存书有《赤城会通记》20卷、《东瀛遗稿》残本。

④ 林士元（生卒年不详），字舜卿，海南琼州人。明正德九年（1514年）进士。著有《学庸二论》《孟子衍义》《读经录》《北泉草堂遗稿》等。

6.《大学衍义补会要》

（明）程诰①撰　佚

此本为丘濬《大学衍义补》的节略本。

7.《大学衍义论断》

（明）王道②撰　佚

大致发挥《大学衍义》。

8.《大学衍义肤见》

（明）黄训③撰　佚

此书阐述发挥《大学衍义》。

9.《中庸衍义》

（明）王尊贤④撰　佚

仿真德秀《大学衍义》，推衍《中庸》。

10.《中庸衍义》十七卷

（明）夏良胜撰　存

自序称："臣是经进之，云窃比于真德秀之书。……真德秀衍《大学》义而程朱之说大备，臣自知学，每惜《中庸》尚或缺义，窃有志焉。……盖窃比于德秀之书，而附益以大防之义也。"《四库全书总目提要》说此书："自宋以来取古经之义，括举条目而推衍其说者，始叶时《礼经会元》，嗣则真德秀《大学衍义》，良胜又因德秀之例以阐发《中庸》。其书成于嘉靖间，盖以《大礼疏稿》事谪戍辽海时作也。自性、道、教、达道、达德、九经、三重之属，一一援据古今，推广演绎。至于崇神仙、好符瑞、改祖制、抑善类数端，尤究极流弊，惓惓言之，盖皆为世宗时事而发。"⑤

11.《格物通》一百卷

（明）湛若水撰　存

---

① 程诰，字钦之，江西乐平人，明弘治十二年（1499年）进士，官至雷州知府。

② 王道（1487~1547年），字纯甫，山东武城人。明正德六年（1511年）进士。著有《大学亿》《老子亿》《易亿》《书亿》《诗亿》《春秋亿》《诸史论断》《大学衍义论断》等。

③ 黄训，字学古，一字黄潭，安徽歙县人，明正德九年（1514年）进士。著有《黄潭文集》《书经简端录》《大学衍义肤见》。

④ 王尊贤，四川阆中人，太学生，明嘉靖年间人。

⑤ （清）永瑢等撰《四库全书总目提要》，清乾隆武英殿刻本。

　　《格物通》是理学著作，仿照宋代真德秀的《大学衍义》和明代丘濬的《大学衍义补》，将经书诸子、史书中有关帝王道德和理政的内容摘录下来，加上明圣祖圣宗的格言大训，合而为一，并加以疏解，进于皇帝，以让其逐日阅览。该书大致与丘濬的《大学衍义补》相近，但丘濬的书较多地引用旧事，而《格物通》则多引用前人之言，尤其是诸儒和明代祖训，并能予以发挥，以作为讲解之用。编为六条，称为六格，一格为一类问题，其中《平天下格》四十四卷，《治国格》十四卷，《齐家格》十三卷，《修身格》九卷，《正心格》三卷，《诚意格》十七卷。除《正心格》外，其余五格又分若干细目，全书条目清楚，一览便知要义。该书主旨重在阐明自我修养和处身立事的关系，从敬天地、祖考到事国君、兴教化，从用人、理财到农田、租赋，凡国事、家事无所不包。所论之广博，与丘濬《大学衍义补》不相上下。对问题的阐述，既援引先儒的有关言论，也摘录明代帝王的所谓祖训，同时穿插作者的见解，故比较切合当时政治，受到统治者和学术界的重视。《四库全书》有收录此书，《四库全书总目提要》曰："是编乃嘉靖七年若水任南京礼部侍郎时所进，体例略仿《大学衍义》，以致知并于格物，而以格物统贯诚意正心、修身齐家、治国平天下六条。凡诚意格十七卷，分审几、立志、谋虑、感应、儆戒、敬天、敬祖考、畏民八子目；正心格三卷，无子目；修身格九卷，分正威仪、慎言语、进德业三子目；齐家格十三卷，分谨妃匹、正嫡庶、事亲长、养太子、严内外、恤孤幼、御臣妾七子目；治国格十四卷，分事君使臣、立教兴化、事长慈幼、使众临民、正朝廷、正百官、正万民七子目；平天下格四十四卷，分公好恶、用人、理财三子目，而用人之中又分学校、举措、课功、任相、任将、六官六目，理财之中又分修虞衡、抑浮末、饬百工、屯田、马政、漕运、劝课、禁夺时、省国费、慎赏赐、蠲租、薄敛、恤穷、赈济十四目，皆杂引诸儒之言，参以明之祖训，而各以己意发明之。大致与丘濬《大学衍义补》相近，而濬书多征旧事以为法戒之资，此书多引前言以为讲习之助，二书相辅而行，均于治道有裨者也。"①

　　12.《大学衍义节略》二十卷

　　（明）杨廉撰　存

────────────

　　① （清）永瑢等撰《四库全书总目提要》，清乾隆武英殿刻本。

杨廉《大学衍义节略题辞》："《大学衍义》先儒真德秀之所著也，曰《节略》者，臣不揆寡陋，冒昧为之也。旧四十三卷，今为二十卷云。窃谓德秀之书，虽其援引之富，论说之辨，然无一言而不源流于孔子之经，无一句而不根本乎曾子之传，无一言而非人君为治之法，无一句而非人臣责难之忠，至当至精至切至要。臣之过虑，惟恐万几之繁，经筵之讲读未易，以毕乙夜之披阅，或难于周，此《节略》之所由以成也。"①

13.《大学衍义通略》三十一卷

（明）王诤②撰　存

《四库全书总目提要》载："其书取杨廉《大学衍义节略》、丘濬《大学衍义补》合为一编，凡《节略》十卷，《补略》二十一卷。间亦释字证义，取便检阅，无所阐明。"③

14.《大学衍义会补节略》

（明）杨文泽④撰　佚

此本为丘濬《大学衍义补》的节略本。

15.《精刻大学衍义补摘粹》十二卷

（明）许国⑤撰　存

此本为《大学衍义补》的节略本。

16.《大学衍义补要》五卷

（明）顾起经⑥撰　存

此本为《大学衍义补》的节略本。

---

① （明）杨廉：《杨文恪公文集》卷42，明刻本。
② 王诤（1508~1581年），字子孝，号竹岩，浙江永嘉人。明嘉靖二十九年（1550年）进士，官至右佥都御史，巡抚贵州。
③ （清）永瑢等撰《四库全书总目提要》卷95，清乾隆武英殿刻本。
④ 杨文泽，字德夫，浙江鄞县人，由举人任，升南京国子监助教，事迹载樊深《河间府志》卷十七《宦迹志》。
⑤ 许国（1527~1596年），字维桢，安徽歙县人。举乡试第一，嘉靖四十四年（1565年）进士。历仕明嘉靖、明隆庆、明万历三朝，先后出任检讨、国子监祭酒、太常寺卿、詹事、礼部侍郎、吏部侍郎、礼部尚书兼东阁大学士，入参机务。卒，赠太保，谥文穆。
⑥ 顾起经（1515~1569年），字长济，更字元纬，号九霞，别号罗浮外史，江苏无锡人。著有《易吃语》《诗解颐》《大学衍义补要》《八阵图考》等数十种，并有大量辑注作品，还曾助黄佐修《广东通志》《广西通志》。

17.《大学衍义补纂要》六卷

（明）徐栻①撰　存

刘佃在《大学衍义补纂要序》中说："夫真氏之衍义固已百倍于曾氏，学者已有浩博难究之叹矣。今丘氏之补又复数十倍于真氏，学者益有翻阅难既之慨焉。同寅凤竹徐君，涵养深邃，学识综洽，芸窗之暇，好观《衍义补》，曾辑为纂要，凡若干卷。"②

18.《大学广义》二卷

（明）刘元卿③撰　存

《四库全书总目提要》曰："是书前列《大学》正文一卷，以丰坊伪石经为据，殊为不考。其《略疏》一卷，乃诠发大旨，以诚意为主，亦与朱子互异。《发明》一卷，乃取明儒所论与己意相合者。《广义》二卷，则本真德秀《衍义》而删节之，又附益以明初诸事。"④ 讲读不易竟也，稍约其旨，作此书。

19.《皇明绳武编拟续大学衍义》三十四卷

（明）吴瑞登撰　存

《四库全书总目提要》曰："是编成于万历壬辰，以洪武至隆庆事迹分编辑，其例一依真德秀《大学衍义》，凡四大纲：一曰格致、二曰诚正、三曰修身、四曰齐家，为目十有二，又分子目五十。然明自太祖开创之初，已多过举。成祖篡立，虐焰横扇。英宗以下，亦瑕多瑜少。至世宗、穆宗，善政不及十之一，秕政逾于十之九矣。瑞登乃胪列虚词，使与古帝王媲美，虽臣子之体宜然，然非事实也。至于法戒并存，在德秀编录前代史书，自无不可。瑞登乃举历朝之失，昌言排击孔子讳内之谓何，是又并非臣子之体矣。此所谓进退无据也。"⑤

① 徐栻，字世寅，号凤竹，江苏常熟人。明嘉靖二十六年（1547年）进士。官至南京工部尚书，有《督抚西奏议》行世，《明史》卷344有传。
② （明）徐栻：《大学衍义补纂要》，明刻本。
③ 刘元卿（1544~1609年），字调甫，号旋宇，一号泸潇，江西萍乡人。明隆庆六年（1572年）创立复礼书院。其理学思想在江右王门学派中占有重要的地位。著有《大学新编》《山居草》《还山续草》《通鉴纂要》《六鉴》《诸儒学案》《贤奕编》和《刘聘君全集》等，《明史》卷385卷有传。
④ （清）永瑢等撰《四库全书总目提要》，清乾隆武英殿刻本。
⑤ （清）永瑢等撰《四库全书总目提要》，清乾隆武英殿刻本。

20.《大学衍义补概》一卷

（明）曹璜①撰　存

此本为《大学衍义补》的节略本。

21.《大学衍义补摘要》四卷

（明）孙应奎②撰　存

此本为《大学衍义补》的节略本。

22.《大学衍义补编述》二卷

（明）臧继华③撰　存

此本为《大学衍义补》的删节本。《古籍善本书目解题》载："《大学衍义补编述》一书，陈格致治平要道，遂为之编次，先之以古典，述之以时制，参之以己见，条分理析，血脉贯通。"④

23.《父母生之续莫大焉章衍义》

（明）吴从周撰　佚

仿《大学衍义》体例，引证前言往行，敷衍《父母生之续莫大焉》一章。

24.《大学衍义补英华》十八卷

（明）凌遇知⑤撰　存

此本为《大学衍义补》的节略本。

25.《大学续衍精义删补要览》十八卷

（明）刘洪谟⑥撰　存

刘洪谟自序说："臣书所分五要，各标'帝王'二字，本帝王为治之序、为学之本而言，信以为帝王之学，不独与韦布异，更与阁臣而下大有

---

① 曹璜，明山东益都人，字于渭，一字伯玉，号础石，别号元素，明万历十四年（1586年）进士。官至通政司左参议。著有《大云集》。
② 孙应奎，字文卿，号蒙泉，余姚人，授业于王守仁。明嘉靖八年（1529年）进士，曾任山西布政使，历礼科给事中，官至右副都御史，总理河道，后左迁山东布政使。著有《燕诒录》。
③ 臧继华，字原顺，号仲山居士，浙江吴兴人，明隆庆元年（1567年）举人。
④ 东北师范大学图书馆：《古籍善本书目解题》，东北师范大学图书馆，1984，第48页。
⑤ 凌遇知（1535~1600），字稚隆，一字以栋，号磊泉。邑庠生，入太学。著有《五车韵瑞》《史记评林》《汉书评林》《皇朝名臣言行录》等。
⑥ 刘洪谟，字惟复，江西南昌人，明万历乙未（1595年）进士，授建德知县，官至太仆少卿。撰《大学续衍义》，著书凡五十种。

不同也。衍帝王格物致知之要，则有明天道、察人伦、一正学、尊王道、辨人材五大目；衍帝王诚意正心之要，则有崇敬畏、戒逸欲、审几微、全仁德四大目；衍帝王修身之要，则有遵言行、正威仪、慎王居、广皇极四大目；衍帝王齐家之要，则有重妃匹、严内治、定国本、教戚属、清君侧五大目；衍帝王治国平天下之要，则有正朝廷、正百官、固邦本、制国用、明礼乐、秩祭祀、崇教化、备规制、慎刑宪、严武备、驭夷狄、成功化十二大目。臣殚一年心力，成帙十八，视二臣少什之七，精义什之七，盖合万民、百官之心与天地、帝王之心为一心，以此尽《大学》之道也。"① 此书对真德秀《大学衍义》、丘濬《大学衍义补》二书大有所删益，故曰"删补"。避开重复，摘取二书所未征引经史子集，补入《大学衍义》不详尽之处，补入《大学衍义补》丘濬以后的事，特别是有关宦官乱国之史实。

26.《大学衍义补肤见》二卷或四卷

（明）胡世宁②撰　佚

清代卢文弨《读大学衍义补肤见序》说："盖公读丘文庄公《大学衍义补》，而著其所欲设施者如此。……若公此书，或增成文庄之义以为必可行，或摘抉其弊以为必不可行，文庄之以微文见意，与其所迁就而不敢言者，公则一一引伸而别白之。"③

27.《大学衍注》

（明）吴钟峦④撰　佚

仿《大学衍义》，推衍、注解《大学》。

28.《续大学衍义补》

（明）邹观光撰　佚

以《大学衍义补》的结构、体裁为范本。

29.《大学衍义补抄》六卷

（明）佚名撰　存

①　（明）刘洪谟：《大学续衍精义删补要览》，明崇祯间刻本。
②　胡世宁（1469～1530），字永清，号静庵，浙江仁和人，明弘治六年（1493年）进士。著有《胡端敏奏议》等。
③　（清）卢文弨：《抱经堂文集》卷2，清乾隆六十年刻本。
④　吴钟峦，字峦稚（一说字峻伯），号霞舟，学者称其为霞舟先生，江苏武进人，明崇祯七年（1634年）进士，授长兴知县。曾师从顾宪成、高攀龙等，治学严谨，专心于濂洛，尤精于《易》，著述甚丰。

此本为《大学衍义补》的删节本。

30.《大学衍义辑要》

（明）江文武①撰　佚

31.《丘琼山先生大学衍义补赞英华》六卷

（明）陈仁锡②撰　存

陈仁锡《皇明世法录》自叙曰："已取西山氏《衍义》读而善之，曰：'美哉！渊乎！恳诚深厚，条析事理。揭格致以端本，明道术以防壅，论治体、察民情、选人材以作则，诚君天下者之律令也。'已又读丘文庄《衍义补》而善之曰：'美哉！详而婉，切而易遵，始于审几，归于功化。近自阙廷，远及夷狄，有序有伦，有体有要，洵真氏之完书，治平之巨典也。君不知此，无以为修而致治；臣不知此，无以为学而辅君。'……仁锡既心契《衍义》二书，乃加雠定而合刻之。"③ 本书作者根据《大学》三纲领八条目，对《大学衍义》有所补。

32.《皇明世法录》九十二卷

（明）陈仁锡撰　存

陈仁锡《皇明世法录》自叙曰："犹恨昭代之典故未详，使人证于古而略于今，睹嘉言善行之无遗，而忽圣祖、神宗之猷烈，晓然于累千万世之得失理乱之迹，而贸贸于三百年来朝廷官府之务，虽云博洽，终惭实践，是以辄不在揣，略仿二氏之意，考明旧章而推广之，著为《皇明世法录》。首辑二祖之谟烈，以为万世法，而又明礼乐以和神人，辨历象以示修省，恤民以固邦本，积储以裕国用，稽漕河、记防海以通水利，纪元辅、录明臣以彰景范，诘戎兵以严武备，考四夷以示怀柔，具原始要终。或耳目之所亲历，或牺轩之所睹记，稍为网罗，以补丘氏之未备要。"④ 明代陈鼎《东林列传》说："最大者《世法录》一书，凡本朝之大经大法、祖训之敬天勤民，以迄礼乐、兵刑、象纬、历律、边镇、方舆、浚河、利漕莫不毕具，疾作，遗命上《世法录》于天子，曰臣之报主尽在是已。其

---

① 江文武，婺源旃坑人，明举人，明隆庆年间曾任福建三明知县。

② 陈仁锡，字明卿，江苏长洲人，明天启二年（1622年）进士，授编修，典诰敕。官至南京国子监祭酒，卒，谥文庄。《明史东林列传》卷22有传。

③ （明）陈仁锡：《皇明世法录》，明崇祯间刻本。

④ （明）陈仁锡：《皇明世法录》，明崇祯间刻本。

所学大略如此，学者称芝台先生。"① 该书辑录明代典章制度，起自太祖洪武，迄于神宗万历年间，编纂目的在于以为万世法，故名。共分为维皇建极、悬象设教、法祖垂宪、裕国恤民、制兵敕法、浚河利漕、冲边严备、沿海设防、奖顺伐叛、崇文拔武十目，每目下又分为五小目。该书搜罗丰富，是研究明代政治史的重要参考资料。刘宗周在他为陈仁锡所作的传中指出："公一生著述之文，莫大于是，然心神亦遂已殚竭，犹力疾成书，竟以不起。"② 但在清朝统治时期，此书曾被禁毁，很长时间内都被视为珍本。

33.《大学衍义古文》二卷

（明）佚名撰　佚

高儒《百川书志》载录："《大学衍义古文》二卷。"征引古文，以推衍《大学衍义》。

34.《大学衍义集要》

（明）佚名撰　佚

徐泳《山东通志艺文志订补》③ 载录此书，没有作者、卷次、收藏地等信息，且仅见于此。

35.《大学衍义补遗》

（明）佚名撰　佚

徐泳《山东通志艺文志订补》④ 载录此书，没有作者、卷次、收藏地等信息，且仅见于此。

36.《大学衍义补删定》

（明）佚名撰　佚

徐泳《山东通志艺文志订补》⑤，载录此书，没有作者、卷次、收藏地等信息，且仅见于此。

37.《大学衍义论断》

（明）佚名撰　佚

此书仅见于朱彝尊《经义考》⑥，是对《大学衍义》的论述。

---

① （明）陈鼎：《东林列传》卷22，文渊阁四库全书本。
② （明）刘宗周：《刘蕺山集》卷15《大司成芝台陈公传》，影印文渊阁四库全书本。
③ 徐泳：《山东通志艺文志订补》卷9，山东人民出版社，2016，第44页。
④ 徐泳：《山东通志艺文志订补》卷9，山东人民出版社，2016，第44页。
⑤ 徐泳：《山东通志艺文志订补》卷9，山东人民出版社，2016，第44页。
⑥ （清）朱彝尊：《经义考》卷159，文渊阁四库全书本。

38.《大学衍义补删》

（不详）聂豹撰　未知

钱谦益《大学衍义补删序》："于是漕抚大中丞蔡公留思正学，兼修政教，得卢陵聂子《大学衍义删补》一书，携诸同志镌校流传，既手弁简端，以阐扬道法治法之关楗，经经纬史，理无不贯，事无不通矣。"① 黄虞稷《千顷堂书目》卷二载："聂豹《大学臆说》"②，是否为同一本书还有待考证。

39.《大学衍义补删》

（清）张能鳞③撰　存

张能鳞《西山集》载此书④，《大学衍义补删》为《大学衍义补》的删节本，以便读书人学习之用。

40.《御定内则衍义》十六卷

（清）傅以渐等撰　存

《四库全书总目提要》曰："以《礼记·内则》篇为本，援引经史诸书，以左证推阐之，分八纲三十二子目。……盖正其家而天下正，天下各正其家，而风俗淳美，民物泰平，故先王治世必以内政为本也。"⑤

41.《御定孝经衍义》一百卷

（清）叶方蔼等撰　存

《四库全书总目提要》曰："体例全仿真德秀《大学衍义》，首冠以《衍经之序》《述经之旨》二篇，不入卷数。次衍至德之义，以五常分五子目；次衍要道之义，以五伦分五子目；次衍教所由生之义，以礼乐政刑分四子目；次天子之孝，以爱亲、敬亲为纲，爱亲分子目十二，敬亲分子目十四；次诸侯之孝分子目四；次卿大夫之孝分子目五；次士之孝分子目四；次庶人之孝分子目三；亦皆以爱亲、敬亲为首；末二卷以大顺之征终焉。"康熙帝作《序》说："朕缵承先志，诏儒臣搜讨、编辑，仿宋儒真德

① （清）钱谦益：《钱牧斋全集》卷14，上海古籍出版社，2003，第677页。
② （清）黄虞稷：《千顷堂书目》卷2，文渊阁四库全书本。
③ 张能鳞（1617~1703），字玉甲，号西山，顺天大兴人，清顺治四年（1647年）进士。官至四川按察使副使。著有《大学衍义补删》《孝经衍义补删》《儒宗理要》《西山集》诸书。
④ （清）张能鳞：《西山集》卷2，清初刻本。
⑤ （清）傅以渐等撰《御定内则衍义》，文渊阁四库全书本。

秀《大学衍义》体例，征引经史诸书以旁通其说。"①

42.《大学衍义辑要》六卷

43.《大学衍义补辑要》十二卷

（清）陈宏谋撰　存

《大学衍义辑要》《大学衍义补辑要》为真德秀《大学衍义》、丘濬《大学衍义补》删节本，陈宏谋在后记中说："真氏之书四十三卷，……因颜之曰辑要以付梓。"②《四库全书总目提要》曰："是编乃宏谋官云南布政使时所刊，取真德秀《大学衍义》四十三卷纂为六卷，丘濬《大学衍义补》一百六十卷纂为十二卷，盖为边方之士艰购全书者设也。"③

44.《大学衍义体要》六十卷

（清）徐桐撰　存

此本为发挥、推阐《大学衍义》，徐氏之书重在将儒家理论与现实相结合，以经典理政事，以俗务证经典，二者互为表里，相互阐发。

45.《大学衍义刍言》四卷

（清）何桂珍④撰　存

此本阐述、发挥《大学衍义》。

46.《大学衍义续》七十卷

（清）强汝询撰　存。

此书仿真德秀《大学衍义》体例而为之，其凡例第一条曰："治天下者必有一定之计，故以立规模为首，其目九。规模既定，非贤不治，自古王者莫不急于得人，故举贤能次之，其目三。得人而后可以任官，故正百官次之，其目九。求贤任官，凡以为民也，故厚民生次之，其目十四。民富则国自富矣，而用不可无节也，故制国用次之，其目五。既富则可教矣，故崇教化次之，其目六。教化必以礼乐，故兴礼乐次之，其目九。教之不从而后威之以刑，故慎刑法次之，其目五。大刑用甲兵，故诘戎兵次之，其目八。先治后乱者，怠胜敬也，治久愈隆者，敬胜怠也，故戒盛满

① （清）叶方蔼等撰《御定孝经衍义》，文渊阁四库全书本。
② （清）陈宏谋：《培远堂文集》，民国三十二年排印本。
③ （清）永瑢等撰《四库全书总目提要》，清乾隆武英殿刻本。
④ 何桂珍（1817~1855年），字丹畦，云南师宗人，道光十八年（1838年）进士，官至安徽徽宁池太广兵备道。出倭仁门，与唐鉴、曾国藩为师友，学以宋儒为宗。及光绪即位，以所撰《大学衍义刍言》奏进，优诏嘉纳。

次之，其目二。盛而不矜，满而不溢，战战栗栗，日慎一日，帝道所以成功，故以成治功终焉，其目一。"

47. 《大学衍义约旨》二卷

（清）庆恕撰　存

其序说："而《大学衍义》无不家有其书者，顾真氏之书主于正本清源不及治平，丘氏之书卷帙浩繁，其中不无芜杂之处，读者病焉。……撰成《大学衍义约旨》，见示撮两书之要义，取裁经史，折衷一是，始于帝王为治之序，终于圣神功化之极，监往古之隆规，尊本朝之巨制，而总网维《大学》之义焉。"①

48. 《大学衍义讲授》

（清）夏震武②撰　存

夏震武有《大学衍义讲授》，分篇阐述大意。

49. 《大学衍义摘抄不分卷》

佚名撰　存

存于中山大学图书馆，为真德秀《大学衍义》的摘抄本。

二　有关书名、作者、卷次问题的讨论

以上所列宋元明清各个朝代的衍义类著述，有些还有诸如作者、书名、卷次等需要厘清的问题。

关于作者，如顾起经《大学衍义补摘要》一书，王世贞《弇州山人四部续稿》、于敏中等《天禄琳琅书目》、嵇璜《续文献通考》、《四库全书总目提要》、朱彝尊《经义考》、黄虞稷《千顷堂书目》、《中国古籍善本书目》等均为顾起经，而骆伟主编《广东文献综录》③、沈津《美国哈佛大学哈佛燕京图书馆中文善本书志》④等书皆标注为顾起，以顾起经之说为是。王世贞在其《顾先生玄纬先生志略》《大宁都指挥使司都事九霞顾

---

① （清）庆恕：《大学衍义约旨》，光绪二十五年刻本。
② 夏震武（1854~1930 年），原名震川，字伯定，号涤庵，富阳人，清同治十三年（1874）进士。著有《人道大义录》《灵峰先生集》《悔言》《悔言辨正》《衰说考误》《寤言质疑》《〈资治通鉴后编〉校勘记》《大学衍义讲授》《论语讲义》和《孟子讲义》等。
③ 骆伟主编《广东文献综录》，中山大学出版社，2000，第 464 页。
④ 沈津：《美国哈佛大学哈佛燕京图书馆中文善本书志》，上海辞书出版社，1999。

君暨配盛孺人合葬志铭》文中记载为："君讳起经，字长济，更字玄纬，别号九霞山人。"① 曹瑾《大学衍义补概》，《山东文献书目》著录为："《大学衍义补概》一卷（明），曹瑛辑，稿本，善目，省博。"② 查各大书目记载，此处曹瑛应为曹瑾之误。又如清代同一个张能鳞，有的记载为张能麟，有的记为张能鳞，以张能鳞为多，且多为清初文献，如高廷珍《东林书院志》、顾炎武《日知录》、《清通志》、《清文献通考》和《传是楼书目》等，故从张能鳞之说。

有几部衍义类作品还存在着一书多名和书名相同而作者不同的情况。第一，同书而书名不同，如湛若水《格物通》、顾起经《大学衍义补要》、刘洪谟《大学续衍精义删补要览》、吴瑞登《皇明绳武编拟续大学衍义》、曹瑾《大学衍义补概》等。（1）湛若水《格物通》一书四名。湛若水自己就有两称，或《格物通》或《圣学格物通》，说："又有《格物通》者何？……此臣《格物通》之所以作也。"③ 又卷19《三乞归田疏》称："《圣学格物通》一百卷。"④ 此后，罗洪先《墓表》、洪垣《墓志铭》、《明史》、高儒《百川书志》、焦竑《国朝献征录》、何乔远《名山藏》、祁承㸁《澹生堂藏书目不分卷》、朱睦㮮《万卷堂书目》、朱彝尊《经义考》、钱谦益《绛云楼书目》、于敏中等《天禄琳琅书目》、卢文弨《抱经堂文集》、丁仁《八千卷楼书目》、《四库全书总目提要》等或称《圣学格物通》，或名《格物通》。而焦竑《国史经籍志》则名之曰："《大学格物通》一百卷"，⑤ 清代黄虞稷《千顷堂书目》则承接其说。《徐氏家藏目录》则著录为："《正学格物通》一百卷。"⑥ 仅此一见。（2）顾起经《大学衍义补要》，王世贞《弇州史料后集》和《弇州山人四部续稿》、朱彝尊《经义考》均为《大学衍义补要》。大概《大学衍义补摘要》之说应起于黄虞稷《千顷堂书目》，说："顾起经，《大学衍义补摘要》五卷，字玄

① （明）王世贞：《弇州山人四部续稿》卷116《大宁都指挥使司都事九霞顾君暨配盛孺人合葬志铭》，文渊阁四库全书本。

② 王绍曾主编，张长华等编辑《山东文献书目》，齐鲁书社，1993，第58页。

③ （明）湛若水：《湛甘泉先生文集》卷17《圣学格物通大学》，清康熙二十年黄楷刻本。

④ （明）湛若水：《湛甘泉先生文集》卷19《三乞归田疏》，清康熙二十年黄楷刻本。

⑤ （明）焦竑：《国史经籍志》卷2经类，明徐象枟刻本。

⑥ （明）徐㷇力：《徐氏家藏目录》，古典文学出版社，1958。

纬，吴县人，官运使。"① 《广东文献综录》《中国古籍版刻辞典》等沿袭黄说，前说为是，应为《大学衍义补要》。（3）刘洪谟《大学续衍精义删补要览》，而《明史》《千顷堂书目》② 等书记载为"《续大学衍义》十八卷"。谢旻《江西通志》记载为"《大学续衍义》十八卷"。（4）吴瑞登《皇明绳武编拟续大学衍义》，或作《皇明绳武编》，或作《明绳武编》，或作《绳武编》，一书四名。《传是楼书目》著录为《皇明绳武编拟续大学衍义》，朱荃通《文通》、焦竑《国史经籍志》、祁承㸁《澹生堂藏书目》《清代禁毁书目四种不分卷》、《千顷堂书目》等著录为《皇明绳武编》，《明史》《四库全书总目提要》著录为《明绳武编》，嵇璜《续通志》、嵇璜《续文献通考》著录为《绳武编》。虽然书名不一，但作者、卷次相同。（5）曹璜《大学衍义补概》又作《大学衍义补槩》。《山东文献书目》著录为："《大学衍义补概》一卷，（明）曹瑛辑，稿本，善目，省博。"③ 《中国古籍善本书目》著录为："《大学衍义补槩》1卷，明抄本。"④ 概或作槩，古代相通。第二，书名相同而作者不同，如夏良胜《中庸衍义》和王尊贤《中庸衍义》，书名虽同，实为二书。

有几部书所记载的卷次也有所不同，李好文《端本堂经训要义》，明杨士奇《文渊阁书目》、朱彝尊《经义考》、徐乾学《资治通鉴后编》、《钦定续通志》、英廉等《钦定日下旧闻》、孙承泽《元朝典故编年考》、黄虞稷《千顷堂书目》均载为十一卷，只有明代朱睦㮮《授经图义例》载为十卷，本书从十一卷。

三　衍义类著述著录情况叙略

1.《泳斋近思录衍注》

南宋衢州学宫刻杨伯嵒《泳斋近思录衍注》十四卷，是《近思录》注本中现存最早的宋刊本。半叶九行十八字，注文小字双行十七字，左右双

---

① （清）黄虞稷撰，瞿凤起、潘景郑整理《千顷堂书目》卷2，上海古籍出版社，2001，第45页。

② （清）黄虞稷撰，瞿凤起、潘景郑整理《千顷堂书目》卷2，上海古籍出版社，2001，第45页。

③ 王绍曾主编，张长华等编辑《山东文献书目》，齐鲁书社，1993，第58页。

④ 《中国古籍善本书目》编委会编《中国古籍善本书目》，上海古籍出版社，1985。

栏，有界行，白口，顺鱼尾，此本仅存北京大学图书馆。杨书后世提及者比较少，茅星来《近思录集注》一书两次引用，还有一些有关介绍杨伯嵒生平的书有所提及，而书目之类的书很少载录。

2.《端本堂经训要义》

明代杨士奇《文渊阁书目》卷 1 载："《端本堂经训要义》一部十一册。"① 明代朱睦㮮《授经图义例》卷 20 载："《端本堂经训要义》，十卷。"② 朱彝尊《经义考》卷 246 载："李氏《端本堂经训要义》十一卷，未见。"③ 徐乾学《资治通鉴后编》载："仿真德秀《大学衍义》之例，为书十一卷，名曰《端本堂经训要义》，奉表以进。"④ 黄虞稷《千顷堂书目》载："《端本堂经训要义》十一卷。"⑤ 另外，《续通志》卷493、英廉等《钦定日下旧闻》卷 31、清孙承泽《元朝典故编年考》卷 8 等皆有所提及。对此书，朱彝尊已经没见到，以后也不见各大书目著录此书，其佚失的具体时间还有待查证。

3.《大学衍义补》

明成化二十三年（1487 年）《大学衍义补》成书后，丘濬于当年十一月就将此书献给明孝宗。明孝宗随即令礼部将书"誊副本，发福建布政司着书坊刊行"，至此，各大书目均有著录，故在此就不一一胪列了。

4.《大学稽古衍义》

黄绾《刑部右侍郎东瀛王公神道碑铭》载有《大学稽古衍义》，焦竑《国朝献征录》、雷礼《国朝列卿纪》、徐象梅《两浙名贤录》、黄虞稷《千顷堂书目》、《浙江通志》记载了《大学稽古衍义》，无卷数。

5.《学庸衍义》

《明史》载："《学庸衍义》。"⑥ 朱彝尊《经义考》载："林氏士元，《学庸衍义》，未见。"⑦ 黄虞稷《千顷堂书目》载："《学庸衍义》。"⑧（道

① （明）杨士奇：《文渊阁书目》卷 1，文渊阁四库全书本。
② （明）朱睦㮮：《授经图义例》卷 20，文渊阁四库全书本。
③ （明）朱彝尊：《经义考》卷 246，文渊阁四库全书本。
④ （清）徐乾学：《资治通鉴后编》，文渊阁四库全书本。
⑤ （清）黄虞稷：《千顷堂书目》，文渊阁四库全书本。
⑥ （清）张廷玉等撰《明史》卷 133，清抄本。
⑦ （明）朱彝尊：《经义考》卷 162，文渊阁四库全书本。
⑧ （清）黄虞稷：《千顷堂书目》卷 2，文渊阁四库全书本。

光）陈昌齐《广东通志》载："林氏士元，《学庸衍义》，未见"。① 看来，其书早已亡佚。

6.《大学衍义补会要》

朱彝尊《经义考》载："程氏诰《大学衍义补会要》，未见。"②

7.《大学衍义论断》

明代严嵩《钤山堂集》卷27《吏部右侍郎王公道碑》载："《大学衍义论断》。"③ 焦竑《国朝献征录》、何乔远《名山藏》、王兆云《皇明词林人物考》、《明史》、徐开任《明名臣言行录》载录了书名，清代黄虞稷《千顷堂书目》卷2载："《大学衍义论断》1卷。"④ 今佚。

8.《大学衍义肤见》

《明史》载："黄训《大学衍义肤见》。"⑤ 清代朱彝尊《经义考》载："黄氏训《大学衍义肤见》。"⑥ 黄虞稷《千顷堂书目》载录："黄训《大学衍义肤见》。"⑦

9.《中庸衍义》

清代朱彝尊《经义考》载："王氏尊贤《中庸衍义》，未见。"⑧ 清代黄虞稷《千顷堂书目》载："《中庸衍义》。"⑨ 今佚。

10.《中庸衍义》

对该书，明代吴道南《吴文恪公文集》和《明史》载录卷次均为17卷。清代各大书目如《传是楼书目》《四库全书总目提要》《经义考补正》《续通志》《钦定续文献通考》《千顷堂书目》《八千卷楼书目》等有记载，卷次、作者、书名等基本图书信息与明代一样。其书收存在《四库全书总目提要》中，但朱彝尊《经义考》卷154说未见。

11.《格物通》

《格物通》在后世甚流行，提及或著录的书目众多，《明史·艺文志》

① （清）陈昌齐：《广东通志》卷189，清道光二年刻本。
② （清）朱彝尊：《经义考》卷159，文渊阁四库全书本。
③ （明）严嵩：《钤山堂集》卷27《神道碑》，明嘉靖二十四年刻增修本。
④ （清）黄虞稷：《千顷堂书目》，文渊阁四库全书本。
⑤ （清）张廷玉等撰《明史》卷133，清抄本。
⑥ （清）朱彝尊：《经义考》卷159，文渊阁四库全书本。
⑦ （清）黄虞稷：《千顷堂书目》卷2，文渊阁四库全书本。
⑧ （清）朱彝尊：《经义考》卷155，文渊阁四库全书本。
⑨ （清）黄虞稷：《千顷堂书目》卷2，文渊阁四库全书本。

有著录，高儒《百川书志》载《圣学格物通》一百卷、篡要1卷、目录1卷。焦竑《国史经籍志》载《大学格物通》一百卷。祁承爜《澹生堂藏书目》载《圣学格物通》一百卷20册。《徐氏家藏目录》著《正学格物通》一百卷。朱睦㮮《万卷堂书目》载《圣学格物通》一百卷。张岱《石匮书》载《格物通》一百卷。朱彝尊《经义考》载《格物通》一百卷。钱谦益《绛云楼书目》载《圣学格物通》十六册。王圻《续文献通考》载《格物通》。《八千卷楼书目》载《格物通》一百卷。《天禄琳琅书目》载《格物通》二函二十册。卢文弨《抱经堂文集》载《格物通》一百卷。黄虞稷《千顷堂书目》载《大学格物通》一百卷。嵇璜《续通志》载《格物通》100卷。嵇璜《续文献通考》载《格物通》一百卷。庆桂《国朝宫史续编》载明版《格物通》一百卷。《四库全书总目提要》载《格物通》一百卷。

12.《大学衍义节略》

明代杨廉《大学衍义节略》二十卷。① 邓元锡《皇明书》、过庭训《本朝分省人物考》、焦竑《国朝献征录》、雷礼《国朝列卿纪》、尹守衡《皇明史窃》、徐开任《明名臣言行录》、黄宗羲《明文海》、孙诒让《温州经籍志》、《明史》等载录了作者、书名信息。《内阁仓书目》《四库全书总目提要》《经义考》等载录了书名，卷次。《经义考》注曰"未见"，② 其实此书还存在，国家图书馆收藏有嘉靖四十一年（1562年）刻本，十二行二十五字。

13.《大学衍义通略》三十一卷

明代王世贞《弇州山人四部续稿》卷124《王公墓表》一文中，称王诤有《大学衍义通略》若干卷。③《四库全书总目提要》曰："其书取杨廉《大学衍义节略》、丘濬《大学衍义补》合为一编，凡《节略》十卷，《补略》二十一卷。间亦释字证义，取便检阅，无所阐明。"④ 孙诒让《温州经籍志》、嵇璜《续通志》、嵇璜《续文献通考》、《永嘉县志》等载录相同。

① （明）杨廉：《杨文恪公文集》卷42《进〈大学衍义节略表〉》，明刻本。
② （明）朱彝尊：《经义考》卷158，文渊阁四库全书本。
③ （明）王世贞：《弇州山人四部续稿》卷124《王公墓表》，清明万历四十二年刻本。
④ （清）永瑢等撰《四库全书总目提要》，清乾隆武英殿刻本。

朱彝尊《经义考》著录："王氏净《大学衍义略》，未见。"① 书存,《四库全书存目丛书》收云南刻本,国家图书馆、天津市图书馆、南京市图书馆藏有明嘉靖四十一年刻本,中科院图书馆和山东博物馆藏明嘉靖四十三年刻本。

14.《大学衍义会补节略》

《明史·艺文志》载录："杨文泽,《大学衍义会补节略》。"② 明代朱睦㮮《万卷堂书目》卷一载："《大学衍会补节略》四十卷,杨文泽。"③ 清代《千顷堂书目》载："《大学衍义会补节略》,四十卷。"④ 今佚。

15.《精刻大学衍义补摘粹》

此书前代书目少有提及,《中国古籍善本书目》载录十二卷,明代隆庆查策刻本,中国教育科学院、东京大学东洋文化研究所图书馆、普林斯顿大学葛思德东方图书馆有藏。

16.《大学衍义补要》

王世贞《弇州山人四部续稿》载录："《大学衍义补要》。"⑤ 未注明卷数。朱彝尊《经义考》载："顾氏起经《大学衍义补要》,未见。"⑥ 黄虞稷《千顷堂书目》著录："顾起经,《大学衍义补摘要》五卷,字玄纬,吴县人。"⑦《中国古籍善本书目》载五卷,明嘉靖三十七年众芳书屋刻本,今藏中央民族大学图书馆。⑧

17.《大学衍义补纂要》

此书初刻于嘉靖三十七年,徐栻为官建宁,前有刘佃和尤烈的序。明隆庆六年,徐栻任江西巡抚,"取所纂本,删润增辑之",并由广信府知府钱藻、林敬冕等人,主持校勘及印刷工作,以"颁弟子俾卒业、示向往"。⑨ 是书《明史》载六卷、孙能传《内阁藏书目录》、《万卷堂书

---

① （清）朱彝尊：《经义考》卷60,文渊阁四库全书本。

② （清）张廷玉等撰《明史》卷133,清抄本。

③ （明）朱睦㮮：《万卷堂书目》卷1,清光绪至民国间观古堂书目丛刊本。

④ （清）黄虞稷：《千顷堂书目》卷2,文渊阁四库全书本。

⑤ （明）王世贞：《弇州山人四部续稿》卷116《大宁都指挥使司都事九霞顾君暨配盛孺人合葬志铭》,清明万历四十二年刻本。

⑥ （清）朱彝尊：《经义考》卷161,文渊阁四库全书本。

⑦ （清）黄虞稷：《千顷堂书目》,文渊阁四库全书本。

⑧ 《中国古籍善本书目》编委会编《中国古籍善本书目》,上海古籍出版社,1985。

⑨ （明）徐栻：《大学衍义补纂要》,明刻本。

目》、《徐氏家藏书目》、《传是楼书目》、《千顷堂书目》、《八千卷楼书目》皆注为六卷，《经义考》注曰"未见"，《中国古籍善本书目》载录六卷。

18.《大学广义》

明邹元标《墓志铭》、过庭训《本朝分省人物考》、焦竑《国朝献征录》、尹守衡《皇明史窃》、黄虞稷《千顷堂书目》等，只有书名，未标注卷数。《续文献通考》《续通志》《四库全书总目提要》都著录"五卷"。此篇存，《刘元卿集》中有收录。

19.《皇明绳武编拟续大学衍义》

明焦竑《国史经籍志》、祁承㸁《澹生堂藏书目》、朱荃通《文通》、《清代禁毁书目四种不分卷》等载录《皇明绳武编》34卷。《传是楼书目》载《皇明绳武编拟续大学衍义》34卷五本，《明史》《千顷堂书目》载录《明绳武编》34卷。《四库全书总目提要》载录《绳武编》34卷。

20.《大学衍义补概》

此书提及者不多，《中国古籍善本书目》著录一卷，明抄本。王绍曾主编、张长华等编辑的《山东文献书目》，载录《大学衍义补概》一卷，作者误记为曹瑛，稿本，现存山东省博物馆。

21.《大学衍义补摘要》

明代高儒《百川书志》著录："《衍义补摘要》四卷。"①《中国古籍善本书目》载录四卷，上海市图书馆藏有明嘉靖十二年孙应奎刻本，上海华东师范大学藏有明嘉靖年间刘氏安正书堂刻本。

22.《大学衍义补编述》

《中国古籍善本书目》载录2卷，明大雅堂刻本。东北师范大学图书馆藏《古籍善本书目解题》记载《大学衍义补编述》二卷，明大雅堂刻本。不知何故，《浙江通志》载录《大学衍义补编述》30卷。②

23.《父母生之续莫大焉章衍义》

朱彝尊《经义考》著录此书，但注"未见"。黄虞稷《千顷堂书目》卷三载录："吴从周《父母生之续莫大焉章衍义》。"③ 此文现收入《续修

① （明）高儒：《百川书志》，清光绪至民国间观古堂目丛刊本。
② 浙江省地方志编纂委员会编《浙江通志》，中华书局，2001，第6718页。
③ （清）黄虞稷：《千顷堂书目》卷3，文渊阁四库全书本。

四库全书》第 151 册所收录的朱鸿《孝经总类》中。

24.《大学衍义补英华》

《澹生堂藏书目》著录:"《大学衍义补精华》十七卷,八册。"①《中国古籍善本书目》记载为《纂丘琼山先生大学衍义补英华》十八卷,有明万历三年(1575 年)凌迪知刻本,明万历年间金陵书林蔡浚溪刻本。②

25.《大学续衍精义删补要览》

刘洪谟自序称其书为《续衍精义》,《郑堂读书记补逸》著录为:"《大学续衍精义删补要览》十八卷"。③(康熙)谢旻《江西通志》著录:"《大学续衍义》十八卷"。④ 黄虞稷《千顷堂书目》著录为:"刘洪谟《续大学衍义》十八卷。字惟中,南昌人,万历乙未进士,太仆寺少卿,崇祯二年以其书进呈。"⑤ 今北京图书馆藏明崇祯年间刻本,题为《大学续衍精义删补要览》。

26.《大学衍义补肤见》

明代焦竑《国朝献征录》、雷礼《镡虚堂摘稿》、贺长龄《清经世文编》、卢文弨《抱经堂文集》等均作二卷,(雍正)《浙江通志》、《经义考》、《杭州府志》等作四卷,《明史》《千顷堂书目》作一卷或四卷。

27.《大学衍注》

《鲒埼亭集外编》卷 9《行状》载其书。朱希祖《十愿斋全集跋》云:"《十愿斋全集六种》,有《霞舟自述年谱》一卷、《大学衍注》一卷、《遗集》五卷、《文集》六卷、《易说》一卷、《易笺》二卷。"⑥《东林列传》《东林书院志》《千顷堂书目》《道南渊源录》《明臣言行录》《明史》《江南通志》等仅载书名。《经义考》卷 161 礼记载"未见"。

28.《续大学衍义补》

《经义考》著录此书,注:"未见"。

29.《大学衍义补抄》六卷

《中国古籍善本书目》载录为六卷,明刻本。柳存仁著《和风堂文集》

① (明)祁承㸁:《澹生堂藏书目》,上海古籍出版社,2002。
② 《中国古籍善本书目》编委会编《中国古籍善本书目》,上海古籍出版社,1985。
③ (清)周中孚:《郑堂读书记补逸》,上海书店出版社,2009。
④ (清)谢旻:《江西通志》卷 70,文渊阁四库全书本。
⑤ (明)黄虞稷:《千顷堂书目》,文渊阁四库全书本。
⑥ (明)吴钟峦:《十愿斋全集》十六卷,海盐朱氏藏清康熙初刻本。

载录："万历间刻本，丘濬《大学衍义补抄》六卷。"① 骆伟主编《广东文献综录》载录："《大学衍义补抄》六卷，（明）琼山丘濬撰。"② 二书对作者的载录显然有误，但作者还需进一步考证落实。

30.《大学衍义辑要》

著录情况还有待进一步查证。

31.《丘琼山先生大学衍义补赞英华》

明代陈鼎《东林列传》载录《大学衍义续补》，没有卷次。查继佐《罪惟录》载录其著述为《衍义补》，没有卷次、版本等信息。张岱《石匮书》载《续大学衍义》，《中国古籍善本书目》载："《丘琼山先生大学衍义补赞英华》六卷，明陈仁锡辑，明末刻本。"③ 东北师范大学图书馆藏《古籍善本书目解题》载《丘琼山先生大学衍义补赞英华》六卷，明末刻本。

32.《皇明世法录》

陈仁锡《皇明世法录》流行比较广，著录或提及的书比较多。黄道周《黄石斋先生文集》载："《大明世法录》。"④ 陈鼎《东林列传》、查继佐《罪惟录》、张岱《石匮书》载《皇明世法录》。《八千卷楼书目》载明刊本《明世法录》九十二卷。《清代禁毁书目不分卷》载为"《明世法录》"或"《皇明世法录》"。《千顷堂书目》载《明世法录》九十二卷。

33.《大学衍义古文》

高儒《百川书志》载录："《大学衍义古文》二卷。"⑤

34.《大学衍义集要》

徐泳《山东通志艺文志订补》⑥，载录此书，没有作者、卷次等信息，且仅见于此。

35.《大学衍义补遗》

徐泳《山东通志艺文志订补》⑦，载录此书，没有作者、卷次等信息，且仅见于此。

① 柳存仁：《和风堂文集》（下），上海古籍出版社，1991，第1803页。
② 骆伟主编《广东文献综录》，中山大学出版社，2000，第464页。
③ 《中国古籍善本书目》编委会编《中国古籍善本书目》，上海古籍出版社，1985。
④ （明）黄道周：《黄石斋先生文集》卷十《陈祭酒传》，清康熙五十三年刻本。
⑤ （明）高儒：《百川书志》卷1《经》，清光绪至民国间观古堂书目丛刊本。
⑥ 徐泳：《山东通志艺文志订补》卷9，山东人民出版社，2016，第44页。
⑦ 徐泳：《山东通志艺文志订补》卷9，山东人民出版社，2016，第44页。

36.《大学衍义补删定》

徐泳《山东通志艺文志订补》①，载录此书，且仅见于此。

37.《大学衍义论断》

此书仅见于朱彝尊《经义考》，《经义考》载："《大学衍义论断》一卷，未见。"②

38.《大学衍义补删》

此书仅见于钱谦益《大学衍义补删序》，而有关聂豹的著述均未提及此书，但显然不是张能鳞《大学衍义补删》。张能鳞是顺天大兴人，以钱谦益的学识，应该不会如此错谬。

39.《大学衍义补删》

曹子西主编《北京历史人物传》（下）中记载，张能鳞提学江南时，为敦促读书，解决读书规范性问题，他先后编写了《大学衍义补删》《孝经衍义补删》和《儒宗理要》，试图以此作为士子读书的教材。明刻本，现存东京大学东洋文化研究所图书馆，32 册。

40.《御定内则衍义》

官修《国朝宫史》、官修《清通志》、官修《清文献通考》、刘锦藻《清续文献通考》、《四库全书总目提要》、《清史稿》、《书林清话》、《八千卷楼书目》等各大书目均有记载，书名、卷次一样。

41.《御定孝经衍义》

《清通志》《清文献通考》《清续文献通考》《国朝宫史》《四库全书总目提要》《传是楼书目》《经义考》《清史稿》《八千卷楼书目》等各大书目有载。

42.《大学衍义辑要》

43.《大学衍义补辑要》

陈宏谋《大学衍义辑要》和《大学衍义补辑要》自问世以来，甚为流行，通行本是道光二十二年宝恕堂刻本。著录的书目众多，《清朝文献通考》《清通志》《四库全书总目提要》《清史稿》等，书名、卷次等相同。

---

① 徐泳：《山东通志艺文志订补》卷 9，山东人民出版社，2016，第 44 页。

② （清）朱彝尊：《经义考》卷 159，文渊阁四库全书本。

44.《大学衍义体要》

《清史稿》提及书名,《八旗艺文编目》《宝铭堂书目》《续修四库全书总目》等载录了此书。

45.《大学衍义刍言》

对此书,介绍作者生平的文献多有提及,如《清史稿》《道学渊源录》《国朝先正事略》《清儒学案》等。

46.《大学衍义续》

马其昶《抱润轩文集》、《清文献通考》、《清史稿》皆有提及,作者、书名、卷次一致。

47.《大学衍义约旨》

庆恕的成就主要在医学。对于《大学衍义约旨》一书,大都在介绍其生平著述时有所提及,如世荣辑《庆勤僖公荣哀录》提及《大学衍义约旨》一书,①《八旗艺文编目》著录了《大学衍义约旨》二卷。

48.《大学衍义讲授》

夏震武有《大学衍义讲授》,分篇阐述大意,后世在其生平介绍时提及,蒋伯潜《诸子通考》、《浙江省教育志》、《中国进士藏书家考略》、《富春灵峰夏氏族谱》、《清代书院课艺总集叙录》等提及,浙江公立图书馆现存黄岩刘伯敏捐的《大学衍义讲授》二本三卷,为庚申杨道康东昌刊本。②

49.《大学衍义摘抄不分卷》

仅见于《中山大学图书馆古籍善本书录》。③

四 衍义类著述版本及收藏地

经过仔细的对比分析,查明衍义类著作为49部,其中现存的有28种,亡佚的有21种,表2-1对它们的存佚、版本及其馆藏情况做了一个初步统计。

① (民国)世荣辑《庆勤僖公荣哀录》,奉天太古山房,1924,第111页。
② 浙江省公立图书馆之源章箴编辑《近代著名图书馆馆刊荟萃》第12册《浙江公立图书馆年报》第8~9期,北京图书馆出版社,1927,第32页。
③ 中山大学图书馆编《中山大学图书馆古籍善本书录》,广西师范大学出版社,2004,第132页。

表 2-1　衍义类著述版本及收藏地一览

作者	书名	卷数	版本　年份		收藏地
（宋）杨伯嵒	泳斋近思录衍注	8册	南宋衢州学宫刻本		北京大学图书馆藏宋刻本
		14卷	《续修四库全书本》影印宋刻本		国家图书馆、厦门图书馆园博苑古籍分馆、合肥图书馆
（元）李好文	端本堂经训要义	11卷	朱彝尊《经义考》注：未见		
（明）丘濬	大学衍义补	160卷	钞本	1487年	加拿大哥伦比亚大学，40册
				1488年	内阁20册，周洪谟等校刊本
			建宁府（1488年）		普林斯顿大学葛思德东方图书馆，60册
					斯坦福大学胡佛研究所，15册
					台北图书馆，32册，《四库全书》《四库全书珍本》《四库荟要》收
					普林斯顿大学葛思德东方图书馆，15册
			建宁府，弘治元年（1499年）		国家图书馆、北京大学、故宫博物院、华东师范大学、吉林社科院、陕西师范大学、浙江图书馆、山东图书馆、河南社科院，《四库全书》《四库全书荟要》收
			福州刊本（弘治年间）		香港中文大学图书馆
			郑氏宗文堂本刻本（1506年）		国家图书馆、黑龙江大学、南京图书馆、江西图书馆、广西师范大学、东京大学东洋文化研究所图书馆、东洋文库（据弘治间刊本重印）
			郑氏宗文堂本刻本，明嘉靖十二年（1533年）		清华大学、吉林大学、山东图书馆、扬州图书馆、苏州大学
			吉澄刻本	嘉靖十四年（1535年）	杭州大学，64册
				嘉靖三十五年（1556年）	芝加哥大学远东图书馆，32册
				嘉靖三十八年（1559年）	国家图书馆、故宫博物院、上海图书馆、辽宁图书馆、吉林图书馆、东北师范大学图书馆、西安文物管理所、甘肃图书馆、南京图书馆、浙江大学图书馆、湖南社科院、台北图书馆
					日本内阁文库、东京大学东洋文化研究所图书馆，40册

续表

作者	书名	卷数	版本　年份		收藏地
（明） 丘濬	大学衍义补	160卷	乔应甲扬州刻本，万历三十三年（1605年）		国家图书馆、清华大学、山西图书馆、内蒙古大学、南京大学、河南图书馆
			内府	万历三十三年（1605年）	台北图书馆、东海大学图书馆、台湾大学图书馆，40册
					上海图书馆、日本静嘉堂，32册
					故宫博物院、香港中文大学、美国国会图书馆、东海大学图书馆，48册
				明刊	南京大学，24册
				明刊	国家图书馆，36册
				明刊	日本静嘉堂，30册
				明刊	国家图书馆，40册
			建安宗文堂，明刊		台北图书馆，30册
			南京国子监刻本，天启四年（1624年）		甘肃图书馆
			常州刊行的陈仁锡评刻本	崇祯五年（1632年）	日本内阁文库、普林斯顿大学葛思德东方图书馆、国家图书馆、故宫博物院、清华大学、日本尊经阁文库、香港中文大学、中科院图书馆、复旦大学、天津图书馆、南开大学、沈阳图书馆、南京图书馆、浙江图书馆、天一阁图书馆、郑州图书馆、武汉图书馆、湖南图书馆、四川图书馆、重庆图书馆
			梅墅石渠阁藏版，明崇祯刻本		哈佛燕京图书馆、日本东京大学东洋文化研究所
			清京都文锦堂印本		辽宁图书馆、抚顺图书馆
			石渠阁	明刊	密歇根大学亚洲图书馆、东京大学东洋文化研究所图书馆
				明刊	台北图书馆，28册，闽刊黑口大字本
				明刊	台湾图书馆，17册
				1792年	日本内阁文库、台湾大学、东北大学图书馆，60册，日本重刊本
				1793年	大阪大学怀德堂文库，60册，日本宽正四年福敬斋序刊本
				1837年	故宫博物院，40册

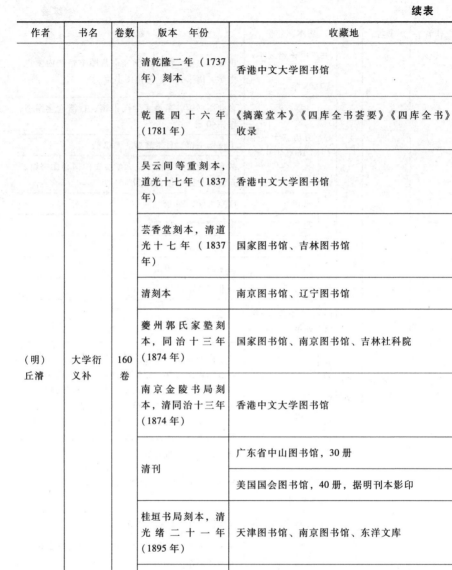

作者	书名	卷数	版本　年份	收藏地
（明）丘濬	大学衍义补	160卷	清乾隆二年（1737年）刻本	香港中文大学图书馆
			乾隆四十六年（1781年）	《摘藻堂本》《四库全书荟要》《四库全书》收录
			吴云间等重刻本，道光十七年（1837年）	香港中文大学图书馆
			芸香堂刻本，清道光十七年（1837年）	国家图书馆、吉林图书馆
			清刻本	南京图书馆、辽宁图书馆
			夔州郭氏家塾刻本，同治十三年（1874年）	国家图书馆、南京图书馆、吉林社科院
			南京金陵书局刻本，清同治十三年（1874年）	香港中文大学图书馆
			清刊	广东省中山图书馆，30册
				美国国会图书馆，40册，据明刊本影印
			桂垣书局刻本，清光绪二十一年（1895年）	天津图书馆、南京图书馆、东洋文库
			新化三昧堂刻本，清光绪二十二年（1896年）	香港中文大学图书馆
			海南书局铅印本，民国二十年（1931年）	北京大学、上海图书馆、南京图书馆、香港中文大学、东洋文库20册，据陈仁锡评本排印

续表

作者	书名	卷数	版本　年份	收藏地
（明）王启	大学稽古衍义	不详	朱彝尊《经义考》注：未见	
（明）林士元	学庸衍义	不详	朱彝尊《经义考》注：未见	
（明）程诰	大学衍义补会要	不详	《经义考》载：程氏诰《大学衍义补会要》，未见	
（明）王道	大学衍义论断	1 卷	佚	
（明）黄训	大学衍义肤见	不详	佚	
（明）王尊贤	中庸衍义	不详	《经义考》载：程氏诰《大学衍义补会要》，未见	
（明）夏良胜	中庸衍义	17 卷	翰林院抄本，清乾隆年间	西安文物管理所，10 册，页 10 行，行 20 字。蓝格，白口，四周单边。首页钤盖有满、汉文林翰院印。间有校刊处
			曾国藩等刻本	国家图书馆
			江西书局刻本，清同治十五年（1876年）	不详
			四库全书本	收藏于《四库全书》
（明）湛若水	格物通	100 卷	吴昂刻本，明嘉靖七年（1528 年）	上海市图书馆、东北师范大学图书馆
				台湾图书馆、内阁文库、东京大学东洋文化研究所（明嘉靖七年右布政使吴昂刻本存残本）
			陈陞刻本，明嘉靖十二年（1533 年）	台湾图书馆（原藏北平图书馆，为明嘉靖年间福建右布政使吴昂刻本）、北京大学、中央党校、辞书出版社、天津图书馆、南京大学图书馆、厦门大学图书馆
			明刻本	日本静嘉堂文库
			蓝印本，明嘉靖年间刻	不详
			四库全书本，清乾隆三十年（1765 年）	《甘泉全集》收录，清同治刻本
			明资政堂刻本，同治五年（1866 年）	国家图书馆、美国哈佛燕京图书馆（此为资政堂据吴昂本重刻）、香港中文大学

作者	书名	卷数	版本　年份	收藏地
（明）杨廉	大学衍义节略	20卷	明嘉靖四十一年刻本（1562年）	国家图书馆，每页十二行二十五字
（明）王净	大学衍义通略	31卷	明嘉靖四十一年刻本（1562年）	国家图书馆、天津图书馆、南京图书馆
			云南刻本，明嘉靖四十三年（1564年）刻本。	《四库全书存目丛书》收录
			云南刻本，明嘉靖四十三年（1564年）刻本。	中国科学院图书馆、山东博物馆
			《四库全书存目丛书》影印本	《四库全书存目丛书》
（明）杨文泽	大学衍义会补节略	40卷	佚	
（明）许国	精刻大学衍义补摘粹	12卷	查策刻本，明隆庆元年（1567年）	教育科学研究院、东京大学东洋文化研究所图书馆、普林斯顿大学葛思德东方图书馆
（明）顾起经	大学衍义补要	5卷	众芳书屋刊本，明嘉靖三十七年（1558年）	中央民族大学图书馆、美国哈佛燕京图书馆
（明）徐栻	大学衍义补纂要	6卷	建宁刻本，明嘉靖三十七年（1558）刻本	北京大学、天津图书馆、天津师范大学、江苏图书馆
			明隆庆三年（1569年）刻本	南开大学、天津图书馆、广东社科院
			明隆庆五年（1571年）南昌府知府黄学海重刻本	北京大学、无锡图书馆
			广信府刻本，明隆庆六年（1572年）	国家图书馆、青海民族博物馆（半叶十行二十字，小字双行字同，白口，四周单边，单黑鱼尾，框高19.4厘米）
			张应治等校正本，隆庆年间	国家图书馆、南京大学、南京图书馆

续表

作者	书名	卷数	版本　年份	收藏地
（明）徐栻	大学衍义补纂要	6卷	袁州府刻本，明隆庆六年（1572年）	北京文物局、东京大学东洋文化研究所图书馆
			九江府刻本，明万历元年（1573年）	国家图书馆、北京师范大学、复旦大学、南京市图书馆、浙江图书馆、河南新乡图书馆
			瑞州府刻本，明万历元年（1573年）	天津图书馆
			浙江刻本，明万历五年（1578年）	国家图书馆、延庆市图书馆、清华大学、首都师范大学图书馆、北京文物局、上海图书馆、太原图书馆、延边大学、陕西图书馆、青海民族大学、南京图书馆、安徽博物馆、广东中山图书馆、美国哈佛燕京图书馆
			明末刻本	北京大学图书馆（有朱墨批注）
		4卷	明崇祯间刻本	国家图书馆
		6卷	梅墅石渠阁，陈可先校、聂明弼评	东京大学东洋文化研究所图书馆
			明抄本	台北图书馆
（明）刘元卿	大学广义	2卷	明嘉靖刻本	国家图书馆、《四库全书存目丛书》收录
（明）吴瑞登	皇明绳武编拟续大学衍义	34卷	明万历刻本	北京大学藏明万历刻本，作《皇明绳武编拟续大学衍义》三十四卷，题"汝宁府光州儒学训导臣吴瑞登谨裁"。半叶十行，行二十二字，白口，四周单边。开封图书馆、庐山图书馆收藏
				《四库全书存目丛书》，据此影印
（明）曹璜	大学衍义补概	1卷	明稿本	山东博物馆
（明）孙应奎	大学衍义补摘要	4卷	孙应奎刻本，明嘉靖十二年（1533年）	上海图书馆
			刘氏安正书堂刻本，明嘉靖间	华东师范大学图书馆、美国哈佛燕京图书馆中文善本书
（明）臧继华	大学衍义补编述	2卷	明大雅堂刻本	美国哈佛燕京图书馆、东北师范大学图书馆（九行十八字，白口，左右双边。第五册有"赵藩南乐王图书"一印，书口下题："大雅堂"。六册）
（明）吴从周	父母生之续莫大焉章衍义	28卷	《续修四库全书》第151册所收录的朱鸿《孝经总类》中	《续修四库全书》收藏

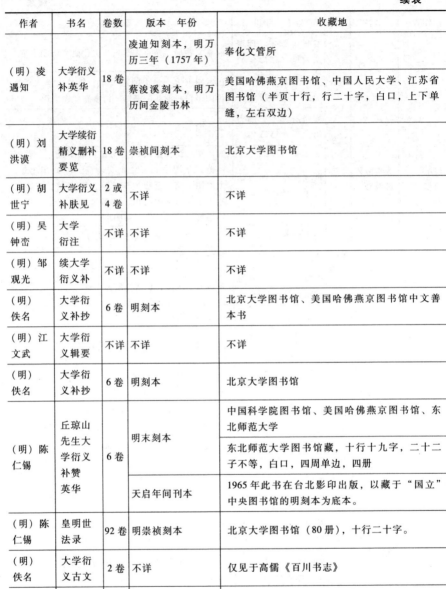

作者	书名	卷数	版本 年份	收藏地
（明）凌遇知	大学衍义补英华	18卷	凌迪知刻本，明万历三年（1757年）	奉化文管所
			蔡浚溪刻本，明万历间金陵书林	美国哈佛燕京图书馆、中国人民大学、江苏省图书馆（半页十行，行二十字，白口，上下单缝，左右双边）
（明）刘洪谟	大学续衍精义删补要览	18卷	崇祯间刻本	北京大学图书馆
（明）胡世宁	大学衍义补肤见	2或4卷	不详	不详
（明）吴钟峦	大学衍注	不详	不详	不详
（明）邹观光	续大学衍义补	不详	不详	不详
（明）佚名	大学衍义补抄	6卷	明刻本	北京大学图书馆、美国哈佛燕京图书馆中文善本书
（明）江文武	大学衍义辑要	不详	不详	不详
（明）佚名	大学衍义补抄	6卷	明刻本	北京大学图书馆
（明）陈仁锡	丘琼山先生大学衍义补赞英华	6卷	明末刻本	中国科学院图书馆、美国哈佛燕京图书馆、东北师范大学
				东北师范大学图书馆藏，十行十九字，二十二子不等，白口，四周单边，四册
			天启年间刊本	1965年此书在台北影印出版，以藏于"国立"中央图书馆的明刻本为底本。
（明）陈仁锡	皇明世法录	92卷	明崇祯刻本	北京大学图书馆（80册），十行二十字。
（明）佚名	大学衍义古文	2卷	不详	仅见于高儒《百川书志》
佚名	大学衍义集要	不详	不详	徐泳《山东通志艺文志订补》著录
佚名	大学衍义补遗	不详	不详	徐泳《山东通志艺文志订补》著录
佚名	大学衍义补删定	不详	不详	徐泳《山东通志艺文志订补》著录

续表

作者	书名	卷数	版本　年份	收藏地
（明）佚名	大学衍义论断	不详	不详	仅见于朱彝尊《经义考》
（明）聂豹	大学衍义补删	不详	不详	仅见于钱谦益《大学衍义补删序》
（清）张能鳞	大学衍义补删	30卷	顺治十三年（1656年）	东京大学东洋文化研究所图书馆，32册
			清初刻本	国家图书馆
			清刻本	国家图书馆
（清）傅以渐	御定内则衍义	16卷	内府刻本，清顺治十三年（1656年）	北京大学、辽宁图书馆、大连图书馆、辽宁大学图书馆、吉林图书馆
			四库全书本	《四库全书》收录
			清光绪间刻本	国家图书馆
			清刻本	上海图书馆、辽宁图书馆、沈阳图书馆、东北师范大学图书馆
（清）叶方蔼等	御定孝经衍义	100卷	四库全书本内刻本，清康熙二十九年（1690年）	《四库全书》收录
				北京大学、北京师范大学、天津图书馆、上海图书馆、复旦大学图书馆、辽宁图书馆、吉林图书馆
			江苏布政使司覆内府刻本，清康熙三十年（1691年）	南京图书馆
（清）陈宏谋	大学衍义辑要	6卷	桂林陈氏培远堂刻本，清乾隆元年（1736年）	《培远堂全集本》、《四库全书存目丛书》、清华大学、黑龙江图书馆、南京图书馆、云南大学图书馆、江苏图书馆、中山大学图书馆（十行，二十二字，白口，四周单边）
			清乾隆元年刻本（1736年）	国家图书馆、上海图书馆、桂林图书馆
			乾隆二年（1737年）刻本	香港中文大学图书馆
			陈氏培远堂刻本，清道光十七年（1837年）	见于王绍曾、崔国光等整理订补《订补海源阁书目五种》一书

续表

作者	书名	卷数	版本 年份	收藏地
（清）陈宏谋	大学衍义辑要	6卷	宝恕堂刻本，清道光二十二年（1842年）	国家图书馆、北京师范大学、天津图书馆、上海图书馆、辽宁图书馆、吉林大学、山东省图书馆藏海源阁书目（行二十一字，白口，左右双边，单黑鱼尾，封面题"道光壬寅孟夏宝恕堂重梓"）、东京大学东洋文化研究所图书馆
			明德堂藏版，清同治四年（1865年）刻本	湖北大学图书馆
			清同治十年（1871年）新刻本	南京图书馆、彭州文物管理所
			合州同善堂重刻本，清同治十年（1871年）	成都图书馆
			章士堂重刊本，清同治十年（1871年）	温江图书馆、成都图书馆
			清光绪刻本	上海图书馆
			清宣统元年（1909年）大学堂铅印本	国家图书馆、吉林大学图书馆、东北师范大学图书馆、天津图书馆
			清刻本	国家图书馆
（清）陈宏谋	大学衍义补辑要	12卷	桂林陈氏培远堂刻本，清乾隆元年（1736年）	国家图书馆、上海图书馆、黑龙江图书馆、江苏图书馆、广东中山大学图书馆（十行，二十二字，白口，四周单边）
			培元堂刻本，乾隆二十八年（1763年）	东京大学东洋文化研究所图书馆、南京图书馆、南京师范大学
			宝恕堂刻本，清道光二十二年（1842年）	《四库全书存目丛书》收藏影印清道光二十二年宝恕堂刻本、国家图书馆、上海图书馆、天津图书馆、辽宁图书馆、吉林大学、南京图书馆、桂林市图书馆、广西师范大学、东京大学东洋文化研究所图书馆、国家图书馆、山东图书馆藏海源阁书目（行二十一字，白口，左右双边，单黑鱼尾，封面题：道光壬寅孟夏宝恕堂重梓）
			道光刻本	桂林图书馆，广西壮族自治区图书馆
			来鹿堂刻本，清道光二十七年（1847年）	国家图书馆、南京图书馆、桂林图书馆、广西壮族自治区图书馆
			赵培桂刻本，清同治五年（1866年）	普林斯顿大学葛思德东方图书馆

续表

作者	书名	卷数	版本　年份	收藏地
（清）陈宏谋	大学衍义补辑要	12卷	合州同善堂刊本，清同治十年（1871年）	成都图书馆
			章士堂重刊本，清同治十年（1871年）	温江图书馆、彭州文物管理所
			大学堂铅印本，清宣统元年（1909年）	国家图书馆、天津图书馆、长春图书馆、吉林大学图书馆、东北师范大学图书馆
			清刻本	国家图书馆、辽宁图书馆
（清）徐桐	大学衍义体要	16卷	清光绪间刻本	国家图书馆、北京大学、上海图书馆、《续修四库全书》收录
			清刻本	天津图书馆、大连图书馆、北京师范大学
			清末刻本	南京图书馆
（清）何桂珍	大学衍义刍言	4卷	不详	不详
（清）强汝询	大学衍义续	70卷	清光绪十二年（1886年）刻本	国家图书馆、上海图书馆、东北师范大学图书馆、南京图书馆
			清刻本	南京图书馆
			文听阁图书影印本	国家图书馆
（清）庆恕	大学衍义约旨	2卷	清光绪二十五年（1899年）刻本	国家图书馆
			清宣统二年（1910年）抄本	辽宁图书馆
夏震武	大学衍义讲授	二本三卷	杨道康东昌刊本，庚申年	浙江省图书馆
佚名	大学衍义摘抄	不分卷	清抄本	中山大学图书馆，二册十二行，字数不一，无格。首页有"天壤阁藏""王懿荣"两阴文篆书朱印

从表2-1分析可知，丘濬《大学衍义补》的影响无疑是最大的。最早有明弘治元年（1488年）建宁府刊本，明清期间多次重刊，流传较广者有嘉靖年间徐栻的《大学衍义纂要》和崇祯五年（1632年）陈仁锡的评点本。朱鸿林博士根据收集到的大量的有关版本的资料，经过研究后指出：迄今为止，该书至少有14个不同木刻版本存世，另外还存有一个明抄本，

节本有 9 个不同木刻版本，仅存 6 个。这些存世的刻本、抄本和节本，大都是孤本善本，而且分散在世界各地，难以见到。从后世征引频率看，《大学衍义补》、陈仁锡《皇明世法录》以及《格物通》三书被征引的指数较高，其影响力也较大。

五　著述者背景的变化

衍义类著述从宋代到明代大都为官员、学者的个人行为，到了清代则有所改变，国家参与了进来。清代两部官修衍义类著作《御定孝经衍义》《御定内则衍义》，直接从道德出发对皇室以及百姓进行规劝，起着化民成俗的作用。官方修撰毕竟是少数，且其动机与目的显而易见，故在此不论。

就私家著述而言，衍义类著述的作者大多信奉理学。元代李好文，其父李凤①，曾跟从乡先生孙曼庆学义理之学，"屏绝金末律赋旧习，而究伊洛之遗书，寒暑不懈。尝煮粥未熟而临卷有得"②。受父亲影响，李好文终身习儒。杨廉，其父杨崇受业吴与弼门人胡九韶，承其家学，崇尚理学。丘濬，"理学名臣"，黄佐在《湘皋集》序中言："成化、弘治间，……琼台丘文庄公起而振之，其积学修辞，直宗子朱子。"③ 清代徐开任的《明名臣言行录》评论丘濬说："国朝大臣律己之严，理学之博，著述之富，无有出其右者。"④ 明人程敏政在《琼台丘先生文集序》中说："盖先生惧学者之无本也，则有《学的》之编；惧学者之不知变也，则有《世史正纲》之作；惧学者之明体而不适于用也，则有《大学衍义》之补。"⑤ 丘濬一生著述丰富，而以《朱子学的》和《大学衍义补》最为后人所知，蒋冕称扬丘濬说："道德文章为天下宗。"⑥ 对丘濬近乎神般敬奉，"尝图先生小影置

---

① 李凤，字翔卿，一字舜仪。
② （元）虞集：《道园学古录》，台湾华文书局，1968，第 1082 页。
③ （明）蒋冕：《湘皋集》，唐振真等点校，广西人民出版社，2001，第 27 页。
④ （明）徐咸：《皇明名臣言行录后集》卷 4，《续修四库全书》第 520 册，上海古籍出版社，1995，第 268 页。
⑤ （明）丘濬：《丘濬集》，周伟民等点校，海南出版社，2006，第 3686 页。
⑥ （明）蒋冕：《湘皋集》卷 20，唐振真等点校，广西人民出版社，2001，第 212 页。

书馆中，朝夕瞻仰，以伸效颦之意"。① 夏良胜，少为督学副使蔡清②所知，曰"子异日必为良臣，当无有胜子者"，遂名良胜。湛若水本身就是与王守仁齐名、影响巨大的理学家，少师事陈献章，学以"随处体认天理"为主旨。王道，从学于湛若水，于家中讲学十多年，明隆庆六年（1572年）创立复礼书院，所论理气心性，无不谛当。刘元卿人称"正学先生"，一生孜孜于理学，正如他在《小引自赞》里说的："不礼释迦，不羡王乔，此泸潇之所以为泸潇，亦泸潇之所以止于泸潇也。"③ 刘元卿的理学思想，在江右王门学派中，占有重要的地位。孙应奎从王守仁讲学，为人谨愿，"如不能言，及居官则镜剖刃断，吏不能欺，势不能屈，而其要卒归于仁厚，故所至人皆畏爱之"。④ 吴钟峦少年时候喜欢读《坛经》，又好讲黄老长生之术，后来在东林书院听了顾宪成的讲学，叹曰："保身养性，取之儒学就可以了，不必远求佛教和道教。"于是拜入东林党门墙，曾师从顾宪成、高攀龙等，治学严谨，专心于濂洛，尤精于《易》，著述甚丰。清代陈宏谋，他学宗朱子，说："诸儒语录，不免偏胜有疵，一经朱子，悉归醇正，有如布帛菽粟，可以疗饥，可以御寒。"⑤ 进而至于宋五子、薛瑄、高攀龙等，沈德潜说："先生深于学问，一生手不释卷，研穷宋五子之奥义，远绍薛文清、高忠宪之薪传。"⑥ 对王学则有所批评，他说："明王文成（阳明）复倡良知之说，其弊与陆子静同。夫专提良知，未免偏于

---

① （明）蒋冕：《湘皋集》卷22《琼台先生丘公小像赞》，唐振真等点校，广西人民出版社，2001，第546页。

② 蔡清（1453~1508年），字介夫，别号虚斋，福建晋江人。31岁中进士，累官至南京文选郎中、江西提学副使，著名理学家。他治学严谨，在床边设置烛台，凡与学生讲论的问题，临寐前反复思考，若有所得即起床，点灯记录备忘。因积劳成疾，年56岁而逝。他花一生心血，力学六经、诸子及史集等书，对理学家程颢、程颐、朱熹等人的著作，研读尤精。他在泉州开元寺结社研究《易》学，李廷机、张岳、林希元、陈琛等都是其中的成员，该社有28人，号称"清源治《易》二十八宿"。他们出版论著达90多部，所以当时人称"今天下言《易》都皆推晋江。成、宏间，士大夫谈理学，唯清尤为精诣"。蔡清在泉州成为研究理学的中心人物，且形成清源学派，其影响遍及全国，是明代理学的代表人物。蔡清主要是继承朱熹的学说，著《四书蒙引》以捍卫朱熹的学说。在他的力倡下，朱熹的《四书集注》成为明、清时期以经术取士的科举考试的标准答案。

③ （清）李其昌：《莲花厅志》，清同治四年本。

④ （明）过庭训：《本朝分省人物考》卷90，明天启刻本。

⑤ （清）徐世昌编《清儒学案》卷64《寄家圣泉法书》，舒大刚等点校，人民出版社，2010，第1679页。

⑥ （清）陈宏谋：《文恭公文集》，乾隆三十年吴门穆大展局刻本。

知而略于行。即添致字以补行字工夫，毕竟重知而轻行。将一切学问、博学、审问、择善、固执、多见多闻工夫，看作支离骛外之事。其徒相传，竟至专重尊德性，不重道问学。在阳明，有学术、有事功，不愧有用之道学，本非禅学，而久之将入于禅也。"[1] 一生谨守理学，以理学为学术基础来解决时代问题，为官也颇有政绩，故被后世视为"大儒""理学名臣"。何桂珍崇尚程朱理学，师从倭仁，在京与李棠阶、倭仁、邵懿辰、曾国藩、吴廷栋等形成了讲求理学的学术团体，"于朱陆异同辨最晰。又以己意增辑西山真氏《大学衍义》"。[2]

再从作者身份而言，有经筵讲官经历者居多，他们模仿《大学衍义》体例，并投以经世情怀，他们大多希望正君心而致治。元至正十年，元顺帝诏命太子爱猷识理达腊习学汉人文书，李好文受命以翰林学士兼谕德，教授太子。为教育太子，李好文著《端本堂经训要义》，这显然具有引导、养成之意。明成化二十三年（1487年）十一月，丘濬奏上《大学衍义补》。早在明成化十三年（1477年），丘濬在任经筵讲官时，就萌发了纂写《大学衍义补》的愿望。明孝宗嗣位，丘濬乃表上其书，含有以备顾问之意，皇帝奖谕有加，诏誊副本发福建布政司着书坊刊行，丘濬乃特进礼部尚书，掌詹事府事。杨廉曾做过经筵讲读，其《大学衍义节略》上于他致仕之前，有奉劝之意。湛若水《格物通表》：

> 谨采五经、诸子史及我圣祖圣宗格言大训，疏解成帙，名曰《圣学格物通》，谨进上闻者。……是以固避夫位远言亲之嫌，必致其迪德、沃心之恳。况乎位有崇卑，而臣子之心则一。乃臣旧忝讲官，而忠爱之念不忘者哉！臣闻帝王之治本乎道。……此臣所以不辞夫四载编摩之劳，必尽其一心，夙夜之瘁，竭精毕神，刳心勠力，而欲效愚于圣德，庶有裨于涓埃也。[3]

胡世宁在明嘉靖四年（1525年）时担任兵部左侍郎，除了建议办理边防事务之外，他还针对嘉靖皇帝迷信方士、滥用药物的习惯进行劝诫，并

---

① （清）陈宏谋：《学仕遗规》卷1，民国三十二年排印本。

② （清）李元度：《国朝先正事略》，易孟醇点校，岳麓书社，2008，第860页。

③ （明）湛若水：《泉翁大全集》，洪垣校刊，明嘉靖十九年刻，万历二十一年修补本。

且从四书五经中摘编了讲义三章，成《大学衍义补肤见》（散佚），献于嘉靖四年。①

地方官或出于对时局的忧虑而作，或为地方士人读书而作，这个趋势在清代尤为突出。前者如徐栻《大学衍义补纂要》，成书于 1557 年，刘佃序作于 1558 年，"君起家名进士，侍御南台，以直意忤。时丁巳冬，商推建州。公暇，相与商确，古今筹画、实务谈次。偶出是帙以示予"。② 刘元卿几次科举不中，回到家乡，研究理学，收徒讲学，著有《大学广义》。此外，王启的《大学稽古衍义》、王诤的《大学衍义通略》、江文武的《大学衍义辑要》、黄训的《大学衍义肤见》、顾起经的《大学衍义补要》、邹观光的《续大学衍义补》、杨文泽的《大学衍义会补节略》、凌迪知的《大学衍义补精华》、程诰的《大学衍义补会要》、吴从周的《父母生之续莫大焉章衍义》等皆为因时顺势之作，包括蔡士英③的《大学衍义补删》，陈宏谋的《大学衍义辑要》《大学衍义补辑要》。

第二节　衍义著述在形式上的变化

从大的方面看，《大学衍义》所创立的纲目结构虽被后世衍义作品所继承，而其在细目、引文范围、内容多寡等方面有所调整变化。

一　衍义类著作分类

首先，表 2-1 所列衍义类作品，从发展的类型上看，主要可以分为以下两类。

第一类是沿袭《大学衍义》体例，继续衍《大学》，其中有续作，如明代丘濬的《大学衍义补》，认为《大学衍义》止于格致诚正修齐，而阙治国平天下之事，于是广征博引经史子集，大力敷衍治国平天下之事，加

---

① （明）过庭训：《本朝分省人物考》卷 43，明天启刻本。
② （明）徐栻：《大学衍义补纂要》，明刻本。
③ （清）蔡士英（？~1675 年），字伯彦，号魁吾，辽东锦州人，官至兵部尚书，谥襄敏，《清史稿》有传。

上按语，100 卷。湛若水《格物通》100 卷，体例略仿《大学衍义》，以致知并于格物，而以格物统贯诚意正心、修身齐家、治国平天下六条。又如吴瑞登《皇明绳武编拟续大学衍义》，其例一依真德秀《大学衍义》，凡四大纲：一曰格致、二曰诚正、三曰修身、四曰齐家，为目十有二，又分子目五十。不过，在征引上，多用当朝史实代替历史，用近规代替古训。

第二类是以《大学衍义》的体例去衍义其他著作、篇章，这说明衍义体例已经盛行，征引有关经训，参证史事，旁采先儒之论以明法戒，而加以按语阐述己意，成为一种新的阐释经典的体例，如明代夏良胜《中庸衍义》，依《大学衍义》体例，"自性、道、教、达道、达德、九经、三重之属，一一援据古今，推广演绎。至于崇神仙、好符瑞、改祖制、抑善类数端，尤究极流弊，惓惓言之，盖皆为世宗时事而发"。① 陈仁锡的《皇明世法录》，无不是模仿真德秀《大学衍义》和丘濬的《大学衍义补》撰写而成。该书记述明代典章制度，其中记述明代弘治以后政治经济大事尤详。吴从周《父母生之续莫大焉章衍义》，推衍父母生之一章。《御定孝经衍义》一百卷，"体例全仿真德秀《大学衍义》，首冠以《衍经之序》《述经之旨》二篇，不入卷数。次衍至德之义，以五常分五子目；次衍要道之义，以五伦分五子目；次衍教所由生之义，以礼乐政刑分四子目；次天子之孝，以爱亲、敬亲为纲，爱亲分子目十二，敬亲分子目十四；次诸侯之孝分子目四；次卿大夫之孝分子目五；次士之孝分子目四；次庶人之孝分子目三；亦皆以爱亲、敬亲为首；末二卷以大顺之征终焉"。② 《御定内则衍义》十六卷，其序曰："以《礼记·内则》篇为本，援引经史诸书，以左证推阐之，分八纲三十二子目。……盖正其家而天下正，天下各正其家，而风俗淳美，民物泰平，故先王治世必以内政为本也。"③ 除了阐释经书外，在元明时期，还出了一些对子书、集部之书的衍义，如赵良的《金匮衍义》、张性的《杜律演义》、耿定向的《小学衍义》等。④ 衍义发展到最后，文体学意义上的衍义体概念就越来越清晰了。

其次，从性质上分析，又有著述类和节略、删节之别，而以节略居

---

① （明）夏良胜：《中庸衍义》卷首，文渊阁四库全书本。
② （清）官修《御定孝经衍义》，文渊阁四库全书本。
③ （清）官修《御定内则衍义》，文渊阁四库全书本。
④ 参见杨绪容《明清小说的生成与衍化》，复旦大学出版社，2017，第 73 页。

多。宋明以来，《大学衍义》《大学衍义补》二书流传甚广，版本众多，其仿作也甚多；且《大学衍义》《大学衍义补》篇幅巨大，文字繁多，不易诵读，因此有多种节本或述本行世，正如庆恕《大学衍义约旨序》所说：

> 宋真德秀、明丘濬作《大学衍义》，摭拾经史诸子之言以推广之，洵所谓无体不立，无用不宏矣。自天子以至于公卿大夫士，皆奉此书以为淑身淑世之规也，第卷帙太繁，披阅者往往读未终篇，即苦其难而置之高阁。因思道以守约为善，撮其大旨，得文五十八篇，命之曰《约旨》。俾读《大学衍义》者先悟其要领，然后再取全书而读之，庶无望洋兴叹之虞矣。[1]

刘元卿《大学广义》、杨廉《大学衍义节略》、陈宏谋《大学衍义辑略》等是真德秀《大学衍义》的删节本。《大学衍义补》的节略、删节本更多。

二　结构上的调整

就纲目而言，大多数衍义类著作的纲目都是在《大学衍义》和《大学衍义补》的基础上删改增补而成，而其他的衍义类著作也极力向《大学衍义》的纲举目张的结构靠拢，它们都没有完成真正意义上的突破。

第一，遵循衍义体例之作，又可分为删节、辑要之作和沿用体例的推衍之作。宋明以来，《大学衍义》《大学衍义补》二书流传甚广，版本众多。其仿作也甚多；且《大学衍义》《大学衍义补》，特别是《大学衍义补》，卷帙浩繁，难以卒读，于是一些节略、节本、述本、辑要之作应运而生。陈宏谋在《大学衍义辑要》《大学衍义补辑要》中言：

> 《大学衍义》四十三卷今纂成六卷，《大学衍义补》原著一百六十卷今纂成十二卷，以原书之大纲领分卷其条件悉如原目，所引经史子传疏议则于各门类中分次前后。……兹编所采六经诏诰俱照原本全

---

① （清）庆恕：《大学衍义约旨》，清光绪二十五年刻本。

录，其史传之言以限于卷帙故一篇一段之中间或删繁就简。两先生之论断，亦稍节之，文理务取明顺、血脉必期贯通，未尝裂割混淆以失庐山面目。①

庆恕也说：

《大学》一书，乃全体大用之学，圣贤本此学以立教，帝王本此学以出治，儒生即本此学以成材也。宋真德秀、丘濬作《大学衍义》，摭拾经史诸子之言以推广之，洵所谓无体不立，无用不宏矣。自天子以至公卿大夫士，皆奉此书以为淑身淑世之规也。第卷帙太繁，披阅者往往读未终篇，即苦其难而置之高阁。因思道以守约为善，撮其大旨，得文五十八篇，命之曰《约旨》。俾读《大学衍义》者先悟其要领，然后再取全书而读之，庶无望洋兴叹之虞矣。②

所谓节略、辑要，其在纲目上与《大学衍义》或《大学衍义补》几乎完全相同，依照删繁就简的原则，删去按语、诸儒之言和一些史实，如杨廉《大学衍义节略》，删去大量征引，把真德秀的按语替换为自己的，以卷二"汉高文武宣帝之学"为例，删去了周敦颐、朱熹等人言语，只保留了先儒胡宏的言论，最后加上自己的按语：

臣廉窃谓文帝鬼神之问，此大学格物致知之事也。唐人李商隐有诗讥之，正坐不知大学之道耳。③
今日愚臣乃惧其多而妄有节略之举，既简矣，而简之至则本于一心；亦约矣，正坐不知《大学》之道耳。④

刘元卿的《大学广义》是截取真德秀《大学衍义》而成，内容有四：

---

① （清）陈宏谋：《培远堂文集》卷1《大学衍义辑要大学衍义补辑要序》，民国三十二年排印本。
② （清）庆恕：《大学衍义约旨》，清光绪二十五年刻本。
③ （明）杨廉：《杨文恪公文集》卷2，明刻本。
④ （明）杨廉：《杨文恪公文集》卷42，明刻本。

一为广明德、亲民、止至善，分民亲、止善、本仁、孝弟慈四目；二为广正心、诚意，分尊心、闲道、放意三目；三为广修身、齐家，分太子、后妃、外戚、中官四目；四为广治国、平天下，分用人、理财二目。其相对于一般的删节本而言，特点在于"附益明初诸事"，不再光从古代吸取经验教训，更从当下获取道理。如《尊心》篇"无逸"主题下，刘元卿按洪武年间朱元璋对《无逸》篇的理解，诠释治理国家"动而兴，逸而废"，接着又按弘治年间重视视朝事等来劝君勤勉为政，等等。

清代徐桐《大学衍义体要》完全继承了《大学衍义》的二纲八条目框架，其《大学衍义体要凡例》说："一、《大学衍义》原编十三卷，今辑成十六卷，至前列二纲后分四目及纲目中各分细目悉仍其旧，所引经传子史疏义亦如原编，分次前后。"① 删去的是史部、子部等书籍的引用内容，"真氏原书所载经传子史皆有注释，今臣所辑，量从删节，其易解者则全省之，六经本文本句下解注，概从其略。史传中有为真氏所解注者，仍并载于本文本句之下"。②

清代陈宏谋《大学衍义辑要》在处理"《尧典》：曰若稽古，帝尧曰放勋。钦明文思安安，允恭克让，光被四表，格于上下，克明俊德，以亲九族"条时，保留了"钦，敬也"，且把注释置于原文中，随文注释，增加了真氏文中没有的"文，英华之发"，对真氏文中"思，去声"进一步解释了他的含义："思，意虑深远"，其余注释和"臣按"部分全删。第二条"皋陶谟"之臣按部分，如《大学衍义体要》把《大学衍义》"臣按：皋陶陈谟首重修身，盖君身天下国家之本，而谨之一言，又修身之本也。九族吾之屏翰也，众贤吾之羽翼也（增加'笃叙'）劝励"以下概括为"则国与天下由此可推"，最后接上《大学衍义》此条的最后一句"《中庸》九经之序，其亦有所祖欤"。第三条"伊尹作《伊训》"条，注释部分保留"罔不在初"条，并有自己的发挥，把原注释"初谓即位之初立"变为"欲继成汤之德当在嗣位之初"。臣按部分，采用节要概括形式，改为"臣按：此即齐家治国平天下之序也。成汤盖躬行之，故伊尹举之以训太甲。亲长者爱敬之本，家国天下由此而推耳"。③ 第四条"诗《思齐》

① （清）徐桐：《大学衍义体要》，清光绪年间刻本。
② （清）徐桐：《大学衍义体要》，清光绪年间刻本。
③ （清）陈宏谋：《大学衍义辑要》，民国三十二年排印本。

之二章"条，删去全部的注释，而按则节要为"臣按：当时（陈增加）后妃有躬俭节用之德，公子皆信厚，王姬亦肃雍，则化行于家矣。中林武夫莫不好德，汝坟妇人勉夫以正，则化行于国矣。尧典若出一揆，帝王无异道也"。① 第五条《易·家人》"象曰"这一条全部删去注释和按语，只保留了经文本身。另外，在经文后，以双行小字形式附以自己的解释："言反身者欲人君严于自治言动不苟非以猛暴为威也。"② 第六条"大学之道全章"，删去经文内容部分。按语部分删去了"发前圣未言之蕴，示学者以从人之涂，厥功大矣"句。③ 第七条"中庸""凡为天下国家有九经曰修身也"三节，删去吕大临之言，删去朱熹之言，节要真德秀的按语。卷一《大学衍义补辑要》"治国平天下之要"之"正朝廷"之"总论朝廷之正"，删去"臣按"，删去朱熹之言，删去吴澄之言，保留郭雍和苏辙之言。第三条"大禹谟嘉言罔攸伏，野无遗贤，万邦咸宁"，仅录经文。第七条"洪范次三曰农用八政"条，删去蔡沈之言，节要"臣按"部分。

《泳斋近思录衍注》之"衍"继承了真德秀《大学衍义》的体例，其以《近思录》所列为纲，旁征博引程朱等人之说以敷衍，最后以按语形式附以己意。如"濂溪先生曰无极而太极。（杨伯嵒据）晦翁曰：上天之载无声无臭，而实造化之枢细品汇之根柢也，故曰无极而太极，非太极之外复有无极也"。④ 李好文说："欲求二帝三王之道，必由于孔氏其书，则《孝经》、《大学》、《论语》、《孟子》、《中庸》乃摘其要略，释以经义，又取史传及先儒论说有关治体而协经旨者，加以所见，仿真德秀《大学衍义》之例为书，十一卷名曰《端本堂经训要义》。"⑤ 明代吴瑞登的《皇明绳武编续大学衍义》，仿《大学衍义》，为要四，为目十有二，为条件五十，为卷三十有四。

夏良胜在《中庸衍义序》中，说：

> 臣不揣荒陋，僭有是编，纲目虽具，义例罔修，撮经摘史，列传

---

① （清）陈宏谋：《大学衍义辑要》，民国三十二年排印本。
② （清）陈宏谋：《大学衍义辑要》，民国三十二年排印本。
③ （清）陈宏谋：《大学衍义辑要》，民国三十二年排印本。
④ （宋）杨伯嵒：《泳斋近思录衍注》卷1，宋刻本，第1页。
⑤ （明）宋濂等撰《元史》卷183，清乾隆武英殿刻本，第1948页。

注论，断而折衷，以圣祖文皇之懿训，盖窃比于德秀之书，而附益以大防之义也。①

《中庸衍义》结构如下。

卷一　天命之性之义
正性之原　论性之弊
卷二　率性之道之义
传道之统　体道之要　衍道之实　明道之功　害道之防　杂道之辨
卷三　修道之教之义
立教之本　敷教之则　垂教之典　章教之风　尊教之制　异教之流
卷四　致中和之义
中和之极　协和之征　修和之诚　庆和之咎
卷五　达道之义
君臣之常　君臣之变　君臣之戒
卷六　达道之义
父子之常　父子之变　父子之戒
卷七　达道之义
夫妇之法　夫妇之戒
卷八　达道之义
兄弟之法　兄弟之戒　朋友之法　朋友之戒
卷九　达德之义
临知之法　任知之戒　施仁之法　贼仁之戒　昭勇之法　矜勇之戒
卷十　九经之义
修身　尊贤　亲亲
卷十一　九经之义

①　（明）夏良胜：《中庸衍义》，文渊阁四库全书本。

敬大臣　体群臣　子庶民

卷十二　九经之义

来百工　柔远人　怀诸侯

卷十三　诚明之义

治己之诚　应物之诚　自知之明　知人之明

卷十四　三重之义

因革之礼　郊祀之礼　宗庙之礼　朝廷之礼　正乐之礼

卷十五　三重之义

命官之制　审刑之制　田赋之制　兵戎之制　崇勋之制

卷十六　三重之义

经济之文　词翰之文

卷十七　平天下之义

创业之治　守成之治　中兴之治　经常之治

这些目和子目一起构成了一个网状的结构，把《中庸》的主要思想网络其中。

陈仁锡合刻过真德秀《大学衍义》及丘濬《大学衍义补》，故受二书影响和启发，而作《皇明世法录》。《皇明世法录》也是仿《大学衍义》和《大学衍义补》的体例。在体例的划分上，《皇明世法录》主要体现为以事系目、以事明目，分"维皇建极""悬象设教""法祖垂宪""裕国恤民""制兵救法""浚河利漕""冲边严备""沿海置防""奖顺伐衅""崇文拔武"十目，在目下再分子目，整个框架纲目并举，一目了然，而略有调整，其序说：

> 仁锡既心契衍义二书，乃加雠订而合刻之，犹恨昭代之典故未详，使人证于古而略于今，睹嘉言善行之无遗，而忽圣祖、神宗之猷烈，晓然于累千万世之得失理乱之迹，而贸贸于三百年来朝廷官府之务，虽云博洽，终惭实践，是以辄不自揣，略仿二氏之意，考明旧章而推广之，著为《皇明世法录》。①

---

① （明）陈仁锡撰、吴相湘主编《皇明世法录》，台湾学生书局，1965，第 7 页。

另一方面，陈仁锡认为《大学衍义》《大学衍义补》二书证古而略今，故希望能弥补这一缺陷，所以在材料的选取上《皇明世法录》是以明旧章为主。《大学衍义》从经史诸子议论中选取材料，并附有自己的按语，而《皇明世法录》只选取了明代旧章旧典且无自己按语，所以《皇明世法录》虽然在体例上略仿《大学衍义》，但从"时远势殊，政由俗异"出发，搜罗了起自明太祖，终至明神宗，有关礼乐、历象、海防、水利等明代典章制度，论证了明朝先祖所创立的优良机制已经不符合当下的时势，目前的经世之术当作用于当下的观点。

清代官方修订的《孝经衍义》载：

> 朕缵承先志，诏儒臣搜讨编辑，仿宋儒真德秀《大学衍义》体例，征引经史诸书以旁通其说。①

《孝经衍义》主要分为"衍至德之义""衍要道之义""衍教所由生之义""天子之孝""诸侯之孝""卿大夫之孝""士之孝""庶人之孝""大顺之征"。《内则衍义》每一目下，又有若干细目，构成了一个纲目结构，以《礼记·内则》篇为本，援引经史诸书以佐证，推阐之。分八目三十二子目，八目分别为"孝之道""敬之道""教之道""礼之道""让之道""慈之道""勤之道""学之道"，选取了由明洪武至隆庆年间的史实，再主要按照"史实+按语"的方式进行编纂，偶尔间杂点诸子言论。

第二，纲目上有一些调整的衍义之作。湛若水的《格物通》以"格物"来统贯《大学》其他条目，他解释说：

> 夫学莫贵于知约，知约然后可以尽博也。是故挈裘者先挈其领，则其裳可理；举网者先举其纲，则其目可张，夫物则亦有然者矣，而况圣人之学乎？是故臣今《纂要》之录亦一书之纲领也。②

《纂要录》主要汇集了各格的小序、目，以及所引之书、主要内容等，

---

① （清）官修《清文献通考》卷225《经籍考》，文渊阁四库全书本。
② （明）湛若水：《泉翁大全集》，洪垣校刊，嘉靖十九年刻，万历二十一年修补本。

湛若水希望"先览于此录,则顷刻之间可了一书之大指,然后随日逐条以尽书中所载之经训子史及祖宗圣制,而随处体认、开发涵养以自得焉"。①《纂要录》实际上就是《格物通》的一个详细目录。作为此书的纲领,其与《大学衍义》的"二纲"不同。另外,湛若水在每格之前都撰有一个小序,这个小序把此格统摄于"格物"之下,同时也对此格内容、目的做一个简要的说明,如《诚意格》下的小序:

> 臣若水序曰:……诚意何以言格物也?程颐曰:"格者至也,物者理也,至其理乃格物也。"至也者,知行并进之功也,于意焉而至之也,至其意之理也。是故审几也,立志也,谋虑也,感应也,儆戒也,敬天也,敬祖考也,畏民也,皆意之事也。人主读是编焉,感通吾意之理,念念而知于斯,存存而行于斯,以有诸己,则格物之功庶乎于诚意焉而尽之矣。②

这则小序说明了为什么"诚意"也属于"格物",另外,于此格下分审几、立志、谋虑、感应、儆戒、敬天、敬祖考、畏民八目,并道出了撰写的意图。由于《格物通》的创作意图在于宣传自己的学说,所以相对于其他衍义类著作"条目+诸子言论+自己按语"的创作体例,《格物通》全书基本上采用"条目+自己按语"的体例,其宣扬自己心学学说的意图十分明显。四库馆臣说:"体例略仿《大学衍义》,以致知并于格物,而以格物统贯诚意、正心、修身、齐家、治国、平天下六条。"③

第三,合《大学衍义》《大学衍义补》二书之目以成书。明代徐栻的《大学衍义补纂要》对丘濬《大学衍义补》在大目上有较大变动,其分为六卷,把丘濬卷首"诚意正心之要"和"治国平天下"之"正朝廷"作为卷之一,"诚意正心之要"删去分条目"审几微",下面的四条分条目则完全相同。"治国平天下之要"下删去分条目"正朝廷",直接把"总论朝廷之政"与五分条目合在一起,成"治国平天下"之下的五分条目。从卷二到卷六则以吏科、户科、礼科、工科、刑科和兵科六目统领。这样的

---

① (明)湛若水:《泉翁大全集》,洪垣校刊,嘉靖十九年刻,万历二十一年修补本。
② (明)湛若水:《泉翁大全集》,洪垣校刊,嘉靖十九年刻,万历二十一年修补本。
③ (清)永瑢等撰《四库全书总目提要》,清乾隆武英殿刻本。

分目看似完全不同丘氏体例，细分析之，则源出于丘氏。"吏科"相当于丘氏的"正百官"目，"户科"相当于丘氏的"固邦本"目，"礼科"相当于丘氏的"明礼乐"和"崇教化"，"工科"相当于丘氏的"备规制"，"刑科"相当于丘氏的"慎刑宪"，"兵科"相当于丘氏的"严武备""驭夷狄"，而最后删去丘氏的"成功化"一目。这样整合而以部门名统领，意思更显豁。其具体条目如下：

卷之一　诚意正心之要

谨理欲之初分　察事几之萌动　防奸萌之渐长　炳治乱之几先

治国平天下之要

总论朝廷之正　正纲纪之常　定名分之等　公赏罚之施　谨号令之颁　广陈言之路

吏科凡十一条

总论任官之道　定职官之品　颁爵禄之制　敬大臣之礼　简侍从之臣　重台谏之任　清入仕之路　公铨选之法　严考课之法　崇推荐之道　戒滥用之失

卷之二　户科凡二十二条

总论固本之道　蕃民之生　制民之产　重民之事　宽民之力　悯民之穷　恤民之患　除民之害　择民之长　分民之牧　询民之瘼　总论理财之道　贡赋之常　经制之义　市籴之令　铜楮之币　山泽之利　征榷之课　傅算之籍　鬻算之失　漕輓之宜　屯营之田

卷之三　礼科凡二十一条（注：删去丘氏"明礼乐"分目之"家乡之礼"、"秩祭祀"分目之"祭告祈祷之礼"和"崇教化"分目之"躬孝悌以敦化"一目，余则相同）

总论礼乐之道　礼仪之节　乐律之制　王朝之礼　郡国之礼　总论祭祀之礼　郊祀天地之礼　宗庙缟祀之礼　国家常祀之礼　内外群祀之礼　释奠先师之礼　总论教化之道　设学校以立教　明道学以成教　本经术以为教

卷之四

一道德以同俗　崇师儒以重道　谨好尚以率民　广教化以变俗　严旌别以示劝　举赠谥以劝忠

工科凡八条（注：删去丘氏"备规制"下的"宫阙之居""囿游之设""玺节之制""宝玉之器""工作之用""章服之辨""胥隶之役""邮传之置""道途之备"分目，这一目删得最多）

都邑之建　城池之守　冕服之制　舆卫之仪　历象之法　图籍之储　权量之谨　营建之役

卷之五　刑科凡十四条

总论制刑之义　定律令之制　制刑狱之具　明流赎之意　详听断之法　议当原之辟　顺天时之令　谨详谳之议　伸冤抑之情　慎眚灾之赦　明复雠之义　简典狱之官　存钦恤之心　戒滥纵之失

兵科凡二十四条（注：删去了丘氏"驭夷狄"目下的"慎德怀远之道""列屯遣戍之制"两目）

总论威武之道　军伍之制　官禁之卫　京辅之屯　郡国之守　本兵之柄　器械之利　牧马之政　简阅之教　将帅之任

卷之六

出师之律　战陈之法　察军之情　遏盗之机　赏功之格　经武之要　内夏外夷之限　译言宾待之礼　征讨绥和之义　修攘制御之策　守边固围之略　四方夷落之情　劫诱穷黩之失　圣神功化之极

庆恕《大学衍义约旨》整合《大学衍义》《大学衍义补》二书体例，"撮其大旨，得文五十八篇，命之曰约旨"。① 不过，"帝王为学之本"删掉了分条目"尧舜禹汤文武之学""商高宗周成王之学""汉高文武宣之学""汉光武明帝唐三宗之学""汉魏陈隋唐数君之学"。"诚意之要"新增分条目"察幽独"一目，以下则采用丘濬体例，删去"秩祭祀""崇教化"二目，总为十目，而每一目下的分条目又对丘氏的分条目有所整合、删除，现详叙如下。

"正朝廷"一目删去总论，而把四个分条目整合为"纲纪名分之肃""赏罚号令之严""纳谏求言之益"三条目。

"正百官"一目删去总论和"敬大臣之礼""崇推荐之道""戒滥用之失"三分条目，整合其他七条目，而成"职官爵禄之制""简授铨选之

---

① （清）庆恕：《大学衍义约旨》，光绪二十五年刻本。

公”“入仕出身之正”“考功纠过之严”四条目。

“固邦本”删去总论，把丘氏十个分条目直接整合为“教稼劝桑之事”“救荒恤患之方”“除害安民之政”“轻徭宽役之条”四条目。

“制国用”一目删去总论和“经制之义”“屯营之田”两分条目，整合丘氏八分条目，而成“田赋市货之征”“陆埠海关之税”“盐课茶科之规”“铜币银币之法”四条目。

“崇礼教”一目整合丘氏“明礼乐”和“崇教化”二目而来，删去“总论礼乐之道”“总论教化之道”，整合成“礼制乡国之殊”“乐律古今之异”“国家祭祀之典”“学校教化之方”四条目。

“备规制”目删去“宝玉之器”“工作之用”“胥隶之役”“邮传之置”“道途之备”分条目，整合而成“城池宫关之制”“冠冕服章之制”“历象舆图之制”“度量权衡之制”四条目。

“慎刑宪”目删去总论以及“顺天时之令”“慎眚灾之赦”“明复雠之义”“简典狱之官”“存钦恤之心”“戒滥纵之失”分条目，整合其余而成“详定律令之书”“谨制刑狱之具”“默参听断之法”“明伸冤抑之情”四条目。

“严武备”目删去总论以及“宫禁之卫”“京辅之屯”“郡国之守”“本兵之柄”“牧马之政”“察军之情”“遏盗之机”“赏功之格”“经武之要”等分条目，整合而成“精选将帅之才”“严定军伍之制”“教练战陈之法”“备诸器械之利”四条目。

“驭夷狄”删去“内夏外夷之限”“列屯遣戍之制”“四方夷落之情”“劫诱穷黩之失”分条目，整合而成“总论怀畏之法”一分条目。

“成功化”目，同丘氏一样只有一分目“终言功化之极”。

王诤《大学衍义通略》① 一书就是整合《大学衍义》《大学衍义补》二书而成，采用概括义理和整合卷次相结合的手段删繁就简，“西山《衍义》旧四十卷今为十卷，《衍义补》旧一百六十卷今为二十卷”②，以卷一“帝王为治之序”为例，原文第一条“尧典曰若稽古”，减去“自鸿荒以来，……其有成功也”。删去“为人君者，……思则长存而不放”，接下来

①　（明）王诤：《大学衍义通略》，载《四库全书存目丛书》，云南刻本。

②　（明）王诤：《大学衍义通略》，载《四库全书存目丛书》，云南刻本。

删去"然后以亲亲贤贤二者继之",接下来改动原文为"二者"改为"亲亲贤贤"。又卷十一"正纲纪之常"(《大学衍义补》为卷二)第一条"礼记曰:圣人作为,父子君臣以为纪纲,纪纲既正,天下大定"删去丘氏按语。第二条"汉匡衡曰"条,删去"详见前编"四字,删去丘氏按语。第三条"书五子之歌"条,删去"太康逸游失其国",附以自己的话"纲纪二字并言始见于此",删去蔡沈之言和丘氏按语。第四条"诗大雅棫朴"条,删去朱熹之言和丘氏按语,删去"假乐之诗曰威仪抑抑"条。

刘洪谟《大学续衍精义删补要览》一书,"合宋臣真德秀所著《大学衍义》四十三卷,暨明臣丘濬所著《大学衍义补》一百六十卷,详加续衍"①。第一卷到第六卷"帝王为治之序""帝王为学之本""帝王格物致知之要""帝王诚意正心之要""帝王修身之要""帝王齐家之要"完全是《大学衍义》的框架,第七卷到第十八卷"帝王治国平天下之要一""帝王治国平天下之要二正百官""帝王治国平天下之要三固邦本""帝王治国平天下之要四制国用""帝王治国平天下之要五明礼乐""帝王治国平天下之要六秩祭祀""帝王治国平天下之要七崇教化""帝王治国平天下之要八备规制""帝王治国平天下之要九慎刑宪""帝王治国平天下之要十戒武备""帝王治国平天下之要十一驭夷狄""帝王治国平天下之要十二成功化",把丘濬"正朝廷"一目整合到了"总论朝廷之政"中,同时删去了真氏、丘氏二书所有的分条目。"于二书所述之经,精为衔绎,不相沿袭;于二书所述诸史、诸臣之言,第撮其要;于真书所未详之宋事,略为补入;于丘书所未及正、嘉以后诸大事,亦略为补入。"②

对衍义著作而言,"目"的调整最突出的表现为以"六部"为"目"的出现,如徐栻的《大学衍义补纂要》以及不知名作者的《大学衍义补抄》,它们在"诚心正意之要""治国平天下之要"之后,都以"吏部""户部""礼部""工部""刑部""兵部"为目,这种现象滥觞于《大学衍义补》,就目的、功用而言,《大学衍义补》中的"正百官"相当于"吏部","固邦本"相当于"户部","明礼乐""秩祭祀""崇教化"相当于"礼部","备规制"相当于"工部","慎刑宪"相当于"刑部",

---

① 山右历史文化研究院编《山右丛书初编》,上海古籍出版社,2014。
② 山右历史文化研究院编《山右丛书初编》,上海古籍出版社,2014,第 434 页。

"严武备""御外蕃"相当于"兵部"。六部目的出现，是对《大学衍义补》目的继承和发展，同时也表明明代的衍义类著作的作者认识到制度建设的重要性，强调君臣间的共同协作，认为只有各个部门分工合作，一个国家才能治理得好。

第四，全新调整。一些标目续作、补作的衍义著述，纲目上做了全新的调整，这类作品以丘濬《大学衍义补》为代表。丘濬本人非常重视《大学》一书，他在《〈大学衍义补〉原序》中说：

> 臣惟《大学》一书，儒者全体大用之学也。……圣人立之以为教，人君本之以为治，士子业之以为学，而用以辅君。是盖六经之总要，万世之大典，二帝三王以来，传心经世之遗法也。①

他也曾在《进〈大学衍义补〉表》说：

> 窃观《衍义》之四要，尚遗治平之二条，虽曰举而措之为无难，不若成而全之为尽善。况有其体，则有其用。既成乎己，当成乎人。理固无一之可遗，功岂有一之可阙？善法不能以徒举，本末则贵乎兼该。每当翻阅之时，辄起编辑之念，顾一人之见闻有限，而天下之事体多端，居一室而料度乎四方，据己私而折衷乎众务，亦固知其不可。犹强为其所难，是盖一念区区报国之忠，抑亦平生孜孜为学之志。是以顿忘下贱，僭效前修，岂不知妄拟非伦，窃亦欲薄陈所见。念惟天下之大，其本在于一身，人心之微，其用散于万事。一物有一物之用，一方有一方之宜。所以化之者，固本于身；所以处之者，各有其道。事皆有理，必事事皆得其宜；人各有心，须人人不拂所欲。伊欲处之，适当其可；必先讲之，务尽其详。考古以证今，随时而应用。积小以成其大，补偏以足其全。巨细精粗，而曲折周详。前后左右，而均齐方正。于以衍治国平均天下之义，用以收格致诚正修齐之功。举本末而有始有终，合内外而无余无欠。期必底于圣神功化之

---

① （明）丘浚：《大学衍义补》，林冠群、周济夫点校，京华出版社，1999。

极，庶以见夫《大学》体用之全。①

丘濬因《大学衍义》所衍之义大而简，故在补阙时侧重实际政事，"其详其简，各惟其宜，若合二书言之，前书其体，此书其用也"。②把真德秀二纲"帝王为治之序""帝王为学之本"两部分内容缩减为"诚意正心之要"一节，分条目只有"审几微"（分条目：谨理欲之初分、察事几之萌动、防奸萌之渐长、炳治乱之几先），目的是补充真德秀《大学衍义》中诚意正心之要不足的部分，并把此作为卷首，有开宗明义之义。"宋儒真德秀《大学衍义》于诚意正心之要，立为二目：曰崇敬畏，曰戒逸欲。其于诚意正心之事，盖云备矣。然臣读朱熹诚意章解，窃见于审几之一言。盖天下之理善与恶而已矣。善者，天理之本然；恶者，人欲之邪秽。所谓崇敬畏者，存天理之谓也。戒逸欲者，遏人欲之谓也。然用功于事为之著，不若审察于几微之初，尤易为力焉。臣不揆愚陋，窃原朱氏之意，补审几微一节于二目之后。极知僭踰，无所逃罪，然一得之愚，或有可取。谨剟诸书之言，有及于几微者于左。"③"几微"一词多见于朱熹对《孟子》的阐释中，朱熹在《大学章句》中提及：

> 诚其意者，自修之首也。毋者，禁止之辞。自欺云者，知为善以去恶，而心之所发有未实也。谦，快也，足也。独者，人之所不知，而己所独知之地也。言欲自修者知为善以去其恶，则当实用其力，而禁止其自欺。使其恶恶则如恶恶臭，好善则如好好色，皆务决去，而求必得之，以自快足于己，不可徒苟且以徇外而为人也。然其实与不实，盖有他人所不及知而己独知者，故必谨之于此，以审其几焉。④

丘濬据"谨之于此，以审其几"而在《大学衍义补》中重点强调了"审几微"的重要性，他说：

---

① （明）丘濬：《大学衍义补》卷首《进〈大学衍义补〉表》，林冠群、周济夫点校，京华出版社，1999。

② （明）丘濬：《大学衍义补》，林冠群、周济夫点校，京华出版社，1999。

③ （明）丘濬：《大学衍义补》卷首《诚意正心之要》，林冠群、周济夫点校，京华出版社，1999。

④ （宋）朱熹：《四书章句集注》，中华书局，1983，第7页。

《大学》释诚意，指出慎独一言，示万世学者以诚意之方。章句论慎独，指出审几之一言，示万世学者以慎独之要。人能于此几微之初，致审察之力，体认真的，发端不差，则《大学》一书所谓八条目者，皆将为己有矣。不然，头绪茫茫，竟无下手之处。各随所至而用功，待其既著而致力，则其泛而不切，劳而少效矣。①

丘濬认为能审几微才能慎独，能慎独才能诚意，审几微是《大学》八条目的基础。由此他又分了"谨理欲之初分""察事几之萌动""防奸萌之渐长""炳治乱之几先"四细目，从君子到君主再到君主治理国家，循序渐进地论述了审几微的重要性。以卷一为例：第二条首先列出"《易》曰天地之大德曰生，圣人之大宝曰位，何以守位？曰仁；何以聚人？曰财；理财、正辞、禁民为非，曰义"；② 其次引证朱熹"天地以生物为心，盖天地之间品物万形各有所事，唯天则然，于上地则陨然，于下一无所为，只以生物为事，故《易》曰：天地之大德曰生"。③ 最后加上自己的按语，发表自己的观点。

其后从卷一到卷一百六十，按《自序》的话说，"窃仿真氏所衍之义，而于齐家之下，又补以治国、平天下之要"。④ 其为目十二个，曰：

正朝廷

其目六：总论朝廷之政 正纲纪之常 定名分之等 公赏罚之施 谨号令之颁 广陈言之路

正百官

其目十一：总论任官之道 定职官之品 颁爵禄之制 敬大臣之礼 简侍从之臣 重台谏之任 清入仕之路 公铨选之法 严考课之法 崇推荐之道 戒滥用之失

固邦本

---

① （明）丘濬：《大学衍义补》卷首《诚意正心之要》，林冠群、周济夫点校，京华出版社，1999，第6页。

② （明）丘濬：《大学衍义补》，林冠群、周济夫点校，京华出版社，1999。

③ （明）丘濬：《大学衍义补》卷一《治国平天下之要》，林冠群、周济夫点校，京华出版社，1999。

④ （明）丘濬：《大学衍义补》，林冠群、周济夫点校，京华出版社，1999，第5页。

其目十一：总论固本之道 蕃民之生 制民之产 重民之事 宽民之力 愍民之穷 恤民之患 除民之害 择民之长 分民之牧 询民之瘼

制国用

其目十一：总论理财之道 贡赋之常 经制之义 市籴之令 铜楮之币 山泽之利 征榷之课 傅算之籍 鬻算之失 漕輓之宜 屯营之田

明礼乐

其目六：总论礼乐之道 礼仪之节 乐律之制 王朝之礼 郡国之礼 家乡之礼

秩祭祀

其目七：总论祭祀之礼 郊祀天地之礼 宗庙祫祀之礼 国家常祀之礼 内外群祀之礼 祭告祈祷之礼 释奠先师之礼

崇教化

其目十一：总论教化之道 设学校以立教 明道学以成教 本经术以为教 一道德以同俗 躬孝悌以敦化 崇师儒以重道 谨好尚以率民 广教化以变俗 严旌别以示劝 举赠谥以劝忠

备规制

其目十六：都邑之建 城池之守 宫阙之居 囿游之设 冕服之章 玺节之制 舆卫之仪 历象之法 图籍之储 权量之谨 宝玉之器 工作之用 章服之辨 胥隶之役 邮传之置 道途之备

慎刑宪

其目十四：总论制刑之义 定律令之制 制刑狱之具 明流赎之意 详听断之法 议当原之辟 顺天时之令 谨详谳之议 伸冤抑之情 慎眚灾之赦 明复雠之义 简典狱之官 存钦恤之心 戒滥纵之失

严武备

其目十六：总论威武之道 军伍之制 宫禁之卫 京辅之屯 郡国之守 本兵之柄 器械之利 牧马之政 简阅之教 将帅之任 出师之律 战陈之法 察军之情 遏盗之机 赏功之格 经武之要

驭夷狄

其目九：总论内外之限　慎德怀远之道　译言宾待之礼　征讨绥

和之义　修攘制御之策　守边固围之略　列屯遣戍之制　四方夷落之

情　劫诱穷黩之失

成功化

其目一：圣神功化之极

总之，经过一番调整改造，《大学衍义》之纲目已不能如原本，有删

有补；《大学衍义补》的纲目虽如原本，目中所衍多删多补。

三　引书变化

从宋代真德秀的《大学衍义》到清代强汝询的《大学衍义续》，引证

范围有一个基本发展倾向，即由古及今，由经到史，由先儒到当代名人，

由古籍到圣谕等的变化。

真德秀的《大学衍义》多引经传史实、典章制度，多引周敦颐、二

程、朱熹之说。据夏福英考证，真德秀"援引著作六十六种，基本是儒家

著作。这六十六种书中尤以经部、史部为多。而在经部书中，尤以《诗

经》《尚书》为多。《大学衍义》一书仅提及和援引《诗经》就达六十二

篇（有的诗甚至引录两三次），约占《诗经》总数三百零五篇的五分之一。

援引《尚书》达三十篇，（有的亦引录两三次），占《尚书》总数五十八

篇的二分之一强"。[①] 徐栻引用《周易》《通书》《尚书》《大学》《中庸》

《礼记》《诗经》《通鉴》《周礼》《白虎通》《左传》《通典》等。《大学衍

义补》在引书上不同于《大学衍义》之处在于它大量引用典故事实以明

之，使学者考验源流参稽得失，征旧事以为法戒之资，此书多引前言以为

讲习之助。

明代其他衍义之作在引证方面有一个极其明显的变化，就是引用当朝

言论增多，如薛瑄、吴与弼等人的言论，其普遍采用的做法是，删除或节

略《大学衍义》或《大学衍义补》二书中先儒如周敦颐、二程、朱熹等人

---

① 夏福英：《〈大学衍义〉频引经典的论述策略——以引〈诗经〉》为例，《国学学刊》

2015 年第 1 期。

的言语，再添加上当世大儒如薛瑄等人的相关言论，王净《大学衍义通略》第二卷"帝王为学之本"之"尧舜禹汤文武之学"，原文第一条"《大禹谟》：'帝曰，来，禹！人心惟危，道心惟微。'"删去朱熹言语，按语部分删去"先儒训释虽众，……其去尧舜不远矣"。原文第二条"益稷禹曰：'都，帝，慎，乃在位。'"删"人之一心，静而后能动，……故能为万事之枢纽"。

除此之外，在引书的策略上也有所不同，吴瑞登《皇明绳武编拟续大学衍义》载：

> 大都沿其例，不袭其旨。真氏以古帝王为准，附以时事。云卿则宪章昭代，合符于古帝王，……我祖宗之鸿猷盛烈，暨儒臣之嘉谟谠论，不斌斌乎君师之道，大学之旨哉。①

吴瑞登《皇明绳武编拟续大学衍义》一书的引书策略上，一是对明洪武至隆庆史实进行分类编辑；二是选择皇帝有关治国、修身、平天下的言论，加以引申敷衍，而其所引材料，以反面材料居多，以此达到歌功颂德的论述目的；三是在最后的按语方面，作者的按语字数不多，但表达的几乎都是歌颂之意。如，卷一"宣德五年，上御武英殿，侍臣论创业以下诸君。侍臣有言汉高帝之大度者，有言唐太宗之英武者，有言宋太祖之仁厚不相上下者。上曰：'唐太宗、宋太祖皆假借权力，袭取天下，而唐太宗惭德尤多；汉高帝与我祖皆起布衣，光明正大，可比而同然。高帝除秦苛政，而政礼文制度不修；太祖剪除群雄，革元弊政，申明中国先王之教，要为遇之。侍臣皆叩首以为至论。'臣按：宣宗此论真万世之断案也"。②又卷一"洪武三年春二月"条，"是以人心爱戴如父母，然而帑藏亦未尝告匮，盖诚知德者身之本，故惟务厚德。人者国之本，故惟务怀人，大学之道已得之矣。今承平既久，灾害频仍，而百姓嗷嗷待哺，虽发德音、下明昭，而闾阎不被其泽，一有所费，……可不求其故哉！伏望皇上痛思太祖遗黎而以赈穷恤乏焉，大德则永奠国祚于苞桑矣"。③又如，"洪武二年

---

① （明）吴瑞登：《皇明绳武编拟续大学衍义》卷1，明万历刻本。
② （明）吴瑞登：《皇明绳武编拟续大学衍义》卷1，明万历刻本，第350页。
③ （明）吴瑞登：《皇明绳武编拟续大学衍义》卷1，明万历刻本，第345页。

春三月"条，按语："文章关气运，而翰林司文章明白者，其心必粹，而世道醇；险怪者其心必邪，而世道漓。……我太祖毅然以正文体为重，惟明道德、通世务、人易知而有实用者，取之。"①

四　按语的表达

一般作者的意图主要通过自己按语的形式来表达，而对于按语的取舍代表了作者不同的为学、为政态度。杨廉的《大学衍义节略》就会在真德秀按语之后继续附上自己的按语，如《帝王为治之序》中，杨廉有按语：

> 臣廉窃谓真德秀此篇援《大学》圣经全文，论帝王为治之序，考之先儒程颢兄弟于《大学》，谓见古人为学之次第，先儒朱熹于《大学》，亦谓其有次第节目之详。②

后世衍义类著作与《大学衍义》甚至其他书最大的不同就在于按语所表达的一些观点、看法的不同，这一点在作者们的序言中几乎都有提及。

庆恕《大学衍义约旨》"帝王为学之本""允执厥中"条，先阐经释典，引汉武帝穷兵黩武、好神仙致夷狄之祸；引唐玄宗信谗言、重女色，终有安史之乱，及陈后主、隋炀帝好沉溺于文而亡国等事，最后结论是"人主当知其本"。"天理人心之善"一节，征引汤诰、孟子之言论述人性之善，发挥孟子之四端说，批驳荀子的性恶论，并用李斯等人用其以治秦而秦亡的历史事实来佐证，认为"君勉为尧舜之君，民勉为尧舜之民"。"天理人伦之正"一节论述"五常"，但他又认为父慈必须在义的规范内，不然会流于姑息纵容。在这里他并没有从单一的概念来讲父子原则，而是以"慈""义"两个概念出现。慈必须在义下执行，才能得到圆满，这就辩证地处理好了"慈"单向发展而流于"溺"的极端发展。此外还有"孝"与"正道"、"君令"与"信义"、"臣恭"与"忠诚"、"夫治外"与"庄严"、"妇治内"与"中正"、"兄弟先后"与"儆戒"等的关系都

---

① （明）吴瑞登：《皇明绳武编拟续大学衍义》卷1，明万历刻本，第348页。
② （明）杨廉：《杨文恪公文集》卷1《大学衍义节略》，明刻本。

应"守其正尤当戒其偏"。"吾道源流之正"一节，重点阐述"诚"，但其并没有对"诚"这个概念做哲学探讨，而是对"诚"的价值意义进行了肯定，但这只是空，而无从明白源，即没有解答"诚"是什么。为什么要"诚"，只告诉了一个结果，强调了这一结果。徐栻的《大学衍义补纂要》按语引先儒名言名论，以及经史子集、历史事实、典章制度之言之事加以佐证。如先引陈傅良之言："唐代宗时，刘晏掌江淮盐铁之权，岁入六百余万缗。是时，租赋之所入不过千二百万，而江南之利实居其半。"次引韩愈曰："赋出天下，而江南居十九。以今观之，浙东西又居江南十九，而苏松常嘉湖五郡又居两浙十九也。"① 后引用马端临、吕祖谦、刘晏、董仲舒、胡寅等相关论述。

第三节　衍义体的发展分期

衍义体这种模式，从创建到清，经历几次嬗变。总体上看，宋代为创立期，元代为发展期，明代为兴盛期，清代为衰微期。

一　创立时期的衍义体

在南宋，真德秀同时或者之后的人中，也有很多以衍义名篇的作品，如钱时《尚书演义》、谢钥《春秋衍义》、王柏《论语衍义》《大象衍义》、周惔《四书衍义》、曾原一《选诗演义》、刘元刚《三经演义》等，当时的这些衍义作品受到真德秀《大学衍义》的影响并不大，如钱时的《尚书衍义》，又名《融堂书解》，其体例为：

> 每篇之首，皆条其大指。其逸书之序，则参考《史记》，核其时事，以释篇题。复采《经典释文》、《史记集解》、《史记索引》所引马融、郑康成诸说，引申其义。②

---

① （明）徐栻：《大学衍义补纂要》，明万历元年九江府刻本。
② （宋）钱时：《融堂书解》，商务印书馆，1936，第4页。

而曾原一的《选诗演义》，是作者对《选诗》中的一些诗人和诗作进行解说之作。虽然很多衍义著作已经亡佚，无法目睹其面目，但目前尚无文献记载在南宋存在《大学衍义》的仿作。

宋代的《大学》阐释，主要还是沿着程朱以来的传统阐释义理，而体例也是随文阐述。如谢兴甫《中庸大学讲义》、熊庆胄《学庸绪言》、董槐《大学记》、王柏《鲁斋大学》、车若水《大学沿革论》、陈尧道《大学说》、余学古《大学辨问》、吴季子《大学讲义》、魏文翁《中庸大学讲义》、黄必昌《中庸大学讲义》、何基《大学中庸发挥》、谢升贤《中庸大学解》、胡氏《中庸大学说要》、戴景魏《中庸大学要义》、刘黼《中庸大学说》、方逢辰《大学中庸注疏》、黎立武《大学发微》《大学本旨》、金履祥《大学疏义》等。

二　发展时期的衍义体

到了元朝，《大学衍义》依旧被君主所重视，并几度被翻译成蒙古文。元朝也有很多衍义著作，如胡震《周易衍义》、祝尧《大易演义》、程显道《孝经衍义》、叶赟《孝经衍义》、杨少愚《续孝经衍义》、萧元益《四书衍义》、李治《益古衍义》、史公斑《蓬庐衍义》、包希鲁《易九卦衍义》、谢章《洪范衍义》、张性《杜律衍义》、朱震亨《本草衍义补遗》等。

在这众多衍义著述中，李好文《端本堂经训要义》算是一部名副其实的仿作，据《元史》载：

> 其书则《孝经》、《大学》、《论语》、《孟子》、《中庸》，乃摘其要旨，释以经义，又取史传及先儒论说有关治体而协经旨者，加以所见，仿真德秀《大学衍义》之例为书十一卷，名曰《端本堂经训要义》，奉表以进，诏付端本堂，令太子习焉。①

此书乃是李好文为谕德时，"取经史传集，有关治体者"为内容，并为了方便对太子的教育而有意识地模仿了《大学衍义》的体例，这本书是

---

① （明）宋濂等撰《元史》卷183，清乾隆武英殿刻本。

现有文献记载最早的《大学衍义》模仿之作，朱彝尊在《经义考》中著录其"未见"，今亦未见其书。

胡震的《周易衍义》虽然纲目上不遵从《大学衍义》，然而其思想内容方面和《大学衍义》具有极大的相似性，都是引理学入《周易》，并视《周易》为治平之书，胡震在《周易衍义》的序中说：

> 羲、文、周公之《易》，虽依乎象数，而实根乎义理之正，孔子之《易》虽明乎义理，而象数之妙亦在其中矣。①
>
> 由汉以来，以高远探《易》者，不察乎身心性情之德，人伦日用之常，往往求《易》于天地造化之外；以浅近探《易》者，不明乎五行阴阳之道，消息盈虚之理，往往论《易》于谶纬术数之学，是皆未明体用一源、显微无间之妙道也。②
>
> 《易》之为《易》，大之为天地，幽之为鬼神，明之为人物，吉凶消长之理，进退存亡之道，修齐治平之本，皆不外乎此《易》也。③
>
> 《周易》一经，非特占筮之书，可施而正心、修身、齐家、治国之道备焉。④

把《周易》视为修身治平之书，这与真德秀的《大学衍义》的旨趣可谓殊途同归，精神实质是一样的。且其衍义同样重视史实举例，虽被四库馆臣指责为"非说经家谨严之体"，但可以看到衍义体重视史实故事通俗化的倾向。

李治的《益古衍义》，又名《益古演段》，《四库全书总目提要》载：

> 其曰《益古演段》者，盖当时某氏算书，以方圆周径幂积和较相求，定为诸法，名《益古集》，治以为其蕴犹匿而未发，因为之移补条目，厘定图式，演为六十四题，以阐发奥义，故踵其原名。⑤

---

① （元）胡震：《周易衍义》，商务印书馆，1934。
② （元）胡震：《周易衍义》卷首《周易衍义序》，商务印书馆，1934。
③ （元）胡震：《周易衍义》卷首《周易衍义序》，商务印书馆，1934。
④ （元）胡震：《周易衍义》卷首《周易衍义序》，商务印书馆，1934。
⑤ （清）永瑢等撰《四库全书总目提要》卷170，清乾隆武英殿刻本。

这里的衍义乃阐发补充原书之义。张性的《杜律衍义》乃是选取杜甫的七言律诗 151 首，先释词及典故，然后串讲大义，虽有衍义之名，但显然不是衍义类著作。

从以上论述可知，《大学衍义》的影响在元代开始发酵，由皇帝、大臣的重视到以衍义体为轨范的著述。但此时的影响还比较微弱，并没有形成一股《大学衍义》的模仿潮流，此阶段乃是衍义体的发展阶段。

三　繁荣时期的衍义体

相比于宋元时期，明代的衍义类仿作著述无论在数量上还是在运用形式上，都可说得上是衍义体发展的兴盛时期，现存的衍义之作大都是明代留下来的。衍义体之所以在明代昌盛，有多方面的原因。一方面源于帝王对《大学衍义》十分推崇。吴瑞登说：

> 我太祖命侍臣书于庑壁，以备朝夕观览。世宗又以日逐进讲，恐不得精，五日一进，不以寒暑废，既有所得，乃为《翊学诗》以赐辅臣杨一清等。①

由此可见明朝的帝王比其他朝代的帝王更加推崇《大学衍义》。《大学衍义补》进呈之后，明孝宗认为《大学衍义补》"甚考据精详，论述赅博，有补于政治，朕嘉之，赍金币，命所司刊行"，礼部将书"誊副本，发福建布政司着书坊刊行"。② 且"皆可见之行事，请摘其要者下内阁议行，帝亦报可"。③ 并马上提升丘濬为礼部尚书。几年后，丘濬兼任文渊阁大学士，参预机要事务。这为一些热衷仕途之人或留名之人打开了一条升迁捷径，激起了他们的创作热情。另一方面源于理学的昌盛。黄宗羲在《明儒学案》中说道："尝谓有明文章事功，皆不及前代，独于理学，前代之所不及也。牛毛蚕丝，无不辨析，真能发先儒之所未发。"④ 明成祖时撰修五

---

① （明）吴瑞登：《皇明绳武编续大学衍义》，明刻本，第 339~340 页。

② （明）丘浚：《大学衍义补》，林冠群、周济夫点校，京华出版社，1999。

③ （明）丘浚：《大学衍义补》，林冠群、周济夫点校，京华出版社，1999。

④ （清）黄宗羲：《明儒学案》，沈芝盈点校，中华书局，1985，第 17 页。

经、四书、《性理大全》等书，都以程、朱及其门人的著作为准绳，并列为科举考试用书，使程朱理学盛极一时，宣扬程朱理学的衍义类著作在此时当然受到欢迎。此外，衍义体这一借经典以正君心为目的的阐释方式之所以在明代兴盛，还在于明朝政治的乖戾和知识分子阶层普遍存在的抗争情绪，如黄训的《皇明名臣经济录》、万表的《皇明经济文录》、陈其愫的《皇明经济文辑》、陈子龙的《皇明经世文编》等皆为此类作品，由此也可知衍义体自诞生就担有经世济民的使命。

不过，明代绝大多数衍义之作，以《大学衍义补》的结构、体裁为范本。节略、删节丘濬《大学衍义补》的作品有很多，如徐栻的《大学衍义补纂要》、胡世宁的《大学衍义补肤见》、顾起经的《大学衍义补要》、邹观光的《续大学衍义补》、杨文泽的《大学衍义会补节略》、孙应奎的《大学衍义补摘要》、凌遇知的《大学衍义补英华》、程诰的《大学衍义补会要》、臧继华的《大学衍义补编述》、陈仁锡的《丘琼山先生大学衍义补赞英华》、佚名作者《大学衍义补抄》等。众多节略本出现的原因，首先在于《大学衍义补》内容多而博，但不精，这就使人们对《大学衍义补》褒贬不一，褒者如明人何歆言：

> 《大学衍义补》其考据精详，议论宏博，且为文温润典雅，不怪不华，比之韩柳欧苏，是各自成一家之言。……要亦韩柳欧苏之俦，与丘公《大学衍义补》，俱世不可无者也。①

明人蔡清在《虚斋集》中说：

> 且取其所著书于大内，用以广益聪明，权衡百度矣。先生之道，尊为国师，门生学子遍天下。天下人诵其文，家有其书，虽庸人孺子，皆知其名而仰其下风矣。②

明人陈龙正贬《大学衍义补》，说：

---

① （明）程敏政：《篁墩文集》卷尾《书篁墩文集后》，文渊阁四库全书本。
② （明）蔡清：《虚斋集》卷5《祭丘国老文》，文渊阁四库全书本。

观《大学衍义补》，益觉《衍义》之精简动人，真经筵之善物也。丘书泛漫冗杂，殊无启沃，使人主浏览至此，岂不虚费心目之力哉。欲当类书备稽问，又嫌未详，正晦翁所谓记诵之习，其功倍于小学而无用者，惜哉。故儒者无反约之功，不可以著书，不足以事君。①

刘佃在《大学衍义补纂要序》中言：

丘文庄公又复推广其遗博，辑治平典故之略，以补之名曰《衍义补》。夫真氏之《衍义》固已百倍于曾氏，学者已有浩博难究之叹矣，今丘氏之补又复数十倍于真氏，学者益有翻阅难既之慨焉。②

清代强汝询在《〈大学衍义续〉自序》中说：

乃观丘氏之书则蒙有惑焉。今夫《大学》之道，万世之常道也。真氏所衍亦万世之常道也。丘氏之书乃杂取后世功利苟且之政，津津称道，而其大旨则在推尊明制，夫明制岂果可垂之万世耶？以是为一代之书则可，而欲以衍《大学》之义继真氏之作，殆有间矣！③

清代纪昀在《〈大学衍义补〉提要》中评论说："澨闻见虽富，议论乃不能甚醇。"④ 接着批评丘濬《大学衍义补》中，主张海运和没有批评宦官，"明之中叶，正阉竖态肆之时，濬既欲陈海纳忠，则此条尤属书中要旨，乃独无一语及宦寺"。⑤ 张志淳在《南园漫录》中评价道：

诋其有所避而不书，殆亦深窥其隐。以视真氏原书，殊未免瑕瑜互见。然治平之道，其理虽具于修齐，其事则各有制置。此犹土可生禾，禾可生谷，谷可为米，米可为饭，本属相因。然土不耕则禾不

---

① （明）谈迁：《国榷》卷41"成化二十三年丙辰"条，清抄本。
② （明）徐栻：《大学衍义补纂要》卷首《大学衍义补纂要序》，明刻本。
③ （清）强汝询：《求益斋文集》卷6《〈大学衍义续〉自序》，清光绪十二年刻本。
④ （清）永瑢等撰《四库全书总目提要》，清乾隆武装殿刻本，第1页。
⑤ （清）永瑢等撰《四库全书总目提要》，清乾隆武装殿刻本，第1页。

长，禾不获则谷不登，谷不春则米不成，米不炊则饭不熟，不能递溯其本，谓土可为饭也。真氏原本实属阙遗，濬博综旁搜，以补所未备，兼资体用，实足以羽翼而行。且濬学本淹通，又习知旧典，故所条列，元元本本，贯串古今，亦复具有根柢。其人虽不足重，其书要不为无用也。①

胡世宁的《大学衍义补肤见》就是专门发挥并指正《大学衍义补》的，书中卢文弨说：

> 盖公读丘文庄公《大学衍义补》，而著其所欲设施者如此。其中有云："吾尝于某疏中备陈之"，则此为公登朝以后之书也。尝慨夫世之学者，自为秀才时，即专以决策发科为念。一旦得志，推之无本而措之无术，鲜不为国家病。夫士当其困穷里巷，其于朝廷政事之得失，容或不能尽知，若既已在其位矣，于事有所不便，令有所难行，疾苦之所致，祸患之所伏，岂可以不知？既知之则当思所以处之，思处之则必取古人之良法美意而推择用之。然彼溺于富贵者，既不足以语此。其少欲有为者，又或囿于一偏之识，不知通变之宜，违古而失，泥古亦失，国家何赖焉？若公此书，或增成文庄之义，以为必可行，或摘抉其弊，以为必不可行。文庄之以微文见意，与其所迁就而不敢言者，公则一一引伸而别白之。②

四　衰落时期的衍义体

到了清朝，拟作或节略《大学衍义补》的热情消减了，又回归到对《大学衍义》进行增删改补的路子上，徐桐、庆恕、强汝询等人的作品就是此类代表。相对于明代衍义类著作的繁盛，清代的衍义类著作急剧减少，直至最终消亡。清代的衍义之作有这样两个特点。

---

① （清）永瑢等撰《四库全书总目提要》卷93，清乾隆武英殿刻本。
② （清）贺长龄：《清经世文编》卷1，清光绪十二年思补楼重校本。

第一，对《大学衍义补》的研究热情明显下降。仅有陈宏谋的《大学衍义补辑要》，而推衍《大学衍义》的著作增多，如有徐桐的《大学衍义体要》、庆恕的《大学衍义约旨》、夏震武的《大学衍义讲授目次》、何桂珍的《大学衍义刍言》。表明清代学者们接续真德秀的《大学衍义》，而对丘濬的《大学衍义补》有所矫正的意图。深究之，清代衍义作品回归《大学衍义》这个趋向，与清初经世思想盛行有关。李颙曾说："《大学》是明体适用之书。……明体而不适于用，便是腐儒；适用而不本明体，便是霸儒；既不明体又不适用，徒灭裂于口耳伎俩之末，便是异端。"① 魏际端在回答友人何为时务之急时说："救今之急，无过于用古方。古方之效莫捷于《大学》用人理财之政。"② 陆世仪与唐鉴的认识更具有代表性，陆世仪认为，《大学》之大不在文字训诂，"大在心性，不在语言文字。今者读书之人，借径于语言文字，所以复其心性也，若不识字之人，识得自己心性，何不可与言《大学》之道。陆象山有言，若我则不识一字，亦须堂堂地还我一个人，正是此意"。③ 将《大学》定位为心性之书，是理学家的基本认识，陆氏重提，讲究居敬穷理，更强调践履实行。另外，陆世仪也重视大学模式中治平之道所应有的天文、地理、河渠、兵法等实用的学问，他曾说过："凡古之专家，伎术如天文形胜、兵农水利、医药种树、阴阳伎巧之类，皆儒者所不废，但当以正用之耳。"④ 唐鉴认为，"圣人之学，格致诚正修齐治平而已。离此者畔道，不及此者远于道者也"。⑤ 在这种思潮影响下，以强汝询《大学衍义续》为代表的衍义著作有回归学理探讨的倾向。

第二，学者个人著述发展到官方衍义，皇帝不再是被动的衍义著述的接受者，而是组织者。这时，出现了两部衍义著作，即《御定内则衍义》和《御定孝经衍义》。《御定内则衍义》是清顺治十三年（1656 年）承皇太后训用《礼记·内则》篇推衍之，认为家齐而国治，而家齐的最重要的因素在于修内。《内则衍义》全篇分为八纲三十二子目，用古今经传之言

① （清）李颙：《二曲集》卷 14《盩厔答问》，清康熙三十三年刻后印本。
② （清）魏际端：《魏伯子文钞》卷 1《时务策》，清道光丁酉年彭玉雯辑《易堂九子文钞》刊本。
③ （清）陆世仪：《思辨录辑要》卷 1《大学类》，文渊阁四库全书本，第 10 页。
④ （清）陆世仪：《思辨录辑要》卷 32《异学类》，文渊阁四库全书本，第 303 页。
⑤ （清）唐鉴：《国朝学案小识》，商务印书馆，1935，第 1 页。

以及一些行为事例进行充实，对妇女的言行进行规范，来维护清朝统治。《御定孝经衍义》修于顺治十三年（1656 年），成于康熙二十一年（1682年），对《孝经》的内涵进行总结。全书按《大学衍义》的体例进行编排，倡导忠孝大义，进行全民教育，维护社会稳定。这两部衍义类著作一改明代衍义类著作的经世致用之风，实际上变作移风俗、正人伦的德育读物。除编撰了《御定内则衍义》和《御定孝经衍义》外，《清会典》有记载说，清光绪五年皇帝还曾下诏仿《大学衍义》，以推衍四书五经：

> 古今治乱得失之原，圣贤身心性命之学，莫备于经。君临天下者，所当朝夕讲求，期有裨于治理。着倭仁、贾桢选派翰林十数员，将四书五经择其切要之言，衍为讲义，敷陈推阐，不必拘泥排偶旧习，总期言简意赅，仿照《大学衍义》体例，与史鉴互相发明，将来纂辑成书，由掌院学士装帙进呈，以备观览。①

在清朝前期，官修衍义类作品的编撰目的是为了笼络人心，招揽士人，利用文化政策来维护清王朝的统治。

第四节　衍义体在《大学》阐释中的地位

《大学》的阐释方式从郑玄到真德秀主要有三种：一是随文注释，训诂文字的注释体；二是考证文字出处、文物典章制度等的考辨体；三是敷衍经义的衍义体。从各朝艺文志、书目的载录看，衍义体在《大学》阐释中并不居主流地位。

据顾宏义、戴扬本著《历代四书序跋题记资料汇编》② 所载，宋代在朱熹之后四书类作品，有 50 多部，《大学》类 31 部，而《大学衍义》仅有 1 部。

钱大昕《元史·艺文志》③ 所载录的元代《大学》类著作有金履祥的

---

① （清）允裪等撰《清会典》，中华书局影印本，1985~1987。
② 顾宏义、戴扬本等编《历代四书序跋题记资料汇编》，上海古籍出版社，2010。
③ （清）钱大昕：《元史·艺文志》卷1，清潜研堂全书本。

《大学章句疏义》《大学指义》、马端临的《大学集传》、李师道的《大学明解》、王文焕的《大学发明》、吴浩的《大学讲义》、许衡的《大学要略说》、熊禾的《大学广义》、胡炳文的《大学指掌图》、李朝佐的《大学治》、吕沫的《大学辨疑》、吕溥的《大学疑问》、钱天佑的《大学经传直解》、潘迪的《庸学述解》、叶瑞的《庸学提要》、曾贯的《庸学标旨》、饶鲁的《中庸大学纂述》《庸学十一图》、袁明善的《大学中庸》、倪公晦的《学庸约说》、黄文杰的《大学中庸双说》、郑奕夫的《中庸大学章旨》等，总计42部，以衍义命名的仅有丘浚《四书衍义》1部，其中衍义类作品仅1部。

据万斯同《明史·艺文志》① 记载，明代《大学》类著作有傅淳的《大学补略》、刘清的《大学要旨》、徐与老的《大学集义》、陈雅言的《大学管窥》、张洪的《大学解义》、李果的《大学明解》、王启的《大学稽古衍义》、叶应的《大学纲领图》、丁玑的《大学疑义》、廖纪的《大学管窥》、程敏政的《大学复位本》、邱濬的《大学衍义补》、杨廉的《大学衍义节要》、胡世宁的《大学衍义补肤见》、湛若水的《格物通》《古大学测》、张邦奇的《大学》、魏校的《大学指归》《大学古文》、崔铣的《大学全文通释》、王守仁的《大学古本注》、洪蕭的《大学参义》、胡爌的《大学补》、程昌的《大学古本注释》、蔡烈的《大学格物致知传》、陆深的《校定大学经传》、王道的《大学亿》释疑附《大学衍义论断》、穆孔晖的《大学千虑》、赵璜的《大学管窥》、方献夫的《大学原》、李承恩的《大学拾朱》、孟淮的《大学愚见》、邹守益的《古本大学后语》、王畿的《古本大学附录》、王渐逵的《大学义略》、林希元的《更正大学经传定本》、黄训的《大学衍义肤见》、聂豹的《大学臆说》、李先芳的《大学古本》、史朝富的《考正大学古本》、蒋信古的《大学义》、许孚远的《大学述》、鲁邦彦的《古本大学解》、李材的《大学约言》《大学考次》、区大伦的《大学定本》、郎瑛的《定正大学格物传》、管志道的《石经大学章句辑注》《测义》《略义》《古本大学订释》《辨古本大学》、罗大纮的《校复大学古本》、刘元卿的《大学新编》、万思谦的《大学述古》、唐伯元的《石经大学》、徐栻的《大学衍义补纂要》、吴瑞登的《皇明绳武编拟续大

---

① （清）张廷玉等撰《明史》卷133，清抄本。

学衍义》、吴极的《石经大学疏旨》、来知德的《大学古本释》、虞淳熙的《大学繁露演》、吴应宾的《古本大学释论》、袁黄的《石经大学补》、钱一本的《石经旧本大学》、吴桂芳的《大学说》、顾宪成的《大学通考》《大学质言》《复位大学》、刘洪谟的《大学续衍精义删补要览》、刘宗周的《大学参疑》、张位的《大学讲章》、杨文泽的《大学衍义会补节略》、高攀龙的《古本大学》、林日正的《大学管窥》、吴钟峦的《大学衍注》、李希颜的《大学中庸心法》、蔡季成的《大学说约》、周公恕的《大学总会》、蒋文质的《大学通旨》等 70 多部大学类作品，衍义之作 29 部。

据赵尔巽《清史稿》①记载，清代《大学》类著作有库勒纳奉敕撰《四书解义》、乾隆二十年敕译《四书集注》、孙奇逢的《四书近指》、朱用纯的《大学讲义》《中庸讲义》、王夫之的《四书训义》《读四书大全说》《四书稗疏》《四书考异》、李颙的《四书反身录》《续录》、刁包的《四书翊注》、陆陇其的《四书讲义困勉录》《续困勉录》《松阳讲义》《三鱼堂四书大全》、李光地的《大学古本说》《中庸章段》《中庸余论》《读论语札记》《读孟子札记》、陈诜的《四书述》、闵嗣同的《四书贯一解》、毛奇龄的《论语稽求》《四书剩言》《大学证文》《四书改错》《四书索解》《大学知本图说》《大学问》《中庸说》、阎若璩的《四书释地》《续》《又续》《三续》、李沛霖和李桢的《四书朱子异同条辨》、李沛霖的《四书诸儒辑要》、李塨的《大学传注》《中庸传注》、杨名时的《四书札记》《大学讲义》、吕留良的《四书讲义》、王澍的《大学困学录》、胡渭的《大学翼真》、袁熹焦的《此木轩四书说》、惠士奇的《大学说》、汪绂的《四书诠义》、陈绰的《四书录疑》、王步青的《四书本义汇参》、任启运的《四书约旨》、赵佑的《四书温故录》、程大中的《四书逸笺》、胡清煦的《四书注说参证》、翟灏的《四书考异总考》、曹之升的《四书摭余说》、戚学标的《四书偶谈》、武亿的《四书考异句续》、明绍勋的《四书拾义》、宋翔凤的《四书释地辨证》《大学古义说》、朱曰佩的《大学旧文考证》、林春溥的《四书拾遗》、刘逢禄的《四书是训》、王鎏的《四书地理考》、樊廷枚的《四书释地补》《续补》《又续补》《三续补》、凌曙的《四书典故核》、王定柱的《大学臆古》、王筠的《四书说略》、郭嵩焘的《大学质

---

① 赵尔巽等撰《清史稿》志 127，民国十七年清史馆本。

疑》等 70 多部，其中衍义之作仅 5 部。

从以上文献的载录可知，衍义这种阐释方式在整个《大学》的阐释发展中，不居主流，对《大学》等经典的阐释还是以随文注释、考据居多。

第三章 衍义之作的经世策略之变

在程朱内圣思想走向下的《大学》如何走向外王之学，这是朱熹后继者需要考虑和解决的问题，将这一问题最终付诸实践者，乃是朱熹的私淑弟子真德秀。真德秀的《大学衍义》完成了《大学》为政性的第一次实践，《大学衍义》汇聚经史之言，以推衍《大学》之义，启发后人汇聚群书之言，以明一家之说，用申某书之旨者，其影响可谓深远矣。这种模式为经世济民提供了内在可能和社会现实解释。"吾儒之教，原以经世为宗。"① 明儒王畿也指出：

> 儒者之学，务为经世。学不足以经世，非儒也。吾人置此身于天地之间，本不容以退托。其曰"为天地立心，为生民立命"，固儒者经世事也。②
>
> 随其力所及，在家仁家，在国仁国，在天下仁天下，所谓格物致知，儒者有用之实学也。③

从真德秀《大学衍义》到丘濬的《大学衍义补》，再到陈宏谋的《大学衍义辑要》《大学衍义补辑要》《五种遗规》，很好地诠释了儒者的经学治世之怀，"嗣往圣，开来哲"，《心经政经合编序》中言：

---

① （清）李颙：《二曲集》卷 14《盩厔答问》，清康熙三十三年刻后印本。
② （明）王畿著，丁宾编《龙溪王先生全集》卷 13，清光绪八年（1882 年）刻本。
③ （明）王畿著，丁宾编《龙溪王先生全集》卷 13，清光绪八年（1882 年）刻本。

夫子（真德秀）慨然以斯文为己任，党禁开而正学明，回狂澜于既倒，盖朱子之后一人也。①

丘濬曾言：

少有志用世，于凡天下户口、边塞、兵马、盐铁之事，无不究诸心。意谓一旦出而见售于时，随所任使，庶几有以藉手致用。②

丘濬主张学以致用，言："凡身之所至，耳目之所见闻，心思之所注想。苟有益于身心，有资于学识，有可用于斯世斯民者，无一而不究诸心焉。"③ "尤熟国家典故，以经济自负"④，可见其对务实、求用的重视。丘濬把这种学风落实到《大学衍义补》中，内容涉及明代前期和中期经济、政治、文化、教育、司法、军事发展，为后世提供了重要资料。

湛若水在《格物通表》中说：

谨采五经诸子史及我圣祖圣宗格言大训，疏解成帙，名曰《圣学格物通》谨进。……是以罔避夫位远言亲之嫌，必致其迪德沃心之恩，况乎位有崇卑，而臣子之心则一。乃臣旧忝讲官，而忠爱之念不忘者哉！臣闻帝王之治本乎道，而道德之懿存乎心，心无事而不包，事无一而非道。惟心有所蔽，则道不见，如鉴有所尘，则明弗昭，故圣帝明王，必先务学而修德，讲学皆以治心，将达诸事业，而成其治化焉。⑤

很明显，湛若水在此把《大学》变成了帝王的治本之学。夏良胜在《中庸衍义》中说：

---

① （宋）真德秀：《真文忠公全集》，台湾文友书店，1974，第1540页。
② （明）丘濬：《琼台会稿》卷19《愿丰轩记》，文渊阁四库全书本补配文津阁四库全书本。
③ （明）丘濬：《琼台会稿》卷15《送蒋生归省诗序》，文渊阁四库全书本补配文津阁四库全书本。
④ （清）张廷玉等撰《明史》卷181《丘濬传》，第4808页，清抄本。
⑤ （明）湛若水：《格物通》卷首《格物通表》，文渊阁四库全书本。

真德秀衍《大学》义以进，皆圣贤成法，禁始于嫉贤故也。呜呼！臣不得已而以言，事君二者备矣。人君而比类属思，覆视于册，有相发焉，必曰古之圣贤则，然吾弗慕圣贤而何学焉！必曰吾之祖宗则，然吾弗率祖宗而何学焉！如是而有弗即于道，弗底于治，弗尊于孔氏者，未之有也。故臣不揣荒陋，僭有是编。①

在这里，夏良胜就把《中庸》看成了帝王之学。杨廉在《大学衍义节略题解》中说：

臣之过虑，万机之繁、经筵之讲读，未易以毕。乙夜之披阅，或难于周，此《节略》之所由以成也。……虽曰八条目之六，而治平之理悉该其内。仰惟陛下躬上智之资，禀生知之性，一读百篇，五行并下，是岂寻常可得而窥测也哉。自今已往，诚留意焉，则帝王之学必可传，帝王之治必可复。②

明确指出《大学衍义》为帝王之书的性质。刘洪谟在《大学续衍精义删补要览序》中说：

臣衍帝王诚意正心之要，特揭全仁德以为主臣规，盖痛惩今日之病根，全在厌闻诚正，喜弄机械，故坏乱世界，遂至此极耳。臣欲以忘人欲之私，训诚意以合天理之公，训正心则又刮垢磨光。肫诚恳恻二语可透人膏肓者，只为患得患失之夫贪恋一官，不能自割，遂至无所不为。其无所不为也，巧为结纳，并巧为佻激，蕲以荧惑主听，而固己位。大是不诚不正，巧计攻人，更巧言党，蕲以熺乱主心，而徼己幸，尤大不诚不正。一人之不诚不正不足责也，以一人不诚不正之故遂令千诚百诚之明主倏忽不能以自正，家国天下所群眇而共藉者，至于否塞壅隔，忠谏莫回，可无惧与衍帝王格物致知之要，必欲辨人材，辨此人材中之孰伪孰诚、孰邪孰正，不独用舍不淆其鉴，并上之

---

① （明）夏良胜：《中庸衍义》卷首《中庸衍义序》，文渊阁四库全书本。
② （明）杨廉：《杨文恪公文集》卷42《大学衍义节略题解》，明刻本。

诚意正心，大有箴砭，大有维持也，所谓天子之学大明乎此。①

痛陈时弊，指出君主诚意正心、明辨是非的重要性和紧迫性。王尊贤性刚介，博学能文，时嘉靖帝好方士多灾异，人莫敢言，撰《圣学要义》《中和衍义》上之。及谏立东宫，忤权臣下狱。已而上阅其书，奇之，谓辅臣曰："布衣敢言当世事，忠臣也。"② 徐桐说："宋臣真德秀所著《大学衍义》一书，似亦圣明所当留意，顾为卷四十有三，为帙二十有二，当万机之鲜暇，恐乙览之难周，臣猥以菲材，叨陪经幄。……详加厘定，节为十六卷，名曰《体要》。"③

第一节　经世之术之变

衍义体所表明的中国儒家内圣外王、修己治人、成己成物的思想为中国古代社会精英阶层所接受，同时，反过来也不断地对这种思想进行修正。《论语·宪问》载：

子路问君子。子曰：修己以敬。曰：如斯而已乎？曰：修己以安人。曰：如斯而已乎？曰：修己以安百姓。④

一　《大学衍义》的正君心之论

君子健全的人格除了自身道德的自律完善之外，还需要作用于外在政治上，这种内圣外王、内修己而外安天下的思想后来成为儒者的一种人生理想，这种思想在宋明理学家的手里也越发深入人心。同时，内圣外王、成己成人的思想也一直占据着衍义体创作的主流。真德秀曾说：

① （明）刘洪谟：《大学续衍精义删补要览》，明崇祯年间刻本。
② （明）过庭训：《本朝分省人物考》卷108，明天启刻本。
③ （清）徐桐：《大学衍义体要》，清光绪年间刻本。
④ （宋）朱熹：《论语集注》，中国社会出版社，2015。

孔门独一颜子为好学，颜子所问，前日为仁，后日为邦，舍是亡他学也。盖为仁者，成己之极，而为邦者，成物之极，体用本末究乎此矣。①

《大学衍义》继承传统儒家成己成物之论，认为君主之德是一切作为的前提和条件。《大学衍义》首章《帝王为治之序》又以《尧典》为首，认为"夫五帝之治，莫盛于尧，而其本则自克明俊德始"②，又说"凡民局于气禀，蔽于私欲，故其德不能自明，必赖神圣之君明德，为天下倡，然后各有以复其初。民德之明，由君德之先明也"③。尊德性是《大学衍义》的主要内容，是对君王德性的关切，因此，它所发生的实际影响是德性标准，以及读什么书、读书次序的探索上。帝王之学的标准是尧舜禹汤文武，得经世大法之要领。如北宋时梁焘《上哲宗论日食》载：

夫帝王之学，当知其大者远者，不在辨章析句，总揽纤微，葳蕤文章，滂沛议论，屑屑若儒臣之为也。④

二程弟子王苹说：

帝王之学与儒生异尚，儒生从事章句文义，帝王务得其要，措之事业。盖圣人经世大法备在方册，苟得其要，举而行之无难也。⑤

朱熹说："圣躬虽未有过失，而帝王之学不可以不熟讲。"⑥ 朱熹提出："今且熟读《大学》作间架，却以他书填补去。"⑦ 他的意思是，用《大学》中的"三纲领""八条目"作为理论框架，来将帝王之学加以理论系统化。但这只是朱熹的一个理论构想，他并没有来得及做这项工作。真正

① （宋）真德秀：《西山先生真文忠公文集》卷36，四部丛刊景明正德刊本。
② （宋）真德秀：《大学衍义》，朱人求校点，华东师范大学出版社，2010。
③ （宋）真德秀：《大学衍义》，朱人求校点，华东师范大学出版社，2010。
④ （宋）赵汝愚撰《宋朝诸臣奏议》卷44《天道门》，上海古籍出版社，1999，第454页。
⑤ （宋）朱熹：《伊洛渊源录》卷12，山东友谊书社，1990。
⑥ （宋）朱熹：《朱子全书》卷11，上海古籍出版社，2002。
⑦ （宋）朱熹：《朱子全书》卷14，上海古籍出版社，2002。

开始做这项工作的是真德秀。真德秀所著《大学衍义》正是以"《大学》作间架"将"帝王之学"加以理论系统化的一部著作。《大学衍义》以《大学》"八条目"中的前六条目，即格物、致知、诚意、正心、修身、齐家为理论框架和逻辑顺序，所"填补"的内容是真德秀从六七十部儒家经典中精心选出来的。他将这些内容看作是培养合格君王的重要养料，对之加以条分缕析，并加若干臣按来表达自己的见解。这就使此书既有很强的理论性，又有翔实的历史资料，可以说这是一次对帝王统治经验的系统全面的理论总结。为学次序则是四书五经、史书，其为学的内容则围绕德性的构建而摘取。在内圣方面，持心以敬、道、德、善、仁、义、礼、智、信、孝、悌等为主，宅心于德。外王方面，树立典范，知人善任。在为学的方法方面，真德秀认为必须制订计划，谨慎选择师傅，必须访求一位博学通儒作为老师，务必礼敬老师。《帝王为治之序》阐明了人君之治国自修身开始，修身以克明俊德开始，且阐明了为学之重要性、益处、目的及为学的内容。但这里存在一个错误认知："德性""知识"无止境，何时才能把它们转化为社会安定、百姓富足、天下太平？且"德性""知识"并不等同于政经，如四库馆臣批评张元祯《东白集》说："元祯以讲学为事，其在讲筵，请增讲《太极图》、《西铭》、《通书》。夫帝王之学与儒者异，岂可舍治乱兴亡之戒，而谈理气之本原，史称'后辈姗笑其迂阔'，殆非无因矣。"① 四库馆臣为乾隆《御制日知荟说》作提要说："儒生所论说，高谈性命而已，帝王之学则必征诸经世之实功。"② 在此，以道问学为基础的《大学衍义》，转为尊德性，也就是，知识转化为道德实践，成了一部正君心之书。

二 《大学衍义补》的治法构建

到了明代，衍义作家（主要是当时的官僚阶层）在注重衍义体的当代性和实用性的基础上，不再尊德性而是强调技术层面。邓尔麟说："但在十六世纪，已经出现了大量对政治机构的实际研究。这些研究遍布在大批

---

① （清）永瑢等撰《四库全书总目提要》卷 175，清乾隆武英殿刻本。
② （清）永瑢等撰《四库全书总目提要》卷 94，清乾隆武英殿刻本。

官方档案、案例汇编、注释篇章和政策建议中。'经世'和'经济'的术语出现在很多汇编的标题中，没有任何理论含义。"① 真德秀的《大学衍义》多从经典历史事件中总结出为治的次序道理，而明代的作品中则更多地融入了当代性。以远古三代作为为政标准，毕竟有些崇古而卑今且过于理想化，而当代的事例则具有更明确的参照性。

虽然《大学衍义补》能与《大学衍义》并驾齐驱，受到当朝重视，尊享经筵待遇，但是与《大学衍义》"正君心"的目的不同，《大学衍义补》更加注重国家制度的建设与操作。因此，朱鸿林称《大学衍义》为"理论性经世之学"，而《大学衍义补》则为"技术性的经世之学"。② 《大学衍义补》在《大学衍义》"诚意正心之要"上补了"审几微"一目，又分"察事几之萌动""防奸萌之渐长""炳治乱之几先"三个分条目，书的主体部分是补"治国平天下之要"，有十二目。

从《大学衍义补》的结构可以看出，到了丘濬这里，尊德性已经不是目的，它的内容十分广博，涉及政治、经济、社会、教育、外交等各个方面，要求除了君王自身的道德修养之外，还必须了解国家运行中会遇到的实际问题，以及如何处理和操作这些实际问题。丘濬认为，光凭借道德与理想，并不能治理好国家。胡世宁著有《大学衍义补肤见》，对丘濬《大学衍义补》中出现的一些问题提出了质疑、更正和补充，如认为董抟霄运粮之法不可取，如他当时的宦官近习之弊等，这些都是侧重于实际的操作。其之所以如此，卢文弨在《大学衍义补肤见序》中说："尝慨夫世之学者，自为秀才时，即专以决策发科为念。一旦得志，推之无本而措之无术，鲜不为国家病。"③ 官员只知纸上谈兵，空有抱负，而面对实际问题，不懂得如何恰当处理，对于国家来说，这是无益而有害的。明代的衍义体著作虽然强调实际的操作性，但依旧只是参考和借鉴，是经验之谈，并未被真正运用到国家的治理上。如果丘濬的这些社会主张真的为明王朝采纳并实施，那么，明代中后期的历史、清代历史乃至中国近现代历史都将被改写。问题在于，历史不能假设。事实上，丘濬所上的以"《大学衍义补》

---

① （美）邓尔麟：《嘉定忠臣：17 世纪中国士大夫之统治与社会变迁》，宋华丽译，中央编译出版社，2012，第 150~151 页。

② 朱鸿林：《中国近世儒学实质的思辨与习学》，北京大学出版社，2005。

③ （清）贺长龄：《清经世文编》卷 1，清光绪十二年思补楼重校本。

要务"为主的治国方略的命运颇为惨淡，仅从《大学衍义补》书中的文字化作奏疏中的文字进而成为被搁置的建议而已。

三　《大学衍义辑要》《大学衍义补辑要》的实用之意

清代中后期，经世之学再度兴盛，开始自觉用实学抵制心学，此时的衍义体也不再只停留在书本中，它被一些有才干的大臣吸收，随之被运用到实际的治理中，对实际民生真正地起到了作用，其典型代表便是陈宏谋。陈宏谋（1696~1771 年），字汝咨，号榕门，临桂人，是清雍正、乾隆时期一位杰出的、务实的官员，也是理学坚定的支持者。他说："士人不出户庭而通当世之务，其术足以匡时，其言足以救世，舍理学其谁。"①然而和一般空谈心性的理学家不一样，他是一位注重实效并亲身实践的人。他十分重视《大学衍义》及《大学衍义补》，并著《大学衍义辑要》《大学衍义补辑要》。在著这两本辑要书时，他保持《大学衍义》《大学衍义补》原书的结构不变，但全书更加精简和切中要害，对书中所引用的大量理学家的言论、事例以及作者按语进行了大幅度删减。这样的删减，一方面出于实际的考量，"真氏之书四十三卷，丘氏之书百六十卷，卷帙浩繁，学者未免有望洋之叹；而远方学者不但难读，且亦难购"。②这两本书于边远地区的读书人来说实在难读和难购买，陈宏谋便自行印刷、免费发送。另一方面，陈宏谋虽然崇尚理学，但更加强调学以致用，并不只从道德和心性出发，故二书中的理学家的阐述十而删八九。在自己所治理的地方，陈宏谋都是身体力行地实践着，以达到真正的治理目的。

伴随着衍义体著作内容由尊德性到实践躬行，从经世成效来说，衍义体也经历了由道德理想主义到实用主义的变化。"《大学》政治观的最显著的特征是一种道德理想主义：所谓道德理想主义是指人格本位的政治观的两方面而言。第一，政治的最终目的不仅仅是一个国家的富强康乐，而是以全人类为对象，建立一个道德的秩序、和谐的社会。儒家思想中所谓的'天人一家''民胞物与'便反映了这种思想。其次道德理想主义是指一个

---

① （清）陈宏谋：《培远堂文集》卷 1《王丰川先生续集序》，民国三十二年排印本。
② （清）陈宏谋：《培远堂文集》卷 1《大学衍义大学衍义补辑要序》，民国三十二年排印本。

政治秩序的建立必须从个人修身开始。一个善良的社会是建立在一个善良的人上面。"① 真德秀的《大学衍义》便是这种道德理想主义的代表。把国家治理道德理想化，一方面是儒家思想对自身道德要求高标准的体现，成己才有成物的可能性；另一方面来源于现实政治的压力。在真德秀所处的时代，太后对朝廷的威慑已经将近 40 年，而宰相长期把持朝政，外戚也玩弄、干预政治。这时的皇帝意志不坚定，缺乏进取心，国家的朝政已经受到了严重的干扰。此时的首要任务并不是教会君主如何运用策略治理国家，而是让君主坐拥实权这才是重中之重。在这种情况下，君主自身的道德完善以及拥有排除万难的决心尤为重要。于是，真德秀便把自己的经世理念哲学化，婉转地表达出来。但由于宋理宗自身的软弱以及朝政的复杂，真德秀的经世理想最终并未能实践，只能成为一位忠臣拳拳赤子之心的写照。相对于真德秀的道德理想主义的经世观，丘濬的《大学衍义补》则更加强调治法，《大学衍义补》是对修身正己、空谈治道的儒家经世观的一种修正，然而丘濬的这种经世观最终也并未得到实践，其暮年作诗曰："大半交游登鬼录，一生功业付空谈。"② "惟是衰暮登庸，设施未究，经济之志徒托之著述，而功业不无少让，此余之所以为公惜已。"③ 由此预示着丘濬《大学衍义补》经世理念的失败。丘濬在当朝一直不得重用，而且当时的理学家也对其观点深深排斥，最终失败的结局也可以预想。到了清代，经世思想也更加注重实际和成效。陈宏谋和丘濬不一样，他在乾隆朝得到重用，其经世理想最终可以得到实践。他注重管理制度的规范和行政技术、强调市场和商品流通的经世之道，其经世思想具有规章制度精细化、管理职能效益化、监督考核程序化等特点，这也使陈宏谋在当时享有盛名，其经世理想最终得以实现。

第二节　经世路径之变

衍义著述的经世之路发展到清代，主要有三条路径：一是经筵之

---

① 张灏：《宋明以来儒家经世思想试释》，载中研院近代史研究所编《近世中国经世思想研讨会论文集》，中研院近代史研究所，1984，第 12 页。

② （明）丘濬：《琼台会稿》卷 5《岁暮偶书》，文渊阁四库全书本补配文津阁四库全书本。

③ （明）叶向高：《苍霞余草》卷 5《丘文庄公集序》，明万历刻本。

路，这是衍义作品经世的主要路径，其在清代发生了分流，经筵之路越来越窄，最终沦为形式；二是作为读书人的经世读物，成为他们的进身工具或素养读物；三是回归学术，从学理上得到众多学者的认同。

一 达于圣听的经筵讲读之路

《大学衍义》有一个"达于圣听"的明确衍义对象和敷衍理学的目的，希望君主能通过对经典范式与历史经验的学习，不仅具备崇高的道德修养，并且能从中获取正确处理国家事务的能力。因此，讲读官往往借诠释经史的机会，在道德修为、时事处理、政策制定等各方面，对君主进行较为明确的方向性引导，甚至直接发表政见，以图影响最高决策。朱鸿林认为《大学衍义》是为宋理宗而作，以寄希望于可以引导新皇帝。真德秀明白自己之遭夺官闲住，只是宋理宗没有实权的结果，并非他滥用君权或是对自己厌恶之所致。所以，他对宋理宗并不怨恨反而厚存托望。据史料记载：

> 端平初，励精为治，信向真魏诸贤、廷绅奏疏，三学扣阍，悉经御览，所以讦直，无不容受，间以罪斥，旋复收用，此其盛德也。在位日久，嬖宠浸盛。中贵卢允升、董宋臣、女冠吴知古等，荐引奔竞之人，骤至通显，贿赂公行。外戚子弟任畿辅监司、郡守，赃秽狼藉，台臣论奏，则宣谕节贴而已。又置修内司、御前庄，开献纳之门，没入两争田土，名曰献助，实则白取。禁中排当频数，倡优傀儡，皆入供应，宫嫔廪给，泛滥无节，有职掌名位之外，其充朝者艾六字号夫人者，嘉定六百员，淳祐增至千员。内藏告乏，则移之封庄左藏库，其不节如此！①

虽然宋理宗并非真正意义上的明主，但是在真德秀眼中，他是国家社稷的希望，这部书是为他而作，为后世君主而作。首先，真德秀认为正君

---

① （明）田汝成：《西湖游览志余》卷1，文渊阁四库全书本。

心是解决问题的根本所在，他说：

> 朝廷者，天下之本；人君者，朝廷之本。而心者，又人君之本也。人君能正其心，湛然清明，物莫能惑，则发号施令，罔有不臧，而朝廷正矣。①

真德秀在宋端平元年（1234 年）上京之前的《甲午仙游设醮青词》中自述其志说：

> 适公朝尽起于名流，而孤迹亦尘于华贯，控辞靡获图报惟艰。既不敢矫激以近名，亦不敢低徊而循利，惟厚集精诚，庶几于感格而密陈忠益，冀见之施行，上有裨于国家，下有泽于民物，臣之愿也。②

真德秀在《进〈大学衍义〉表》中也说：

> 叨侍从论思之列，适当奸谀蒙蔽之时，念将开广于聪明，惟有发挥于经术，使吾君之心炳如白日，于天下之理洞若秋豪，虽共兜杂进于尧朝，岂魑魅能逃于禹鼎！不重菲薄，欲效编摩，遽雁三至之谗，徒结九重之恋。③

真德秀在二纲领中，举尧舜禹汤文武之治为例，盖欲人主取法，以成太平之治；列尧舜禹汤文武之学，乃欲人君学之，使人主于动静之际、言谈举止之间，"莫非圣明之至也"。由是格物致知、诚意正心、修身齐家之要中，列举人君入手工夫之要领，摘述古今事迹，及诸儒有所发明之释经论史之文字，以为人君效法之参考。《大学衍义》整本书就是在为治要求下的君主的修身指南。

---

① （宋）真德秀：《大学衍义》，朱人求校点，华东师范大学出版社，2010，第 113 页。
② （宋）真德秀：《西山先生真文忠公文集》卷 49《甲午仙游设醮青词》，四部丛刊景明正德刊本。
③ （宋）真德秀：《西山先生真文忠公文集》卷 15，四部丛刊景明正德刊本。

到了明代，衍义类著作的作者纷纷认识到光依靠君主道德的完善并不能治理好国家，一个国家的治理需要君主和大臣共同协作完成，衍义类著作的诉诸对象这时变为君臣，其性质也由"正君心"变成建立一套明体达用的政治制度。丘濬在《大学衍义补自序》里说：

> 臣惟《大学》一书，儒者全体大用之学也。原于一人之心，该夫万事之理，而关乎亿兆人民之生。其本在乎身，其则在乎家也，其功用极于天下之大也。圣人立之以为教，人君本之以为治，士子业之以为学，而用以辅君。是盖六经之总要，万世之大典，二帝三王以来，传心经世之遗法也。①
>
> 臣窃以谓，儒者之学，有体有用。体虽本乎一理，用则散于万事。……真氏前书，本之身家，以达之天下。臣为此编，则又将以致夫治平之效，以收夫格致诚正修齐之功，因其所余而推广之，补其略以成其全。②

朱鸿林对此评价说："第一子目和最后子目所论述和处理的，都是帝王本身的直接责任。中间所论述和处理的，则是明朝中央六部所属的活动。本书的公开目的是为皇帝和百官提供令他们能够胜任治国之事的基本知识；即使仅就此点而言，本书已不单只是一本'帝王之学'之书，它其实是一本君臣均可共学共用之书。"③ 陈仁锡的《皇明世法录》、胡世宁的《大学衍义补肤见》等书都是君臣共读之书。

达于圣听的诉求，只在《大学衍义》中得到了充分的实现，《大学衍义补》在明朝得到了一定的重视，其他衍义之作进达天颜无门，最后只能成为落满灰尘的馆藏之作，有的甚至亡佚。刘泽华分析此现象时指出，"宋代以后理学家谈论最多的是'正君心'，这不但形成了社会的共识，也进入了朝堂，君主们也常常娓娓道来，十分中听，……到理学兴起，大讲心性，把君主之心进一步提升为社会之本，天地之寄，把一切希望寄托于正君心。朱熹说：'天下事有大根本，有小根本，正君心是大本。'陆九渊

---

① （明）丘浚：《大学衍义补》，林冠群、周济夫点校，京华出版社，1999。

② （明）丘浚：《大学衍义补》，林冠群、周济夫点校，京华出版社，1999。

③ 朱鸿林：《中国近世儒学实质的思辨与习学》，北京大学出版社，2005，第167页。

也说：'君之心，政之本。'"①

二　成己成物的普及读物

衍义类著作的致君热情在清代则有所消歇，由经筵讲义变作读书人进德修能的普通读物。阅读群体的扩大，也扩大了程朱理学的接受范围。其对读书人的最大功能就是要他们知道为臣的本分，做一个合格的官员。因此，对一般读书人而言，此书也可以说是职前培训教材，故而成为全国普通学校的必学教材。明代徐栻《大学衍义补纂要》刻于建宁，尤烈说徐栻，用此书教诸生，嘉惠后学，"日与诸生切磋《大学》之道，诸生皆服习向往，不徒求章句"。② 清代张能鳞提学江南时，为敦促读书，解决读书规范性问题，他编写了《大学衍义补删》《孝经衍义补删》《儒宗理要》，并试图以此作为士子读书的教材。③ 夏震武开灵峰精舍，以明伦、立志、居敬、穷理、力行有恒为讲学宗旨，编《大学衍义讲授》，讲授洛闽之学，兼及经学、史学。陈宏谋在《大学衍义辑要》《大学衍义补辑要》二书自序中就明确表示：

> 士人自束发受书，即读《大学》，其三纲领、八条目解亦句解而字释之，以讲求其意。而坐言者未必起而行，或者以为此理学之书，而非经济之要也。夫理学虚而无用，则经济亦杂而无本，不几几乎视《大学》一书仅供口耳咕哔之资，而无裨于经世服务之大也哉。……又云《大学》之书，譬如人起屋，先画一个大地盘在这里，会得这个了，他日若有材料，却依次起将去。……真氏之书四十三卷，丘氏百六十卷，卷帙浩繁，学者未免有望洋之叹。而远方学者不但难读，且亦难购。余自为诸生时，手握一卷，今者忝任藩宣，自惟才识弇浅，凡所措施，时惧其不合于古，有悖于今，无以仰答恩命，盖复究心此

---

① 刘泽华：《中国传统政治哲学与社会整合》，中国社会科学出版社，2000，第169页。
② （明）徐栻：《大学衍义补纂要》卷首《大学衍义补纂要序》，明刻本。
③ 曹子西主编《北京历史人物传》（下），北京燕山出版社，2014，第478页。

书，考镜得失，以裨万一。[①]

三 待之后世的学术之作

把衍义之作作为学术读物，以这样的著述目的来衍义《大学》的著作较少，而强汝询的《大学衍义续》是其中的代表。强汝询在《大学衍义续》中说：

> 然制度可不同于古，而不可不合于道。求制度之合于道，则未有若先王者矣。是故有可得与民变革者，虽三代不必相袭；有不可与民变革者，千圣百王未之或改。化而裁之存乎时，推而行之存乎人，述而明之存乎简册。降及后世之法，一以先王之道衡之，其得者可以兼取，其失者可以为戒。上下数千载之间，而原其所以为得，所以为失者，初无二道，则三代至今如一日也。破流俗因循之论，屏拘儒胶执之见，以期不谬乎。真氏之本旨，虽所论者不过陈迹，然因其迹而揆其道，则于格物致知之方，或者少有助焉。呜呼！区区之志则已劳矣。然而志有所注，或限于学；学有所涉，或短于识；识有所到，或艰于言；言有所达，而意终不能尽也，则其合焉者，不亦寡乎！既已为之不忍，竟弃粗叙纂述之意，以质世之君子。[②]

在这里，强汝询清楚表明了他著述的目的是为学术而非达于圣听。

从真德秀的《大学衍义》到强汝询的《大学衍义续》，可看出士人为王者师、为学者、为官员的自我角色定位的发展变化。真德秀是一个理想化的儒者，他认为君主的个人道德标准是国家治乱的根本。在书中，他常常以师儒的身份和口气与君主对话，每一条都以尧舜禹汤文武周公孔子圣贤为标的，辅以先儒之言、史实等，最后加上按语，明确表明绍圣的意图，有教育、引导之用意。比如他在《大学衍义》序中就警告君主说：

---

① （清）陈宏谋：《培远堂文集》卷 1《大学衍义大学衍义补辑要序》，民国三十二年排印本。

② （清）强汝询：《大学衍义续》，清光绪十二年（1886 年）刻本。

"《大学》一书，君天下者之律令格例也。本之则必治，违之则必乱。"① "或问大曰小，问远曰迩，未达。曰：天下虽大，治之在道，不亦小乎！四海虽远，治之在心，不亦迩乎！"② 的按语就说：

> 臣按：道即理也。天下虽大，同此一理。人君所为，循理则治，悖理则乱，故曰治之在道。四海虽远，同此一心，人君心正则治，心不正则乱，故曰治之在心。一理可以贯万事，治大不在小乎；一心可以宰万物，治远不在迩乎。③

又如，在评述周敦颐的诚时，真德秀就告诫说：

> 身之所以正者，由其心之诚，诚者无他，不善之萌动于中，则亟反之而已。诚者，天理之真；妄者，人为之伪。妄去则诚存矣，诚存则身正，身正则家治，推之天下，犹运之掌也。敦颐之言渊乎旨哉。④

到了丘濬，《大学衍义补》书里再也没有了师儒的口吻，也没有了引导、教育之义。从君主个人的知识和能力的角度言，该书目的在于使君主了解国情、民情以提高处理具体政务的能力；从君主个人道德标准、处理政务的方法而言，该书目的在于达到"圣神功化之极"；从以天理为出发点的天人关系的角度而言，该书目的在于使人君体天地生生之德，生民养民。⑤ 最后到了陈宏谋，在《大学衍义辑要》《大学衍义补辑要》的按语中，已经没有了君主等字眼，有的只是地方行政观点的阐述，这说明士人理想的高度在不断地降低。

---

① （宋）真德秀：《西山先生真文忠公文集》卷29，四部丛刊景明正德刊本。
② （宋）真德秀：《大学衍义》，朱人求校点，华东师范大学出版社，2010。
③ （宋）真德秀：《大学衍义》，朱人求校点，华东师范大学出版社，2010。
④ （宋）真德秀：《大学衍义》，朱人求校点，华东师范大学出版社，2010。
⑤ 杨念群：《"儒学地域化"概念再诠释——兼谈儒学道德实践的若干形态》，《清华大学学报》2010年第3期。

第三节 经世旨趣之变

一 由体以致用，旨趣在治道

体用是中国哲学的重要术语，宋代以下，其施用的范围无所不至，沿袭至今，效用仍在。关于体用一词的沿革，晁说之、王应麟以下，前贤多有探讨。明末清初，顾炎武、李二曲往返修书讨论，尤为著名。现在大概可以确定：体用分用的情况已见于《易经》，两字并用的例子在《荀子》《周易参同契》等书中也已见到踪影。但先秦两汉时期的用语之心性形上学内涵不强，就严格的哲学语义考虑，体用联用的语组可能起源于魏晋，王弼、钟会的作品中已有是语，后来的道、佛两教更堂而皇之地使用之。至于体用成为儒学的重要词语，应当在北宋朝才发酵。体用论的论述首先是在政治领域里出现，刘彝上朝召对时，说及其师胡安定的教育乃是明体适用之学，其功绩非王安石所能比拟。刘彝此对问极有名，对问背后应当有不同学派竞争儒家正统的用意。在成为政治性的词语之后，体用成为儒学重要的心性形而上学词语，与程颐大约同一个时期的邵雍、张载等人几乎同时展现了全体大用之学的论述。邵雍说："体无定用，惟变是用；用无定体，惟化是体。"[①] 张载说："兼体无累。" 又说："敦厚而不化，有体而无用也。"[②] 两人所说的体用都具有高度的哲学内涵，应当就是典型的体用论语式了。但不可否认，最重要的体用论当是程颐的"体用一源，显微无间"之说。自程颐开始，体用从一种哲学性格极强的词语变成了一种思维方式，被理学家普遍接受。从朱熹开始，体用论的表达方式和《大学》遂密不可分。全体大用一词即出自朱熹《格物补传》所说："众物之表里精粗无不到，而吾心之全体大用无不明矣。"[③] 他论明德概念，也常使用此一术语，如云："人之明德非他也，即天之所以命我，而至善之所存也，

---

① （宋）邵雍：《皇极经世》卷11《观物篇》，（明）黄畿注，中州古籍出版社，1993，第250页。
② （宋）张载：《正蒙会稿》卷1，明正德十五年刻后印本。
③ （宋）朱熹：《四书章句集注》卷23《大学》，宋刻本。

是其全体大用盖无时而不发见于日用之间。"① 不管言格物或言明德，他都用了全体大用这一词语，显然在他的心目中，《大学》代表的就是全体大用之学。后来的真德秀、丘濬之所以有《大学衍义》《大学衍义补》之作，而且以体用论的思维贯穿全书，都是受惠于朱熹而善绍善继。

真德秀的体用观继承朱熹而来，是他理学系统的理论之一，建立在理本论、理实论的基础上。在理的本体论上，真德秀从太极角度论证了理的实有性，他说："万物各具一理，万理同出一原，所谓万物一原者，太极也。太极者，乃万物总会之名，有理即有气，分而二则为阴阳，分而五则为五行，万事万物皆原于此。人与物得之则为性，性者即太极也。仁义即阴阳也，仁义礼智信即五行也，万理各具一理，是物物一太极也。万理同出一原，是万物统体一太极也。太极非有形有器之物，只是理之至者而已，故曰：无极而太极。"② 太极虽无形，但寓于阴阳之中，催生万物，是实有之理。在真德秀看来，所谓实理泛指一切规律和规则，形而上的理，似乎无影无踪，此时的理是空和无。但是作为世界本原的理，并不空，"道不离乎日用事物，而虚无非道也"。③ 从理寓于气的角度看，理寓于气说明理实非虚。真德秀说："盖阴阳二气流行于天地之间，来往循环，终古不息，是孰使之然哉？理也。"④ "有是理则有是气。"⑤ 气成物，物各有理。从理与物的关系来看，真德秀认为物为实，寓于物之中的理当然也为实理，而不是空理。他指出："自吾儒言之，形而上者理也，形而下者物也。有是理故有是物，有是物则具是理，二者未尝相离也。方其未有物也，若可谓无矣，而理已具焉，其得谓之无邪？老氏之论既失之，而为清谈者又失之尤者也。若吾儒之道则不然。天之生物，无一之非实，理之在人，亦无一之非实。"⑥ 可见，在真德秀的心目中，理是先万物而存在的实理。真德秀从即器求理方面，进一步阐述了理实非虚观，真德秀说：

> 盖凡天下之物，有形有象者皆器也，其理便在其中。大而天地，

---

① （宋）朱熹：《晦庵先生朱文公文集》卷15，四部丛刊景明嘉靖本。
② （宋）真德秀：《西山先生真文忠公文集》卷30，四部丛刊景明正德刊本。
③ （宋）真德秀：《西山先生真文忠公文集》卷26，四部丛刊景明正德刊本。
④ （宋）真德秀：《大学衍义》，朱人求校点，华东师范大学出版社，2010。
⑤ （宋）真德秀：《大学衍义》，朱人求校点，华东师范大学出版社，2010，第193~194页。
⑥ （宋）真德秀：《大学衍义》，朱人求校点，华东师范大学出版社，2010，第470页。

亦形而下者；乾坤乃形而上者。日、月、星、辰、风、雨、霜、露，
亦形而下者；其理即形而上者。以身言之，身之形体，皆形而下者；
曰性曰心之理，乃形而上者。至于一物一器，莫不皆然。且如灯烛，
器也，其所以能照物，形而上之理也；且如床桌，器也，而其用理
也。天下未尝有无理之器，无器之理，即器以求之，则理在其中。①

真德秀在此处所说的器和物指具体事物；理是具体事物的规则。真德
秀认为，任何事物都有其秩序和规则，一物具有一物之理，人也是物，因
此人也具有人之理。他认为人之理就是仁义礼智信：

> 理者何？仁义礼智是也。人之有是理者，天与之也。自天道而
> 言，则曰元亨利贞；自人道而言，则曰仁义礼智，其实一而已矣。②
> 仁义礼智信是心之理。③

他把封建道德规范先验化，并把它作为事物的规则，这不过是理学思
辨方法的运用。他的即器求理思想比那种离器言理的思想有合理性，但他
在此处所谓的"器"（或称物）指的是洒扫应对的人伦日用，而道和理是
指仁义礼智信的义理。由于他首先认为人伦日用中存在着仁义礼智信，因
此，他所要证明的东西已经包含在前提之中了。由此可见，真德秀的就事
物上推求义理，并不是要去探索外界事物的客观规律，而是要通过封建伦
理关系来领悟仁义礼智信等道德规范的先验性。但人既先天具有仁义礼智
的理，何以又要就事物来穷理呢？真德秀认为：

> 孟子所谓不虑而知者，良知也。孩提之童莫不知爱其亲，及其长
> 也，无不知敬其兄，此即良知也，所谓本然之知也。然虽有此良知，
> 若不就事物上推求义理到极至处，亦无缘知得尽。④

---

① （宋）真德秀：《西山先生真文忠公文集》卷30，四部丛刊景明正德刊本。
② （宋）真德秀：《西山先生真文忠公文集》卷31，四部丛刊景明正德刊本。
③ （宋）真德秀：《西山先生真文忠公文集》卷31，四部丛刊景明正德刊本。
④ （宋）真德秀：《西山先生真文忠公文集》卷18《经筵进读手记》，四部丛刊景明正德
刊本。

就是说，人先天具有的理，是人的本然之知，亦即良知。但良知不是义理之极至，因此，人必须以先验的理去推求事物之理，以此来扩充心中之理，使达到义理之极至。真德秀说：

> 昔者圣人言道必及器，言器必及道。尽性至命而非虚也，洒扫应对而非末也。①

从体用不二观看，理虽无形体，但在本体中已具备天地万物之理。正因为本体中具有天地万物之理，所以才能够生发出天地万物。真德秀说：

> 大凡有体而后有用，如天地造化发生于春夏，而敛藏于秋冬，发生是用，敛藏是体。自十月纯坤，阳气既尽，不知者谓生意已熄，不知敛藏者乃所以为发生之根。自此霜雪凝冱，草木凋落，虫蛇伏藏，微阳虽生于下，隐而未露，一年造化，实基于此。惟冬间敛藏凝固，然后春来发生有力，所以冬暖无霜雪，则来岁五谷不登，正以阳气发泄之故也。人之一心亦是如此，须是平居湛然虚静，如秋冬之闭藏，皆不发露，浑然一理，无所偏倚，然后应事之时，方不差错，如春夏之发生，物物得所；若静时先已纷扰，则动时岂能中节？故周子以主静为本，程子以主敬为本，皆此理也。②

从这段文字可知，真德秀认为体为理。从理见乎用这个角度出发，真德秀论证了理的实有性。就一身而言，身体为体，所作所为为用，他说：

> 圣人之道不过成己成物而已。明明德，成己之事也；新民，成物之事也。成己者，体也；成物者，用也，只此两言，体用备矣。③

---

① （宋）真德秀：《西山先生真文忠公文集》卷25《昌黎濂溪二先生祠记》，四部丛刊景明正德刊本。
② （宋）真德秀：《西山先生真文忠公文集》卷30《问体用二字》，四部丛刊景明正德刊本。
③ （宋）真德秀：《西山先生真文忠公文集》卷18《经筵进读〈大学章句〉手记》，四部丛刊景明正德刊本。

就仁义而言，"仁为体，义为用"①。性命道德是体，洒扫应对是用；致知格物是体，治国平天下是用，体用不离。真德秀几乎用体用学说来解释他的一切。从体用的角度，他认同儒学极高明而道中庸之学，与异端学术迥异。他说：

> 自诸子言之，则老庄言理而不及事，是天下有无用之体也；管商言事而不及理，是天下有无体之用也，异端之术所以得罪于圣人者，其不以此欤。②

体用不二的提出是有现实价值的：针对当时士人们要么奔竞于仕途官场，要么高谈道德性命的现实，真德秀体用不二的主张，强调了道的日用之功，挽住了道的根基，突出了朱学实的一面。由上可见，真德秀所谓的实理，有两层意思：一是他把理看成是宇宙发生之根，万物之源。二是理不离气，理存于气中，形而上之理，存于形而下之器中。在真德秀看来，《大学衍义》作为朱学理论的政治通俗读本，包括两部分内容：其一是正君心。故在此意义上，诚意正心无疑是纲，并从"帝王为治之序"和"帝王为学之本"两个层次，结合历史经验和儒家经典论述两方面进行了阐述。其二是指出正君心之术。正君心之术在真德秀看来既包括理论上对诚意正心的透彻认识，又包括对诚意正心学说的实践。因此在指出了政治的价值基础之后，作为政治的理论指导，必须还要提供具体可操作的工具，即将道德转化为知识，从而使人从获得知识到真正实践与拥有价值。这第二部分内容实际上既是真德秀的思想诉诸重点，也是《大学衍义》的大部分内容。由此可见，在真德秀将朱学由哲学转化成理论的过程中，他是将治心与格物、价值与工具并重的。相对而言，在真德秀上述两部分的阐述中，后一部分在内容上的比重远远大于前者，也就是说，他的正君心之说是以格物为前提的。对这一点，真德秀曾对宋理宗着意指出过，他说：

---

① （宋）真德秀：《西山先生真文忠公文集》卷28《送陈端父宰武义序》，四部丛刊景明正德刊本。

② （宋）真德秀：《西山先生真文忠公文集》卷25《铅山县修学记》，四部丛刊景明正德刊本。

又读进书札，至《大学》一书由体而用，本末先后，尤明且备。上曰："《大学》齐家、治国、平天下，乃用处，须至诚意正心修身方得。"某奏："上面更有格物致知工夫。人君于天下之理、天下之事，须是都讲究令透彻，方能诚意正心。"①

因而不难发现，格物致知的操作手段在真德秀理论思想中的重要性。真德秀对这一点的强调，正是把握住了朱子学的思想精髓，也在无意之中排除了陆子学及其他学说，把朱子学通过此途径由理论过渡到了政治。

在体用观的引导下，《大学衍义》的经世路径是由体到用。体包括如下内容：一是帝王之学的根本。真德秀认为圣人为帝王之学的根本。二是提倡重德爱民的观念。儒家提倡仁者爱人，重视民本思想，希望皇帝能把百姓当作自己的小孩那般爱护，强化重俭轻奢的思想。三是树立重勤轻玩的观念，儒家有"业精于勤，荒于嬉"的观念。四是强调重道轻艺的观念。用指正君心之术。落实到具体的著作编排上，从架构上说，"帝王为治之序""帝王为学之本"是体，是《大学》"明明德、在亲民、止于至善"三纲领的演化；从内容安排上看，真德秀主张经史并重，以经为体、以理为主宰，而在贯通历史这点上，他和朱熹一样，把历史和世变均纳入理学体系。但是真德秀重视以历史和古今世变"究当世之务"，反对空谈道德性命，强调经世致用，这推进了朱熹的"体用一源"思想。在经史二者的先后问题上，真德秀主张先经后史，"此审取舍之要也。欲进此二者，非学不能学，必读书。然书不可以泛读，先《大学》，次《论》《孟》，而终之以《中庸》。经既明，然后可观史，此其序也"。② 所以他说："人君不明经，不知道，则无以正心。而修身一念之不纯，一动之失中，皆足以奸阴阳之和。"③ 同时他注重古今世变之学，强调要经史结合，达到经世致用的目的。真德秀说：

儒者之学有二：曰性命道德之学，曰古今世变之学，其致一也，

① （宋）真德秀：《西山先生真文忠公文集》卷13《得圣语申省状》，四部丛刊景明正德刊本。

② （宋）真德秀：《西山先生真文忠公文集》卷27《送周天骥序》，四部丛刊景明正德刊本。

③ （宋）真德秀：《大学衍义》，朱人求校点，华东师范大学出版社，2010。

近世顾析而二焉。尚评世变者，指经术为迂；喜谈性命者，诋史学为陋，于是分朋立党之患兴，而小人乘之，藉以为并中庸者之术，甚可畏也。呜呼！盍亦观诸圣门乎？有五经以明其理，有《春秋》以著其用。……故善学者本之以经，参之以史，所以明理而达诸用也。近世本统不明，人各以其好尚为学，谈于下则以好恶相毁誉，议于朝则以出入为党仇。吁！学所以为斯世用也，自夫好尚之分而议论之不一，适足以祸斯世，其又何赖乎天理不达诸事，其弊为无用；事不根诸理，其失为无本，吾未见其可相离也。①

当然，真德秀的经世致用，不同于当时的事功派所讲的经世致用，是以内圣为前提和根本，具有浓厚的心学倾向，他说：

格物致知诚意正心修身者，体也；其所谓齐家治国平天下者，用也。人主之学，必以此为据依，然后体用之全可以默识矣。②

在真德秀看来，如果不先成己，则必不能成物。先明理，后践行，理明确方向、原则、路径，并落实在具体行动中，而落实是关键，因此真德秀主张实学，他说：

有践修之实以保其正性，心存而性得，故推其自成者，皆足以成物。后世乡里之学废，士之干时蹈利者浮游四出，而为战国之从衡；章句文辞之学兴，则又穿凿奇伪为汉之经生；雕镂华靡，为唐之进士。昔以存心者，今以荡心；昔以养性者，今以害性。吁！由后世之法而冀俗化成、人材出，不亦左乎！③

总之，真德秀的经世致用思想，是以内圣（修身）为前提的，富有浓

---

① （宋）真德秀：《西山先生真文忠公文集》卷28《周敬甫晋评序》，四部丛刊景明正德刊本。

② （宋）真德秀：《西山先生真文忠公文集》卷13《召除户书内引札子》，四部丛刊景明正德刊本。

③ （宋）真德秀：《西山先生真文忠公文集》卷25《政和县修学记》，四部丛刊景明正德刊本。

厚的德治色彩。

二 由用以得体的经世旨趣

真德秀经世思想的实现是正君心，他虽把《大学》引入了政治一途，但终因以君王的德性为实现手段而归于虚无。他把当时存在的宰臣弄权、皇后干政、兵冗将骄等一系列现实问题的解决都放在君王一己的内在的生命和心性上，认为德性就等于德政，而忽视外在制度的客观性、独立性和重要性。归根结底，《大学衍义》还是程朱一脉的心性理论，不承认社会政治的客观性，把社会政治问题都简化为内在的德性问题。

丘濬虽然也把自己经世思想的实现寄于君王，认为君主是一切政治活动的开展者和策划者，但不同的是，他并不认为德政就是君王德性的自然延伸，他认为外在的制度具有客观性、现实性，是德政施行的制度保证，因此，《大学衍义补》将实现外王的着力点转为各项社会礼乐、刑法、市场、贸易等制度的架构上，其经世路径是由用到体，从制度的加强到君心的制约。之后的黄宗羲、顾炎武等人的思想也表现出这一倾向。丘濬认为：

> 人君居圣人大宝之位，当体天地生生之大德，以育天地所生之人民，使之得所生聚，然后有以保守其莫大之位焉。然人之所以生，必有所以养，而后可以聚之。又在乎生天下之财，使百物足以给其用，有以为聚居衣食之资，而无离散失所之患，则吾大宝之位可以长保而有之矣。然有财而不能理，则民亦不得而有之。所谓理财者，制其田里，教之树畜，各有其有而不相侵夺，各用其用而无有亏欠，则财得其理而聚矣。所谓正辞者，辨其名实，明其等级，是是非非而有所分别，上上下下而无有混淆，则辞得其顺而正矣。既理财正辞，而民有趋于利而背于义者，又必宪法令、致刑罚以禁之，使其于财也，彼此有无之间，不得以非义相侵夺。①

---

① （明）丘濬：《大学衍义补》，林冠群、周济夫点校，京华出版社，1999，第2页。

在结构上,《大学衍义补》大大弱化了心性,只把"诚意正心"作为卷首,以示其接续《大学衍义》之义,也表明其书也是以正心为前提的。"审几微"是《大学衍义补》前三卷论述的内容,目的是补充真德秀《大学衍义》中"诚意正心之要"不足的部分。对此丘濬解释增补的原因说:

> 臣按:宋儒真德秀《大学衍义》于诚意正心之要,立为二目,曰崇敬畏、曰戒逸欲,其于诚意正心之事,盖云备矣。然臣读朱熹诚意章解,窃有见于审几微之言。盖天下之理二,善与恶而已矣。善者天理之本,然恶者人欲之邪秽。所谓崇敬畏者,存天理之谓也;戒逸欲者,遏人欲之谓也。然用功于事为之著,不若审察于几微之初,尤易为力焉。臣不揆愚陋,窃原朱氏之意,补审几微一节于二目之后,极知僭逾无所逃罪,然一得之愚或有可取,谨劖诸书之言有及于几微者于左。①

在"审几微"一节中,丘濬所强调的首先是希望统治者能"谨理欲之初分",对此他说:

> 臣按:诚意一章乃《大学》一书自修之首,而慎独一言,又诚意一章用功之始。《章句》谓谨之于此,以审其几。所谓此者,指独而言也。独者,人所不知而己所独知也。……《章句》论慎独,指出几之一言,示万世学者以慎独之要。人能于此几微之初,致审察之力。……臣谨补入审几微一节,以为九重献。②

丘濬认为世间任何事物都"各有其理",任何事物都有一个由微到著的发展过程。"人君诚能于其方动未形之初,察于有无之间,审于隐显之际,端倪始露",③ 就能掌握主动而获得成功,"祸乱无由而生"。所以

---

① (明)丘浚:《大学衍义补》卷首《诚意正心之要》,林冠群、周济夫点校,京华出版社,1999。

② (明)丘浚:《大学衍义补》卷首《诚意正心之要》,林冠群、周济夫点校,京华出版社,1999。

③ (明)丘浚:《大学衍义补》卷首《诚意正心之要》,林冠群、周济夫点校,京华出版社,1999。

"几之一言","诚万世人君救天命、保至治之枢要也"。① 从内容上看，《大学衍义补》每一分目所探讨的有关诚意正心、格物致知的内容很少，绝大多数是有关制度起源、演变的考证内容。其后用一百六十卷分十二目阐述治国平天下，这样做的理由，丘濬自己阐释得很清楚，他说：

> 前书主于理，而不出乎身家之外，故其所衍之义大而简。臣之此书主于事，而有以包乎天地之大，故所衍之义细而详。其详其简，各惟其宜。若合二书言之，前书其体，此书其用也。②

丘濬的《大学衍义补》洋洋洒洒约 140 万言，其中有许多典章制度考辨、溯源内容。丘濬不仅梳理开具了治国平天下的 12 个具体领域，而且对每个领域又分门别类，共分为 119 个子目，每一子目下都引经据典，详述始末，条列典型，针对现实提出方案，该书俨然就是一部具体的治国施政纲领。丘濬所论制度，不是虚拟的理论上的制度，而是明朝实存的制度的反思和总结，书中所论涉及帝王治国纲纪、百官职守与选拔任用考核、社会生产、分配、交换、币制、赋税、民生日用、礼乐、祭祀、教育、军事、边防以及海运倭患、都城建筑、历法图籍、度量衡等，举凡政治、经济、军事、法制、文化教育、民俗、民族等治国所涉及的所有领域，几乎无所不包。比如宰相制度，宰相制度于秦建立，明太祖出于君相制衡考虑，取消了宰相，而设立了相应的制度。对此，丘濬认为明朝设"五府、六部、都察院、通政司、大理寺等衙门""虽无宰执之名，实理宰执之事""分理天下庶务"，③ 这样就能做到"事皆朝廷总之""而不颛颛任于一人"，④ 防止出现臣下专权的情况，这样，"朝廷无纷更之弊，臣宰无专擅之祸，上安其政，下保其位"。⑤ 明朝创设的内阁制中，首辅成为事实上的宰相，《大学衍义补》对其也非常赞赏，认为"不予之以名，而予之以

---

① （明）丘濬：《大学衍义补》卷首《诚意正心之要》，林冠群、周济夫点校，京华出版社，1999。
② （明）丘濬：《琼台会稿》卷 7，文渊阁四库全书本补配文津阁四库全书本。
③ （明）丘浚：《大学衍义补》卷 5，林冠群、周济夫点校，京华出版社，1999。
④ （明）丘浚：《大学衍义补》卷 5，林冠群、周济夫点校，京华出版社，1999。
⑤ （明）丘浚：《大学衍义补》卷 5，林冠群、周济夫点校，京华出版社，1999。

实"①的做法便于制衡参与讨论国家大事的阁臣，"不予之以名，则下无作福作威之具；予之以实，则上赖询谋咨访之益"。②丘濬重视时代现实问题的解决，如钞法、海运、盐政、市场等，他在《大学衍义补》中都给出了对策，如：

> 韩愈谓赋出天下而江南居十九，以今观之，浙东西又居江南十九，而苏松常嘉湖五郡又居两浙十九也。考洪武中，天下夏税秋粮以石计者，总二千九百四十三万余，而浙江布政司二百七十五万二千余，苏州府二百八十万九千余，松江府一百二十万九千余，常州府五十五万二千余，是此一藩三府之地，其田租比天下为重，其粮额比天下为多。③

关于常平义仓和籴，丘濬说：

> 考寿昌初立法时，兼请立法于边郡。臣愚亦窃以为内地行之不能无弊，惟用之边郡为宜。非独可以为丰荒敛散之法，亦因之以足边郡之食，宽内郡之民焉。请于辽东、宣府、大同极边之处，各立一常平司，不必专设官，惟于户部属遣官一二员，岁往其处，莅其事。每岁于收成之候，不问是何种谷，遇其收获之时，即发官钱收籴，贮之于仓。谷不必一种，惟其贱而收之。官不必定价，随其时而予之，其可久留者，储之以实边城。其不可久者，随时以给廪食之人。凡诸谷，一以粟为则。如粟直八百，豆直四百，则支一石者，以二石与之。他皆准此。然后计边仓之所有，豫行应运边储州县，俾其依价收钱，以输于边。如此不独可以足边郡，而亦可以宽内郡矣。由是推之，则虽关中盐粮之法，亦可以是而渐有更革焉。④

又如市场，丘濬对它解释为："当日中之时，致其人于一处，聚其货

----

① （明）丘浚：《大学衍义补》卷5，林冠群、周济夫点校，京华出版社，1999。
② （明）丘浚：《大学衍义补》卷5，林冠群、周济夫点校，京华出版社，1999。
③ （明）丘浚：《大学衍义补》卷24，林冠群、周济夫点校，京华出版社，1999。
④ （明）丘浚：《大学衍义补》卷25，林冠群、周济夫点校，京华出版社，1999。

于一所，所致所聚之处，是即所谓市也。"① 这种市场最大的好处是人们能够"各持其所有于市之中，而相交易焉，以其所有易其所无，各求得其所欲，而后退，则人无不足之用。民用既足，则国用有余也"。② 关于学校，他考辨后说：

> 按大学之教所以聚天下贤才，使之讲明经史，切磋琢磨以成就其器业，为天下国家之用，非颛颛计岁月、较高下，以为仕进之途也。③

丘濬在《大学衍义补》中讨论人君的为治之道和为治之方，是对真德秀《大学衍义》在具体政治实践讨论上的缺失的补充。《大学衍义补》从多个方面加强了制度对君主的制约，为帝王之政设计了一系列制度上的架构和安排。在中国古代，像《大学衍义补》这样以较长篇幅专门探讨保障制度实施的物质环境的著作极其少见。在《大学衍义补》成书并进献明孝宗以后，丘濬便择书中所载切要之务，陆续上奏明孝宗，并被朝廷采纳，"是以孝庙嘉其考据精详，论述赅博，有补政治，特命刊而播之。……朕将绅绎玩味，见诸施行，上溯祖宗圣学之渊源，且欲俾天下家喻户晓，用臻治平，昭示朕明德、新民、图治之意"。④ 在清代，也有地方官以此书作为施政参考，如清代蔡士英出版聂豹《大学衍义补》删节本，置之案头，作为施政参考，《大学衍义补》其他一些治国方略也已经被明、清以来的执政者所采纳实行。这些事实也证明了《大学衍义补》的治国方略，尤其是具体的治国措施对于国家政务，的确有一定的针对性、实用性、可行性。明代袁裹慨叹：

> 丘公以辨博之学，勤于纂述，其用事之志，亦略具《衍义补》矣。及位密司，竟不能施行其言，岂时与势阻耶？抑天下事有可言不可行者耶？昔人有言，退而论天下之事易，进而处天下之事难。信

---

① （明）丘濬：《大学衍义补》卷24，林冠群、周济夫点校，京华出版社，1999。
② （明）丘濬：《大学衍义补》卷24，林冠群、周济夫点校，京华出版社，1999。
③ （明）丘濬：《大学衍义补》卷70，林冠群、周济夫点校，京华出版社，1999。
④ （明）丘濬：《大学衍义补》卷首《大学衍义补序》，林冠群、周济夫点校，京华出版社，1999。

矣夫!①

　　今人吴辑华、黄仁宇也说:"《大学衍义补》是一本全面的公共行政指南。是书的价值不在于取材丰富,而是作者发挥了儒家体用理论,把儒家经典中的政治理论,落实到明朝具体施政上。"②

　　当然,丘濬在《大学衍义补》中所提出的一些制度构想,一旦直接对治具体实事,就难免会举措失宜,对此,后人多有批评,如卢文弨在《大学衍义补肤见序》中说:"丘氏既知钞法之不便。而又欲强立一法以必其行。公则以为断然不可行也。"③ 关于海运,当时也是多有批评,后来魏源说海运好,但当时条件不具备,"行于今时则可",④ 这个"时"的问题是很难把握的。丘濬《大学衍义补》虽看到了《大学衍义》的不足,力图建立起心性之学的真正的外王之道,但终究因其炫才逞博,他的《大学衍义补》最终还是变成了一部文物典章制度的资料汇编,只能说其为后世学者研究相关制度名物提供了丰富的文献资料。

三　究心于行政措施的经世旨趣

　　在清朝,几乎所有衍义之作要么失去了心性如何实现政治价值的哲思,如徐桐《大学衍义体要》、强汝询《大学衍义续》、庆恕《大学衍义约旨》、夏震武《大学衍义讲授目次》和何桂珍《衍义附编》,要么没有了对当时的政治、法律、经济等制度进行探讨,又或者他们也不再把君主作为唯一的阐释对象,而是投向普通士子或学术研究本身。如陈宏谋在《大学衍义辑要》《大学衍义补辑要》序言中所言:

　　　　迨入仕途,官场事宜,尤未娴习,临民治事,茫无所措,未优而仕,不学制锦,心窃忧之。然平时偶有得于圣贤之绪论,合之今时情事,多所切中,此心稍有把握,措之事为,幸免陨越,不至如夜行者

────────────

① （明）谈迁:《国榷》,清抄本,第 670~671 页。

② 詹尊沂等主编《丘浚邢宥海瑞研究》,海南出版社,2006,第 215 页。

③ （清）贺长龄:《皇朝经世文编》卷 1,上海宏文阁,1897。

④ （清）魏源:《魏源集》,中华书局,1976,第 411 页。

之怅怅何之，乃益悔前此之鲜学，而古训之不可一日离也。因于簿书余闲，时一展卷，藉兹陈编，以祛固陋，凡切于近时之利弊、可为居官箴规者，心慕手追，不忍舍置，不敢谓仕优而学，亦庶几即仕即学之意云尔。①

昔人谓人不可以世务妨读书，只当以读书通世务。弟窃谓苟以理道之心应世，则世务正无妨于读书，而且有益于读书也。每见人于世情，能觑破一分，于身心有一分体贴，则于古圣贤言语，便觉津津有味。同一书籍，而或则以为迂远，或则以为亲切，且即一人之身，而前视为迂远，后又视为亲切，皆此意也。《遗规》数种，刻成附寄，自顾本无一知半解，可以问世，惟就眼前所见，觉有切于时，而利于病者，即为采入。不取过高难行之论，其文词之浅深，以及人之或古或今，或近或远，或穷或达，均可不论，高明阅之必有以教我也。②

在陈宏谋看来，读书与从仕是不可偏废其一的，倘若未优而仕，则会陷入不熟悉官场事宜、临民治事茫然不知所措的困境，即便是谈不上仕优而学，那至少也需要做到即仕即学。从读书与从仕二者的关系来看，陈宏谋认为，读书的目的是通世务，且反过来世务又有益于读书，于世情中体贴身心、咀嚼圣贤之言。可见，在陈宏谋这里，其更强调的是行政能力，而不再是对修身养性义理本身的哲思。

综上所述，从真德秀的《大学衍义》到丘濬的《大学衍义补》，再到陈宏谋的《大学衍义辑要》《大学衍义补辑要》，衍义之作阐释中心发生了转移，从《大学衍义》以政治构想与传播理学为价值取向，变为《大学衍义补》以提供制度架构为中心，再到陈宏谋《大学衍义辑要》《大学衍义补辑要》以普通读书人的进德修行为中心，其诉求对象和性质都发生了转变。随之，阐释者身份角色也由《大学衍义》中的为师为儒，一变为《大学衍义补》中的渊博的学者，最后又变为如陈宏谋能干的封疆大吏；关注的重心从《大学衍义》的君心，变为《大学衍义补》的政体，最后变为陈宏谋的国家观念和利益；经世路径也由《大学衍义》的由体以其用到《大

---

① （清）陈宏谋：《培远堂文集》卷1《从政遗规序》，民国三十二年排印本。
② （清）陈宏谋：《培远堂手札节要》卷中《寄宫怡云书》（辛酉），民国三十二年排印本。

学衍义补》由用得体再到陈宏谋诚一不欺、设诚致行的必然推衍；其经世
内容也从《大学衍义》的以教为政到《大学衍义补》的以社会和政治制度
构想为主要内容，最后被陈宏谋以行政效率和规则为主要内容所取代。同
时，三者的思想旨趣也是不同的，真德秀的《大学衍义》的兴趣点在"君
心为本""格君心之非"，丘濬的《大学衍义补》以构建一套全面制度以
制约君权为旨归，陈宏谋的《大学衍义辑要》《大学衍义补辑要》则以商
人精神、规则法规为思想旨趣。

第四章　衍义体的价值
及其衰落

第一节　对传统精英思想方式的影响

一　内圣外王、修己治人

　　《大学衍义》着重于君主的自身道德完善的探讨，所谓成己之极，而后成物之极。丘濬虽然不满真德秀只依靠道德来治理国家，但他依旧十分赞同这种修己治人的观点。他在《进〈大学衍义补〉表》有言：

　　　　圣人全体大用之书，分为三纲八条，实学者修己治人之要。①

　　他又说：

　　　　先儒谓此乃是圣学之极功，成己成物，合内外之道。《大学》身修家齐国治天下平之事也，故谓之大顺。②

---

① （明）丘濬：《琼台会稿》卷7，文渊阁四库全书本补配文津阁四库全书本。
② （明）丘浚：《大学衍义补》，林冠群、周济夫点校，京华出版社，1999。

湛若水说：

> 成己成物皆性之德，合内外之道也。在己为德行，在人为教事。不尽乎己，则无以推于人；不尽乎人，则己之性分有歉也。故君子举其性之全体而尽之，夫然后可以成其至治也钦。①

陈宏谋也说：

> 天下古今之事物，不外乎理。明此理而内以克制其心，外以推暨乎民物，不能不由于学。理变化而无穷，则学亦精进而不已。②

成己成物已经内化为中国古代精英分子道德及社会理想的一部分，并激励着他们为之不断努力。《大学衍义》把《大学》内圣思想推向了高峰，它一方面体现了中国传统儒者对成己成物观念的认同，另一方面也把内圣成己的政治功能扩大化。《大学》把格物、致知、正心、诚意、修身作为内圣的要求，把齐家、治国、平天下作为外王的途径，这其实是把内圣、修己狭隘化了。在明明德的同时也同样做到亲民、止于至善才能称之为内圣。同样，修己也同时包含敬、安人、安百姓三大要素。《大学衍义补》《格物通》《大学衍义补肤见》《皇明世法录》等衍义类著作强调可操作性、技术性，弱化了《大学衍义》至高的道德主义意识，削弱了道德的政治化功能，这也是对内圣理解的一次修正，把它从纯粹的道德理想主义拉回到现实实践中。陈宏谋更是用实际行动证明了成己及物，内圣外王乃体用一体、知行合一。衍义体正是中国古代知识分子在接受内圣外王思想，以成己成物为理想追求的同时，不断理解和实践其含义的过程。

二　述而不作

衍义类著述所表明的是述而不作的著述之路，而这种著述方式为中国

---

① （明）湛若水：《格物通》卷46，文渊阁四库全书本。
② （清）陈宏谋：《培远堂文集》卷1《王丰川先生续集序》，民国三十二年排印本。

传统知识分子所乐于接受和遵循。述而不作出自《论语·述而》："子曰：述而不作，信而好古，窃比我于老彭。"[①] 述而不作所呈现的是中国传统学者尊经、崇古、慎作的传统阐释学观念。首先，它具有崇古情节，以六经为圭臬，以尧舜禹三代为典范；其次，它要求依傍经典以立义，论述必须有经可依，所有的阐释在经义的涵盖下进行；最后，述而不作体现的是对作的慎重，以及对述的重视，通过对经典的编辑来表达作者的思想意图。

衍义体正是这种崇古、尊经、慎作的阐释学观念的产物。《大学衍义》每纲每目必以经典为始，以"格物致知之要"引书（取引用的前三书）为例，如表 4-1 所示。

表 4-1　《大学衍义》引书一览

格物致知之要	明道术	天理人心之善		
		天理人伦之正	兼言五者大伦	《大学》《孟子》
			通言人子之孝	《孝经》《易》《论语》
			帝王事亲之孝	《尧典》《孟子》《礼记》
			长幼之序	《孟子》《诗经》《棠棣》
			夫妇之别	《礼记》《坤》《小畜》
			君使臣之礼	《诗经》《礼记》《春秋传》
			臣事君之忠	《论语》《孟子》《春秋传》
			朋友之交	《诗经》《孟子》《学记》
		吾道源流之正		《尚书》
		异端学术之差		《论语》
		王道霸术之异		《孟子》
	辨人材	圣贤观人之法		《尧典》《皋陶谟》《论语》
		帝王知人之事		《史记》
		奸雄窃国之术		《春秋传》《史记》
		憸邪罔上之情	奸臣	《史记》《资治通鉴》
			谗臣	《诗经》
			佞幸之臣	《史记》
			聚敛之臣	《汉书》《资治通鉴》
	审治体	德刑先后之分		《舜典》《论语》《汉书》
		义利轻重之别		《孟子》《荀子》《盐铁论》
	察民情	生灵向背之由		《泰誓》《春秋传》《孟子》
		田里戚休之实		《诗经》

① （宋）朱熹：《论语集注》，中国社会出版社，2015。

从表 4-1 的统计可以看出，真德秀的引书以六经为主，另外还有四书以及正史等，每一目的第一部引书也以《尚书》《诗经》《礼记》为主，这从一方面表现出了真德秀崇古的心理状态；另一方面也表明了先秦经典在中国古代知识分子中的重要地位的确立。就真德秀的编纂体例来看，真德秀多是把六经、诸子言论、历史著作为己所用，通过一个特定的目来统摄，真德秀的按语也是对这些经典著作的阐释，并没有新的发明创造。真德秀正是通过对这些材料的剪裁编辑来完成自己的经世意图，这种体例被衍义类著作所沿袭和继承，《大学衍义补》《中庸衍义》《格物通》《御定孝经衍义》《御定内则衍义》等都是采用这种述而不作的著述方式来完成自己的创作意图。

另外，衍义类著作有很多是删节之作，如杨廉的《大学衍义节略》、王净的《大学衍义通略》、凌迪知的《大学衍义补精华》、陈宏谋的《大学衍义辑要》《大学衍义补辑要》、庆恕的《大学衍义约旨》等，都是以《大学衍义》《大学衍义补》为经典，在尊重原著的同时，通过选、删、改等方式融入了自己的编纂意图。陈宏谋的《大学衍义辑要》对《大学衍义》进行了大幅度的删减，删减主要集中于重复的事例、理学名家的言论、冗长的论述言语等，对语句力求精简，这都体现了陈宏谋务实严谨的学习态度和学风。这种以删节来表达自己观念的方式同样也是述而不作著述理念在中国古代知识分子中的延续。

三 重视史实和故事

衍义类著作除了重视经典之外，还对史实和故事十分重视。重视史实和故事表明了后世之士经世致用的价值取向以及其对经典通俗化、世俗化的努力。章学诚说"六经皆史"，史实和故事的来源主要有两类：一类是经书，另一类是中国古代的史书，包括《史记》《汉书》《后汉书》《资治通鉴》等。经书重视史实和故事，其原因一方面在于有一部分经书本身就是史实，如《尚书》《春秋》等；另一方面，注重用史实和故事来阐释经义，可使经义更加通俗易懂。以《大学衍义》为例，如《天理人伦之正·长幼之序》中引《棠棣》之诗，真德秀按语说：

周公使二叔监殷，二叔以殷畔。公既奉行天讨矣，使他人处此，必且疾视同姓，惟恐疏弃之不亟。……其后有周世赖宗强之助，王室之势安于磐石，虽历变故，而根本不摇。襄王怒郑，欲以狄师伐之，其臣富辰谏曰："兄弟虽有小忿，不废懿亲。今天子不忍小忿以弃郑亲，其若之何？"襄王不从，果召狄难。[①]

真德秀首先讲解了《棠棣》一诗背后的故事，后又用襄王伐郑的故事加以说明。又如《天理人伦之正·通言人子之孝》中引用《论语·为政》中的"孟武伯问孝"一则，真德秀的按语说："先儒之说谓武伯之为人，必多可忧之事者，故夫子以此告之，欲其体父母之心，知所以自爱也。……故汉文帝尝骑驰下峻坂，袁盎谏曰：'陛下纵自轻，奈高庙、太后何？'此言足以深儆之矣。"[②] 这则按语首先从孟武伯为人——必多可忧之事入手，让人理解孔子的用意，又附以汉文帝的故事来说明孝为"父母唯其疾之忧"，乃是"体父母之心，知所以自爱也"。另外，衍义体还重视对史书中史料的运用，如《憸邪罔上之情·奸臣》中列举了秦赵高、汉弘恭和石显、晋贾充、梁朱异等人来详细地揭露奸臣的丑恶嘴脸。

衍义体重视历史事实和故事，一方面是希望读者（君王、大臣、士子）等能够知史实，以史为鉴，治理好国家；另一方面也为了增加经典的趣味性，显示出古代知识分子在经典通俗化、世俗化方面的努力。

四　进言上书的理论根据

元明清三朝的政治精英们往往把衍义之作当作治道之指南，治理之良方。明万历元年，朝廷在议论王阳明从祀孔庙之事时，支持王阳明从祀的谢廷杰引用了《大学衍义补》中关于孔庙从祀的标准作为论据，最终在明万历十三年为王阳明争取到从祀孔庙的资格。《大学衍义补》主张监控各地粮食价格，建立常平仓的制度，这对朝廷的决策也有影响。

---

① （宋）真德秀：《大学衍义》，朱人求点校，华东师范大学出版社，2010，第126~127页。
② （宋）真德秀：《大学衍义》，朱人求点校，华东师范大学出版社，2010，第98~99页。

臣愿国家定市价，恒以米谷为本，下令有司在内伸坊市逐月报米价于朝廷，在外则闾里以日上于邑，邑以月上于府，府以季上于藩服，藩服上于户部。使上之人知钱谷之数，用是而验民食之足否，以为通融转移之法。务必使钱常不至于多余，谷常不至于不给，其价常平，则民无苦饥者矣。①

监控、调配各地粮食，使粮足价平，这一建议在清代被康熙帝采纳施行，对当时的社会稳定起到了一定的作用。

此外，大臣给帝王开的书单中就有《大学衍义》。杨士奇说：

宋儒真文忠公著此书，所以备有天下国家者之法戒也，为人主及其辅臣皆不可离此。董子论《春秋》，谓有国者及为臣者，皆不可不知余此书亦云。②

大学士杨廷和等疏：

陛下退朝之暇，静处法宫，取太祖高皇帝所编《祖训》及宋儒真德秀《大学衍义》，及覆熟玩，以涵养圣心，详审治体。凡百举动，必以尧舜禹汤文武为法，群臣章奏有关于圣躬切于治道者，置诸座右，时赐睿览，见诸施行。③

也如大学士刘健等云：

兹山陵事毕，婚礼告成，万机之余，别无他事，正宜讲诵经史，使义理渐明，聪明渐广。若先有厌倦之心，则必无积累之效矣。且《四书》《尚书》乃圣贤大道，固当先务。若《大学衍义》，乃为治法

---

① （明）丘浚：《大学衍义补》，林冠群、周济夫点校，京华出版社，1999。
② （明）杨士奇：《东里续集》卷16《大学衍义三集》，文渊阁四库全书补配清文津阁四库全书本。
③ （明）杨廷和：《杨文忠公三录》卷2《请慎始修德以隆治化疏》，文渊阁四库全书本。

度,《通鉴》乃古人事迹,亦皆不可不讲。①

清儒对《大学衍义》评价极高,顺治时大臣魏裔介上书说:

> 臣谓政事之暇尤宜详玩讲求者,莫如朱熹之《通鉴纲目》、真德秀之《大学衍义》、丘濬之《大学衍义补》、唐太宗之《贞观政要》。以上诸书反复绅绎,见于设施,以致太平之治无难。②

清蔡世远认为该书:

> 《大学衍义》一书,引经摘史,加以剖析论断,心法、治法微显毕具,诚内圣外王之学,合古来著书者而集其大成也。自天子以至于庶人皆当习复而身体之。余尝谓有宋道学五子而外,断推西山为第一,体用兼优,才德俱茂,恨不究其用耳。著作亦第一有功。③

曾国藩上奏道光帝说:

> 顺治年间,亦曾翻译《通鉴》及《大学衍义》二书呈进。今臣闻圣学高深,诸经、《通鉴》讲贯已熟。窃谓君之道,莫备于真德秀《衍义》、丘濬《衍义补》二书。真氏于用人之道,丘氏于理财治民之道,尤言之深切著名,……此二书,于今日时政实有裨益。④

此正如明儒薛瑄所言:"朱子之后,大儒真西山《大学衍义》有补于治道。"⑤

---

① (明)胡广等撰《明武宗毅皇帝实录》卷17,清抄本。
② (清)魏裔介:《兼济堂文集》卷1《敬抒管见疏》,文渊阁四库全书本。
③ (清)蔡世远:《古文雅正》卷14,文渊阁四库全书本。
④ (清)曾国藩:《曾文正公奏稿》卷1,清光绪二年传忠书局刻本。
⑤ (明)薛瑄:《读书录附续录》卷10,文渊阁四库全书本。

第二节 衍义体对程朱理学的传播价值

理学的传播方式多种多样，概括而言，有兴学、讲学、撰写、刊刻学记、书籍、人际交往、碑刻和谕俗文等，衍义形式就是阐释和传播理学的一种方式。据统计，《大学衍义》引先儒之说共 94 条，其中朱熹占 39 条，程颐占 8 条，杨时和张栻各 1 条；《大学衍义补》2155 条释诸经部分正条的诸子言论中，朱熹占 462 条，程颐占 124 条，张栻占 39 条，杨时占 12 条，程颢占 1 条；《格物通》中两宋儒者言论 200 条，其中周敦颐占 20 条，张载占 18 条，程颐占 41 条，杨时占 32 条，张栻占 25 条，朱熹占 8 条，陆九渊占 3 条，[1] 衍义类著作与程朱理学关系十分密切。衍义的形式演变是程朱理学经世致用的必然结果，其创始之初就明显具有宣传程朱理学的意味，而其后的大部分衍义类著作也依旧与程朱理学联系密切。衍义体形成后，丰富了程朱理学的传播手段，在程朱理学的传播中起着巨大作用。

首先，衍义类著作促进了程朱理学的官方化。一批衍义类作品成为经筵讲义，得到了帝王的认可，大臣也以之为依据进谏进言。《大学衍义》自真德秀进献给宋理宗之后，就被列为经筵讲义。元朝虽然为蒙古族所建立，但元朝的统治者却十分推崇《大学衍义》，一再肯定它在治理国家方面的作用，并且把《大学衍义》翻译成了蒙古语。《元史》载元仁宗时：

> 时有进《大学衍义》者，命詹事王约等节而译之，帝曰："治天下，此一书足矣！"因命与《图象》《孝经》《列女传》并刊行赐臣。[2]
> 翰林学士承旨和塔拉都哩默色、刘赓等译《大学衍义》以进，帝览之，谓群臣曰："《大学衍义》议论甚嘉！"其令翰林学士阿拉特克穆尔译以国语。[3]

---

① 朱鸿林：《中国近世儒学实质的思辨与习学》，北京大学出版社，2005，第 246 页。
② （明）宋濂等撰《元史》卷 23，清乾隆武英殿刻本。
③ （清）嵇璜：《续通志》卷 64《元纪》，文渊阁四库全书本。

到了明朝，历代皇帝经筵上时时都以《大学衍义》进讲，明太祖朱元璋还命人把《大学衍义》刻在大殿的庑壁上，以供时时学习和警醒。

在清朝，《大学衍义》依旧为经筵讲义，且清顺治、清康熙、清咸丰等皇帝曾在位的时候都有将《大学衍义》翻译为满文。除此之外，皇帝还将《大学衍义》赐给大臣们，如元仁宗就以江浙省所印《大学衍义》五十部赐朝臣，元英宗也以《大学衍义》印本颁赐群臣，明神宗、明世宗以及清康熙、光绪两帝也都有赐《大学衍义》给群臣。皇帝重视《大学衍义》，大臣也器重此书。经常有大臣以《大学衍义》一书劝谏皇帝，如此便促进了程朱理学的官方化。

其次，衍义体的传播也起着化民成俗的作用，衍义体一开始是专门为国君量身打造的，后来其阅读群体逐渐由国君走向普通士子，由经筵讲义变作普通读物。阅读群体的扩大，也扩大了程朱理学的接受范围。清代两部官修衍义类著作《御定孝经衍义》《御定内则衍义》，直接从道德角度出发对皇室以及百姓群众进行规劝，起着化民成俗的作用。

最后，衍义体还把程朱理学带到国外，促进了程朱理学的国际化。程朱理学于宋元时期便开始传入韩国、越南、日本等国，而后影响诸国之思想、文化七百多年。在儒教文化圈影响下的高丽时代、朝鲜时代、日本德川时代、越南的后黎朝时期和阮朝时期，衍义体也备受推崇。① 衍义体在海外产生的巨大影响，直接促进了程朱理学在海外的传播。②

高丽六年（1357年），《大学衍义》成为高丽王朝的经筵读物。明洪武三年（1370年），程朱理学的经典被定为高丽朝廷选拔翻译人才的考试科目。③ 到了朝鲜李氏朝廷时代，其对程朱理学的推崇更甚，明永乐年间，明廷先后赐《大学衍义》《朱子全书》《四书衍义》等典籍于李朝④，程朱理学进入李朝朝堂。随着活字印刷术在李朝的不断发展直至盛行，加之统治者的推崇，于是开始广泛翻刻二程、朱熹、真德秀等人的各类著作，明宣德九年（1434年）的《大学衍义》铜活字印本至今仍可见。

① 朱人求、王玲莉：《衍义体在东亚世界的影响及其衰落》，《社会科学战线》2011年第3期。
② 朱人求、王玲莉：《衍义体在东亚世界的影响及其衰落》，《社会科学战线》2011年第3期。
③ 何芳川主编《中外文化交流史》（上），国际文化出版公司，2016，第177页。
④ 吴晗辑《朝鲜李朝实录中的中国史料》（1），中华书局，1980。

《大学衍义》和《大学衍义补》传入韩国后，不少学者开始注意到《大学》的重要价值，随之便产生了大量的相关研究著作，朝鲜李彦迪的《中庸九经衍义》就是《大学衍义》的仿作。他自述说：

> 《中庸》之九经，告人君以为政之道。……窃仿二书《大学衍义》《大学衍义补》之例，推本先圣之训，参以诸贤之论及诸氏百家之说，微臣一得之愚亦窃附焉，随其条目而推广其意，明之曰《九经衍义》。①

《大学衍义辑略》，是由"朝鲜朝成宗王朝时的学者李石亨和洪敬孙、赵祉、闵贞，删裁、增补真德秀的《大学衍义》而共同编撰完成的"，② 李石亨在其序文中交代了编撰此书的缘由：

> 臣尝观真德秀《大学衍义》一书，其论帝王为学之本，为治之序，善恶之所以分，治乱之所自由，极尽且备。③

《圣学辑要》则是在朝鲜性理学已建立起来的学术时势中产生的，编撰者李珥④利用朝鲜性理学来重新解读《大学衍义》，认为真德秀的《大学衍义》虽可作为帝王入道之指南，但因其"卷帙太多，文辞汗漫，似纪事之书"，故而"非实学之体"⑤，《圣学辑要》便是对其阙如之补正。《圣学辑要》共8卷，是李珥当时"患道学不明"，认为需要"变化气质之功""推诚用贤之实"的帝王之学而辑以进献给当时国王。李珥基于《大学》的旨意，引用《四书》《五经》和宋代名儒的诸说和诸注（朱熹的语录最多）而编成。全书计五篇，分别为"统说"、"修己"（上、中、下）、"正

---

① 朱人求：《儒家文化哲学研究》，安徽人民出版社，2008，第270页。
② （韩）朴志勋：《真德秀的〈大学衍义〉及邱濬的〈大学衍义补〉对韩国性理学的影响》，《黑河学刊》2011年第3期。
③ （韩）李石亨等辑《大学衍义辑略》，（朝）朝鲜刻本；参见黄建国、金初升主编《中国所藏高丽古籍综录》，汉语大词典出版社，1998，第87页。
④ 李珥，号栗谷，是朝鲜李朝时代朱子学大家，曾仕于朝鲜王朝宣祖朝，任两馆大提学、石参赞等职。
⑤ （韩）李珥：《圣学辑要》，载《栗谷集》，朝鲜庚寅文化社，1976。

家"、"为政"（上、下）、"圣贤道统"，体现了他对儒家学说系统的理解。书中认为帝王之学就是修己、治人，即"变化气质"和"推诚用贤"。在"修己"上更加注重的是"居敬""穷理""力行"三点。他把"修己"工夫的根本放在"主敬"上，强调"敬"和"诚"的统一。各篇章后附有按语以诠释所辑之言论，有利于读者掌握孔子学说、宋明理学的要义，通过《补说》他直截了当地阐明自己的观点，这具有重要的学术价值和意义。①

作为朝鲜王朝唯一留下了个人文集的君主，正祖对《大学衍义》和《大学衍义补》十分欣赏，他认为：

> 真文忠之《衍义》、邱文庄之《衍义补》，全体大用之具备，经史子集之咸萃，垂柯范于千古，替龟鉴于百王。②

于是倾其心志 30 年，苦心钻研此二书，终于将二者之可资借鉴的部分集约成书，名为《大学类义》。③ 衍义体的传入，于朝鲜王朝的思想文化而言，其意义无疑是重大的，"从君王到士林知识分子，皆以此二书为得要领处而推动之，终至成就了韩国性理学"。④ 在程朱理学两百余年的浸润和熏陶之下，朝鲜王朝成为中国之外的程朱理学道统阐发中心。

越南在历史、政治、经济、文化、思想等方面深受中华文化的影响。两汉时期，锡光、任诞在此地建立学校，进行儒家的礼仪教育。三国的士燮，治理交趾 40 年，传播了儒学，据《大越史记》卷三《士纪》记载：

> 我国通诗书，习礼乐，为文献之邦，自士王始，其功德岂特施于当时，而有以远及于后代，岂不盛矣哉。⑤

孔孟的思想和经过宋儒注解的经、传，在古代越南受到崇拜，被视为

---

① 张岱年主编《孔子百科辞典》，上海辞书出版社，2010，第 790 页。
② （韩）正祖：《弘斋全书》卷 56《题大学类义》，《韩国文集丛刊》标点影印本。
③ （韩）正祖：《大学类义》卷 1，清同治四年朝鲜活字本。
④ （韩）朴志勋：《真德秀的〈大学衍义〉及邱濬的〈大学衍义补〉对韩国性理学的影响》，《黑河学刊》2011 年第 3 期。
⑤ 陈荆和编校《校合本〈大越史记〉》卷首，东京大学东洋文化研究所，1984~1986。

一切思维、语言和学术与艺术活动的规范，受过"孔门程院"的正规、系统教育的人才能成为士大夫。越陈朝（1226~1400 年）兴起，陈氏政权建立后，正在当政者努力寻找适应其封建专制制度发展的意识形态时，朱熹的《四书集注》等书传入了越南，程朱理学成为统治者的最佳选择。在陈圣宗"求圣贤，能讲四书、五经之义者"的诏旨下，一批越南的程朱理学学者应运而生，如朱文安、黎括等。① 随后的黎朝、阮朝对程朱理学的推崇更甚。在教育与科举结合的黎、阮两朝，"以经义取士"，从而"使士子沈潜于四书、五经之义"。② 这时候越南出现了五经的多种"演义"，如《易经大全节要演义》《周易正文演义》《书经衍义》《书经大全节要演义》《诗经演义》《礼记大全演义》《春秋演义》《五经节要演义》等。其中，堪称"黎朝末年百科全书式"的越南大儒黎贵惇③的《书经衍义》，以策问的形式对《尚书》做了逐篇解答与注解，对于先儒传注异同可疑之处，略有辨正，不敢执定注家一边，也不敢好为新奇之论，"以背伊川、考亭之序也"。④ 他摘引和介绍了朱熹关于理与气关系的论述但有所不同。他一反朱熹以理为本，"有是理便有是气"的观点，认为"理在气之中，理因气而有"。可见，有的越南思想家并非完全抄袭、借用，而是有所发挥，并有自己的一定见解。但《书经衍义》只是一种《大学》的译述和疏解，还不是接受了《大学衍义》的衍义体例而成的衍义作品。阮朝时期（1802~1945 年），在其初期和中期，儒学仍保持兴旺之势。越南嘉隆八年（1809年），清朝商人将《大学衍义》带到越南，北城总兵阮文诚翻刻《大学衍义》，认为此书推衍《大学》之旨，有益于帝王治国，故将其进予嘉隆帝，上表请印行，《大南实录》记载说：

> 嘉隆八年（1809 年）六月，北城总镇阮文诚进《大学衍义书表》，略曰："《大学》一书，古者大学教人之法，圣门传授之渊

---

① 高令印、高秀华：《朱子学通论》，厦门大学出版社，2007，第 504 页。

② 陈文：《越南科举制度研究》，商务印书馆，2015，第 429 页。

③ 黎贵惇（1726~1784 年），字允厚，号桂堂，越南太平省缘河县人。18 岁中解元，28 岁中榜眼，任工部尚书等职，曾出使中国。他学识渊博，著述甚丰，他对中国传统文化和古典文学有很高的造诣和研究。主要著作有《黎朝通史》《国史续编》《北使通录》《皇越文海》《群书考辨》《书经衍义》《芸台类语》《见闻小录》等。

④ 朱人求：《儒家文化哲学研究》，安徽人民出版社，2008，第 272 页。

源。……宋儒真德秀作《衍义》，明儒丘濬补之，皆所以明其要也。前书既推明德之要，以为新民之本，后书则揭新民之要，以收明德之功，其中首以圣贤之明训，参以古今之事迹，附以诸儒之发明，条分缕析，体具用周，非但可备经筵，凡为学者皆不可以不知也。……第其为书，卷帙繁多，清商带来者少，从来学者罕得而见。仰今圣上以武定天下，以文教兴太平，将举一世之仁，归之有极。臣仰体德意，辄以其书付梓，工竣，印成一本，钦递进览。愿颁许印行，俾天下之人，知圣上所以表章之意，将家传而人诵之，于化民成俗之方，谅非小补云。"①

嘉隆帝获知此书论述诚意正心、修身齐家的道理，有助于化民成俗，于是诏谕重印，颁发各地，供国人学习。② 程朱理学传入越南后，渗透并支配了其意识形态的各个领域，对越南社会生活产生了极其深刻的影响，而在这个过程中，衍义体无疑起到了推波助澜的作用。越南最后一个王朝阮朝的阮福胶即位后，开经筵，接受学者上疏，《大学衍义》成为阮朝经筵读物。阮朝教育从皇子至乡村教学皆以儒家经典为内容，阮圣宗时，朝臣吴廷价等奏请定集善堂（诸皇子讲学之处）规程。

吴廷价等奏言："成德之全，经学昭垂，不能尽述，今请定为讲学规程，凡十一条：一曰，讲学经籍（谨按：清高尊《御制乐善堂全集序》云：'余生九岁始读书，十有四岁学属文，今年二十矣。其间朝夕从事者，四书、五经、《性理》、《纲目》、《大学衍义》、《古文渊鉴》等书'，此则高尊当为皇子表其所学然也。且诸子所载圣贤蕴奥，岁代征士备焉，学堂中应以进讲）。"③

对皇子教育提出系统的意见，得到阮圣宗的首肯。

相比韩、越两国而言，日本没有科举制，缺少将程朱理学作为科举选

① 任继愈主编《国际汉学》（第4辑），大象出版社，1999，第154~155页。
② 李未醉：《中外文化交流与华侨华人研究》，电子科技大学出版社，2014，第77页。
③ （越）张登桂等编《大南实录》卷20，转引自谭志词《中越语言文化关系》，世界图书出版广东有限公司，2014，第34页。

拔教材以传播程朱理学的途径，故而，程朱理学虽较早地传入了日本，但其在日本的普及和传播速度相对缓慢了许多。① 要说衍义体对日本的影响，应数《大学衍义补》的影响最大。《大学衍义补》于清朝时随商船传入日本，日本天皇统治集团视为至宝，奉其为圭臬，不仅命令出版该书，而且督促大臣们学习借鉴治国方略。② 该书受到日本法学界的大力推崇，将其一再刊刻。日本朱子学派传人芦野德林（1695~1775 年）在读完《大学衍义》后说：

> 然（丘氏）搜集刑法之事，多依马氏《文献通考》，却又不考其本书，往往有相违之处，其编辑之次第本末亦有不备。③

于是仿照《大学衍义补》第九部分的《慎刑宪》作了《无刑录》，认为"余之《无刑录》搜集朱子延和殿奏答中涉及古今贤哲议论教化刑罚之精要"。④ 细细对比，该书虽有正马端临、丘濬二人之疏漏舛误之功，又阐发了一些个人见解，卷次编排和个别用词方面稍有所不同，如将《慎刑宪》中的"简典狱之官"改为"刑官"，"制刑狱之具"改为"刑具"，"明复雠之义"改为"和难"等，⑤ 其他无论是体裁，还是篇目，都与《慎刑宪》高度一致。总体来看，这部脱胎于《大学衍义补》的《无刑录》，是一部广泛搜集中国历代关于法制沿革、刑法观念和法制理论的文献资料，并阐述儒家关于刑事立法根本原理的集大成之作，也是日本第一部刑法学理论著作。⑥ 除此之外，还有如日本著名汉学家高田真治（1893~1975 年）曾有"把自己的《儒教之精神》一书称为《新大学衍

---

① 张品端编《东亚朱子学新论》，厦门大学出版社，2011，第 67~68 页。
② 吴建华、傅里淮：《丘濬》，广东人民出版社，2012，第 54 页。
③ 〔日〕东山芦野德林著，佐伯复堂译注《无刑录》上卷，《日本立法资料全集 101》，信山社，1998。
④ 〔日〕东山芦野德林著，佐伯复堂译注《无刑录》上卷，《日本立法资料全集 101》，信山社，1998，第 2 页。
⑤ 刘俊文、〔日〕池田温主编《中日文化交流史大系 2：法制卷》，浙江人民出版社，1996，第 174 页。
⑥ 王青：《近世日本的"德治"与"法治"观念解析——以朱子学者芦东山〈无刑录〉教育刑论为中心》，《哲学动态》2017 年第 3 期。

义》，直追朱子的《大学章句》及其再传弟子真德秀的《大学衍义补》"①
之举等。正是因为日本没有将程朱理学用以科举，因而也就避免了使程朱
理学走向僵化的弊端。

第三节　衍义体的衰落

一　衍义热情与经筵的关系

经筵，被称为御前讲席。按《辞源》的说法，"经筵，古代帝王为研
读经史而特设的御前讲席"。据牟宗杰《〈重广会史〉钤"经筵"印考
辨》，经筵萌芽于战国初期，魏文侯以卜商（字子夏）、段干木、田子方诸
儒为师。汉宣帝诏诸儒讲五经于石渠阁。由于宋王朝积极推动文治，至北
宋真宗、仁宗时经筵渐渐完善，每年春二月至端午日，秋八月至冬至日，
逢单日由讲官轮流入侍讲读。②

经筵具有调和君臣的对立关系、建构政治共同体的功能。

> 上（指宋真宗——引者注）谓王旦等曰："朕在东宫，讲《尚
> 书》凡七遍，《论语》、《孝经》亦皆数四。今宗室诸王所习，惟在经
> 籍。昨奏讲《尚书》第五卷，此甚可喜也。"于是召宁王元偓等赴龙
> 图阁观书目。上谕之曰："宫中常听书习射，最胜他事。"元偓曰：
> "臣请侍讲张颖说《尚书》，间日不废弓矢。"因陈典谟之意，上甚喜，
> 乃诏每讲日赐食，命入内副都知张继能主其事。尚虑元偓等轻待专经
> 之士，又加训督焉。③

读什么、怎么读，对宋真宗来说，是既定的安排，即由专门经师讲授
儒家经典，且讲读经史的内容涉及国家大政方针、个人品行等。太子学习

---

① 白益民：《三井帝国启示录——探寻微观经济的王者》，中国档案出版社，2006，第
　291页。
② 牟宗杰：《〈重广会史〉钤"经筵"印考辨》，《文献》2014年第1期。
③ （宋）李焘：《续资治通鉴长编》卷72"大中祥符二年九月"，文渊阁四库全书本。

历练政务的重要内容就是学习儒家经典和涵养德性，以期通过这样的学习来掌握处置政务、管理国家的能力。有史书记载：

> （仁宗）始御崇政殿西阁，召翰林侍讲学士孙奭、龙图阁直学士兼侍讲冯元讲《论语》，侍读学士李维、晏殊与焉。初，召双日御经筵。自是，虽只日亦召侍臣讲读。王曾以上新即位，宜近师儒，故令奭等入侍。上在经筵，或左右瞻瞩，或足敲踏床，则奭拱立不讲。每讲体貌必庄，上亦为悚然改听。[1]

由此，孙奭便有可能用严肃的态度配合师儒的身份对其进行威慑，使小皇帝"悚然改听"。这让儒家士大夫找到了学术切入政治的平台，士大夫终于有机会将师道施诸帝王，向君王传道授业。经筵是士大夫对帝王进行儒家经典讲授的一项制度，经筵中的传播文本是儒家经典，这象征着皇权与儒学正统的互相认同以及政治与文化之间的耦合。作为一种教化帝王的学术活动，经筵在宋代以后，成为儒家士大夫以布衣身份参与政治和协同帝王"治天下"的途径，也从此成为儒家士大夫接近帝王以宣扬礼教以及教化帝王的唯一渠道，一定程度上促进了帝王—士大夫这一政治共同体的形成和强化。经筵从表面上看，是宋仁宗年纪尚小、需要学习，这给了儒家学者机会，但实际上这是从宋太宗以来着力强调文治，帝王、皇子躬自读经研史以作表率带来的必然结果。经筵作为特殊的教育场合，为士大夫利用儒家观念引导帝王提供了制度性平台。宋太宗为推行文治，躬作读书表率，这一动向导致宋真宗、宋仁宗两朝逐渐完善了经筵这一针对帝王的特殊教育制度。而作为具有不同个性、分属不同类型的帝王，宋太宗—宋真宗—宋仁宗之间的个人权威在逐次下降，与此同时，儒者作为师的身份逐步得到肯定和提高。帝王必须通过学习儒家经典才能掌握有效统治手段的观念也渐趋深固。[2] 既然经筵制度的预期在于君主必须通过对经典范式与历史经验的学习来具备崇高的道德修养，并且从中获取正确处理国家事务的能力，那么儒家士大夫利用在经筵中的经典诠释优先权来获取道德

---

① （宋）杨仲良：《宋通鉴长编纪事本末》卷 29《仁宗皇帝讲筵》，清嘉庆宛委别藏本。

② 参见姜鹏《宋初文治导向与经筵缘起》，《传统中国研究集刊》（第七辑）2009 年第 6 期。

制高点，便也成为必然的结果。从而师道意识得到了培养和增长。程颐虽然是王安石政治纲领的反对者，但在经筵争坐问题上，他却是王安石的继承人。这体现了在士大夫群体中，师道意识的成长具有不可逆的趋势。故真德秀才以极高的热情编撰《大学衍义》，希望提高君主的德行，提高君主的执政能力，特别是辨识人才的能力。

具体而言，"如果说满洲贵族只是认识到了利用经筵可以学习、吸取历史经验教训，利用儒家伦理思想为其政治服务的话，汉族士大夫想到的是'懋修君德'，说穿了就是要限制帝王专权"。① 总而言之，儒家士大夫通过道统干预政治生活和教化帝王，帝王则需要在文化上对其皇权的正统性与合法性进行合理阐释。由此经筵为双方提供了实现各自诉求的可能，形成了一个博弈和调和的空间。清初士大夫对清政府始终有一种儒化情结，试图通过经筵不断改善君王的德性，从而通过对君的教化来实现儒家政治。但清代经筵讲官没有专职，都是兼职。如清顺治九年规定："大学士知经筵事，尚书、左都御史、通政使、大理卿、学士侍班。翰林二人进讲。"② 清顺治十四年，定满、汉讲官各八员，计十六员。讲官由翰林院开具名单，皇帝选任。清康熙十年，对经筵讲官的任职资格做了详细规定：

> 满讲官以内阁学士、翰林院掌院学士、侍读学士、侍讲学士、詹事府詹事、少詹事暨六部尚书、侍郎、都察院左都御史、左副都御史、通政使司通政使、大理寺卿之曾任内阁学士、翰林院掌院学士、侍讲学士者充补；汉经筵讲官以内阁学士、翰林院掌院学士、侍读、侍讲学士、詹事府詹事、少詹事、国子监祭酒暨六部尚书、侍郎、都察院左都御史等官由翰林院官升任者充补。③

清康熙十六年，满员任职资格进一步放宽，小九卿内由翰林官升转者皆可担任。乾隆朝规定三品以上官员都有资格充经筵讲官：

> 凡经筵讲官，满汉各八人，满讲官以由阁、院升任之三品以上

---

① 陈东：《清代经筵制度研究》，博士学位论文，山东大学，2006。
② 赵尔巽等撰《清史稿》，民国十七年清史馆本。
③ （清）官修《大清会典则例》卷153，文渊阁四库全书本。

官，汉讲官以由院升任之三品以上官，疏请简用，以原官兼充。①

从各朝代士人对衍义的热情来看，由元至清，其热情呈递减趋势。蒙古族建立的元朝入主中原，虽然在军事上野蛮，但在文化上姿态还是比较低的。他们认同儒家文化，为获得政权的正统性，积极吸纳儒家文化，研读经传史鉴，"帝王之治典学为先"②，元世祖在潜邸向窦默问以治道，窦默说：

> 帝王之道，在诚意正心，心既正，则朝廷远近莫敢不一于正。③

阿怜贴木儿曾经向元英宗陈说祖宗以来及古先哲王的嘉言善行。元代的经筵官们，利用这些内容来开导皇帝修德至善。如，《元史》载赵璧：

> 敕（赵）璧习《国语》，译《大学衍义》，时从马上听璧陈说，辞旨明贯，世祖嘉之。④

明代士大夫对衍义热情最高。其原因如下。首先，朱元璋接受宋濂建议，刻《大学衍义》于墙壁，这种行为为继任者做出了示范。明嘉靖六年又规定，每月逢三、八日（即初三、十三、二十三，初八、十八、二十八）则进讲《大学衍义》。其次，明王朝是一个暴戾的王朝，面对这样的政权，士大夫总希望用道德去驯化它，于是抓住这一祖训，大肆宣讲帝王之学、帝王之德，于是就表现为衍义作品的畸形繁荣。最后，因为丘濬进献《大学衍义补》，获得了皇帝的赞赏，此书一度并列为经筵读物，丘濬本人也得到了加官晋爵的殊荣，这激起了不少人的热情。因此，有明一朝，衍义之作占整个衍义作品的大半。

而至清代，士人对衍义之作作为经筵读物的热情逐渐消退，故与此同时，著述数量也在不断减少。即便有那么几部，几乎都是节要、删节《大

① （清）允裪撰《大清会典》卷84《翰林院》，文渊阁四库全书本。
② （元）苏天爵：《滋溪文稿》卷26《经筵进讲赐座》，民国适园丛书本。
③ （明）宋濂等撰《元史》卷158，清乾隆武英殿刻本。
④ （明）宋濂等撰《元史》卷159，清乾隆武英殿刻本。

学衍义》《大学衍义补》而成，还弹着人们早已厌倦的教化君王的旧调，一经上奏，就被封存在了图书馆、资料室里。值得一提的是，强汝询的《大学衍义续》一书，改变了阐述对象，强调自己作品的学术性；陈宏谋的《大学衍义辑要》《大学衍义补辑要》更是回避了君臣，把二书作为士子进德修身、出仕为官的普通读物，这些都是衍义体衰落时期学者挣扎的产物。

从经筵进讲内容来看，由宋至清，其内容范围在不断缩小。具体来讲，宋时期的经筵进讲内容非常广泛，有经典、史书、政书、训诂等文献。元代经筵进讲内容也非常多，甚至包括元代时人著作。到明代时，经筵进讲内容明显减少，主要是四书五经，此外还有《大学衍义》《帝王图鉴》《贞观政要》《资治通鉴》等书。清代经筵进讲完全局限于四书、五经，五经之中其实也只讲《尚书》和《易经》，清康熙时期的日讲曾有过《资治通鉴》，但如此而已。清顺治二年三月，大学士冯铨、洪承畴联袂上奏：

> 帝王修身治人之道，尽备于六经。一日之间，万机待理。必习汉文，晓汉语，始上意得达而下情易通。伏祈择满汉词臣，朝夕进讲，则圣德日进，而治化益光矣。[1]

当时的汉人士大夫已经开始试图通过朝夕进讲，对清代帝王进行儒家文化素养的基本培养。同年七月，基于"辅养圣德，学问为先"[2] 的认识，工科给事中许作梅在疏言中，提出培育清代满族帝王儒学素养的渐进过程。他认为，首先应该选择一些通晓汉语的满族子弟和聪慧端正的汉人子弟，在皇帝身旁轮流侍读，达到句意通晓、音义能辨的效果。然后谨慎挑选贤良博学之臣作为讲读之官。在皇帝参加经筵时，大臣们应当"尽心开导，于六经诸史中，检其有益君身治道者，录呈圣览"。[3] 虽然，这一疏言被当时的摄政王驳回，但是这就对君王的至上地位和君臣尊卑形成了挑战。这表明在经筵中君臣之间始终存在某种对立的关系，士人"道统"所

---

① （清）官修《清实录》第 3 册，中华书局影印本，1985~1987，第 132 页。
② （清）官修《圣祖实录》卷 19，中华书局影印本，1985~1987，第 22 页。
③ （清）官修《圣祖实录》卷 19，中华书局影印本，1985~1987，第 22 页。

有权构成对至上皇权的挑战，但是帝王又不得不认同士人"道统"之合法性。君臣虽然是对立关系，但是在传统的政治体制下得到了较好的缓和与平衡。但是，帝王也需要在文化上对其皇权的正统性与合法性进行合理阐释，因此，经筵一直延续到清末。

但从清康熙帝开始，皇帝通过积淀儒家典籍文化，争取到了一定的话语权，道统的话语权不再是士大夫所独有。清顺治帝一直对经筵和儒学经典不太上心，顺治帝的儒学素养还处于素朴的了解过程。比如，他根据自己较低的汉语水平和儒学素养，主持编订了《御制资政要览》《御制劝善要言》和《顺治大训》。通过这种由文趋质的方式，顺治帝在这些简易程序中获取了儒学文化的背景。但是到了清康熙时期，帝王的儒学素养已经达到了极高的水平。清康熙帝自幼就开始研习四书，他五岁就开始读经典，向人求教《大学》《中庸》之意，在知晓大义之后觉得非常愉快。后来，清康熙帝通过经筵开始正式学习儒学，他对儒家经典的喜好几乎到了狂热的地步，甚至后来把经筵改成了日讲。经筵日讲持续了15年，这期间在汉人名士的指导下，康熙帝了解和学习了《尚书》《四书》《易经》《诗经》《通鉴纲目》和《资治通鉴》等儒学经典。原本经筵是君主学习和聆听汉人经典的手段，渐渐地文化发生转移。清康熙帝曾经质疑经筵的讲授效果，他认为讲官只不过把理论和事实进行陈列讲述，通过自己研习也可以达到同样效果。清康熙十四年（1675年）四月，康熙帝下谕：讲官讲完之后，自己如果不再讲述，日久便成故事，对学问无益，也无法将道法传于后世，所以以后讲官讲授之后自己也要讲述，互相学习讨论。而到了清康熙十六年（1677年）五月，康熙帝提出自己要先于讲官讲述。这时候，康熙帝对汉人儒家经典的掌握度已经非常自信，帝王和讲官的角色彻底颠倒了，汉人士大夫成为皇权意识和思想的补充者。通过强制力的皇权，帝王开始破坏经筵中士大夫的主导地位，帝王不再是经筵上的聆听者，而是主讲者，进而试图进一步将道统归为所有，清雍正帝和乾隆帝已经能够在经筵上与讲官进行学术上的讨论、点评甚至批判。清康熙十六年，康熙帝亲自为经筵日讲的《四书解义》作序，其中说："朕惟天生圣贤，作君作师，万世道统之传，即万世治统之所系也。"① 在该序中，康熙帝还认为

---

① （清）官修《清实录》第4册《圣祖实录》，中华书局影印本，1985~1987。

"道统在是，治统亦在是矣"。① 他甚至直白地说："朕惟道统与治统相维，作君与作师并重。"② 那么，既然把自己塑造成内圣形象了，外王也是理所当然的。一方面，康熙帝的这些言论实际上是利用了儒学理论的漏洞。内圣外王和道统治统这些概念本身就没有在理论上被严格地操作化定义，所以此时若是被增加一些能够自圆其说的解释，原有格局和逻辑被破解也不意外。另一方面，在一位对自己的儒学素养充分自信的强势帝王面前，即使士人们不曾心服口服，也不可能毫无顾忌地进行辩驳。总之，强大的皇权起到了最重要的控制作用。

清康熙二十二年（1683 年），一次经筵讲官进讲完毕，康熙帝问："理学之名始于宋否？"张玉书奏曰："道理自在人心，宋儒讲辩加详密耳。"③ 听罢，康熙帝进行了批判："日用常行，无非此理。自有理学名目，彼此辩论。而言行不相符者甚多。若不居讲学名，而所行事允合，此即真理学也。"④ 康熙帝提出了真正的理学在于"知行合一"，这恰恰与当时强调实践的社会思潮不谋而合。而在清康熙三十三年（1694 年），康熙帝举办"理学真伪论"的考试，亲自担当考官，要求包括帝师熊赐履在内的诸多名儒充当考生，不但批判了浮夸的所谓假理学，更是对汉族士人的一种侮辱，而道统则被满族帝王更加稳固地掌握在手中了。在获取道统之后，康熙帝于五十一年（1712 年）二月做出抬高朱熹地位的决定，提升了朱熹在孔庙中的位置。他如此推崇程朱理学，正是为了以正人心、厚风俗作为治国平天下的途径。康熙帝利用程朱理学中关于封建伦理道德的说教来约束和禁锢人性的思想，成为他维护封建统治秩序的工具，也是皇权合法性在文化上的保障。衍义体则成为一面道统的旗帜。清廷仿《大学衍义》体例，编写了《御定孝经衍义》和《御定内则衍义》。《御定内则衍义》是清顺治十三年（1656 年）承皇太后训用《礼记·内则》篇推衍之，认为家齐而国治，而家齐的最重要的因素在于修内，《御定内则衍义》全篇分为八纲三十二子目，该书分"孝之道""敬之道""教之道""礼之道""让之道""慈之道""勤之道""学之道"八目，用古今经传之言以及一

---

① （清）官修《清实录》第 4 册《圣祖实录》，中华书局影印本，1985~1987。
② （清）玄烨：《清圣祖御制文二集》，清康熙五十年（1711 年）内府刻本。
③ （清）李元度：《国朝先正事略》，岳麓书社，2008，第 199 页。
④ （清）官修《清实录》第 5 册《圣祖实录》，中华书局影印本，1985~1987，第 157 页。

些行为事例进行充实，对妇女的言行进行规范，来维护清朝统治。《御定孝经衍义》修于清顺治十三年，成于清康熙二十一年（1682 年），主要对《孝经》的内涵进行总结，从而提纲挈领地按照《大学衍义》的体例进行编排，主要分为"衍至德之义""衍要道之义""衍教所由生义""天子之孝""诸侯之孝""卿大夫之孝""士之孝""庶人之孝"八目，倡导忠孝大义，进行全民教育，维护社会稳定。

从学术思想角度看，衍义体是帝王政治的产物，以达至圣听为目的，是一种典型的经筵讲师的诉说方式，因而，衍义体主要是一种学术而不是政治实践方式的存在，更不是帝王政治的模式指南。他们的教化目标，并不限于名义上的皇权拥有者，而是更希望影响皇权的真正行使者，或者说是皇权本身。皇权本来希望通过文治手段驯化治下臣民，经筵制度却在时势的配合下，把皇权本身变成了驯化对象。儒家士大夫利用经典解释优先权，开始了规范最高权力的尝试与努力。驯化权力的工具，是儒家经典所承载的道，而达道的途径，以经筵讲读为核心。士大夫利用经筵场合，对帝王进行儒家经典教育，借此使帝王具有与士大夫共同的知识基础和价值判断基础，并使这些基础成为加强儒家士大夫与帝王之间相互认同的纽带。所以，通过经筵教育让帝王接受，甚至屈服于儒家道德权威，只是一个初步目标，更重要的是在这一双方共同认可的道德权威旗帜下，争夺士大夫作为皇权唯一合法代理人的地位。所谓与士大夫共治天下，其存在的合理性基础正在于此。在皇权高于一切的时代，批判精神的萎缩、学术思想创新乏力就是其结果之一，而衰落也就是它的最终归宿。

二　衍义体与科举的关系及其衰落

由于科举考试中有对策，广大科考士子也不得不研习这两部经典之作，这也在一方面促进了衍义体的通俗化。

衍义之作不仅依附于经筵，而且也依附于科举。宋理宗后，理学渐渐取得了正统地位，承载程朱理学政治思想的《大学衍义》，自然就成了天下学子的教材。《大明会典》记载：

> 国家明经取士。说书者以宋儒传注为宗，行文者以典实纯正为

尚。今后务颁降四书、五经、《性理大全》、《资治通鉴纲目》、《大学衍义》、《历代名臣奏议》、《文章正宗》，及当代诰律典制等书。课令生员诵习讲解，俾其通晓古今，适于世用。①

清代沿袭了明代的科举制度，考试在四书、五经、《大学衍义》中出题，《清会典》记载：

> 顺治二年，定文有正体，凡篇内字句，务典雅纯粹，不许故摭一家言，饰为宏博。顺治九年，题准说书以宋儒传注为宗，行文以典实纯正为尚，今后督学将四书、五经、《性理大全》、《蒙引存疑》、《资治通鉴纲目》、《大学衍义》、《历代名臣奏议》、《文章正宗》等书，责成提调教官，课令生儒诵习、讲解，务俾淹灌，适于世用。其有剽窃异端邪说、矜奇立异者，不得取录。②

不仅如此，《大学衍义》还成为清廷殿试策题之一，如光绪十六年四月的殿试策题：

> 《大学》、《中庸》，道法悉备。宋真德秀《大学衍义》，发明圣学渊源，治道根柢，自序谓："《大学》一书为君天下者之律令格例。"大旨安在？其于格致、诚正、修齐之要，推阐无遗，独不及治平。明丘濬《大学衍义补》，辑古今大经大法，实治平之道。先之以《审几微》，能述其义否？所补《治平之要》，厥目有几？夏良胜《中庸衍义》，颇采丘濬之说，纲领条目，粲然具备，其于当时事局多所匡益，能胪举之欤。东三省为国家根本重地，所宜究心。金上京会宁府，《通志》谓在宁古塔城西南，其说何本，果无误欤。③

《四库全书总目提要》说：

---

① （明）申时行撰《大明会典》卷78，明万历内府刻本。
② （清）素尔讷：《学政全书》卷6《釐正文体》，清乾隆三十九年武英殿刻本。
③ 邓洪波、龚抗云编著《中国状元殿试卷大全》（下），上海教育出版社，2006，第2054页。

《大学衍义》羽翼圣经……先儒授受源流，无不胪晰。名言绪论，征引极多，皆有裨于研究。……古今兴衰治忽之故，亦犁然可睹。在宋儒诸书之中，可谓有实际者矣。①

清朝要求国子监学习《大学衍义》：

国子监、满汉祭酒、司业，转饬助教、教习等官，每日亲临官学，将官学生内习满文者，教以书写本折字画；习文章者，讲论圣贤经传；习翻译者，熟翻《古文渊鉴》、《大学衍义》等书。祭酒、司业不时巡行亲查，以劝勤儆惰。每月传至国子监考试一次，分别优劣。优者奖赏，劣者戒惩，俾有实效，毋存虚名。②

光绪三十二年：

拟请饬将《小学集注》、《大学衍义》、《衍义补辑要》，刊布学校，定为教科必读之书，并饬翰林院纂辑《中庸九经衍义》一书。又奏请就成均高等学堂极力整顿，以资造就，均下部知之。③

但随着皇权进入历史，皇权制度下的科举制度也完成了它的历史使命，与此密切相关的衍义类著述也封存进了图书馆，严重依赖经筵制度和科举制度的衍义体，走向衰落也就成了它必然的命运。

三　衍义体的衰落与传统经学研究的关系

清代学术重心由理学转向传统经学，是清代经筵讲论与学术多变的一个重要特征。清乾隆、嘉庆时期，程朱理学虽然仍然被定为一尊，如清乾隆三年颁谕礼部，筹备举行经筵讲学，重申：

① （清）永瑢等撰《四库全书总目提要》卷92，清乾隆武英殿刻本。
② （清）官修《八旗通志》卷95《学校志二》，文渊阁四库全书本。
③ 王炜编校《科举史料汇编》，武汉大学出版社，2009，第1115页。

朕惟四子、六经，乃群圣传心之要典，帝王驭世之鸿模。君天下者，将欲以优入圣域，茂登上理，舍是无由。①

清乾隆五年，朝廷再次倡导读宋儒之书，精研理学，认为：

有宋周、程、张、朱子，于天人性命，大本大原之所在，与夫功用节目之详，得孔孟之心传，而于理欲、公私、义利之界，辨之至明。循之则为君子，悖之则为小人。为国家者由之则治，失之则乱，实有裨于化民成俗，修己治人之要。②

甚至认为凡"自逞臆见，肆诋程朱，甚属狂妄"③"足为人心学术之害"④。然而，乾隆帝、光绪帝也未必完全信从朱熹的解释，如乾隆四十七年二月仲春经筵的论题为《大学》的"此之谓絜矩之道"一句，朱熹将絜解释为度，矩解释为方，乾隆皇帝则认为朱熹的解释不正确，应当解释为忠恕，这也成为后来学者解释絜矩之滥觞，由此开启了清代的考据之风。后来焦循认为"孔子谓之仁恕，《大学》以为絜矩，此实伏羲以来圣圣相传之大经大法"⑤，阮元则将絜矩解释为"孔子之道皆于行事见之，非徒以文学为教也"⑥，这无疑是进一步完善乾隆经筵御论对絜矩的解释了。又如乾隆五十四年仲春经筵的论题为《论语·述而》"子在齐闻《韶》，三月不知肉味"一节，朱熹引《史记》"三月"上有"学之"二字，解释说：

圣人闻《韶》须是去学，不解得只恁休了。学之亦须数月方熟。三月，大约只是其久，不是真个足头九十日，至九十一日便知肉味。⑦

对朱熹的这样一种解释，乾隆帝甚为不满，认为：

① （清）王先谦：《东华续录》，清光绪十年长沙王氏刻本。
② （清）王先谦：《东华续录》，清光绪十年长沙王氏刻本。
③ （清）王先谦：《东华续录》，清光绪十年长沙王氏刻本。
④ （清）王先谦：《东华续录》，清光绪十年长沙王氏刻本。
⑤ （清）焦循：《雕菰集》卷13《寄朱休承学士书》，清文选楼丛书刊本。
⑥ （清）阮元：《揅经室集》上《论语一贯说》，中华书局，1993，第53页。
⑦ （宋）朱熹：《论语集注》，中国社会出版社，2015。

夫子天纵之圣，何学而不能，而必于《韶》也，而学之以三月而后能乎？盖三月为一季，第言其久耳。而朱子且申之以九十一日知味之说，反复论辩不已。吁！其去之益远矣。①

乾隆帝讥朱熹不明夫子真谛，甚至对方苞、李绂那样的理学名臣严加训斥，从而表示出对程朱理学的怀疑。

正因为如此，乾隆帝虽然仍尊奉理学为基本国策，但除支持和扶植程朱学说外，还承认传统经学的合法地位，并通过经筵讲论的形式，鼓励和支持传统经学研究。如乾隆十四年（1749 年）十一月颁谕，责成九卿、督抚举潜心经学的纯朴淹通之士，又公开表彰无锡学者顾栋高对《春秋左氏传》的研究为绩学之功，② 以经明行修之士，授国子监司业。乾隆皇帝又曾召见吴鼎、梁锡屿面谕云："汝等以经学保举，朕所以用汝等去教人。大学士、九卿公保汝等，是汝等积学所致，不是他途倖进。"③ 著名经学家惠栋也以"博通经史，学有渊源"④，为两江总督黄廷桂、陕甘总督尹继善列名荐牍。对此，惠栋声称"为汉魏六朝，唐宋以来所未行之旷典"。⑤ 同时，乾隆帝又以开四库馆整理、考订古典文献为契机，提倡探求"先圣先贤之微言大义"，⑥ 强调"穷经为读书根本"。⑦ 戴震首以布衣入翰林，一时上自名公巨儒，下逮博士学究，无不以考订经籍为己任。正是在这样的一种时代氛围中，经学自然成为衡量学者才能的主要评判标准，庄存与、卢文弨、王鸣盛、钱大昕、纪昀、朱筠、王昶、毕沅、赵翼、任大椿、邵晋涵、孔广森、程晋芳、孔继涵、金榜、王念孙、戴震、章学诚、庄述祖、顾九苞、孙星衍、洪亮吉、阮元、凌廷堪、张惠言、王引之、郝懿行、胡秉虔、莫与俦、董桂新、胡承珙、马瑞辰、黄承吉、刘逢禄、胡培翚等 35 人声名鹊起，清人张星鉴说：

---

① 杨峰、张伟：《清代经学学术编年》下，凤凰出版社，2015，第 518 页。
② （清）官修《大清高宗纯皇帝实录》卷 396《乾隆十六年八月丙申》，华文书局，1968，第 5920 页。
③ （清）阮元：《儒林传稿》卷 1，清嘉庆刻本。
④ （清）江藩：《国朝汉学师承记》卷 2，清嘉庆十七年刻本。
⑤ （清）惠栋：《松崖文钞》卷 1《上制军尹元长先生书》，清聚学轩丛书本。
⑥ （清）官修《清实录》第 14 册《高宗实录》，中华书局影印本，1985~1987，第 98898 页。
⑦ 赵尔巽等撰《清史稿》列传 267，民国十七年清史馆本。

乾隆中，大兴朱氏（朱筠）以许、郑之学为天下倡，于是士之欲致身通显者，非汉学不足见重于世，向之汉、宋并行者，一变而为专门名家之学。①

后来李慈铭也有类似的观察，他说：

高宗盛时，首辟经学，荐书两上，鹤车四出。然得官者五人：顾、陈、吴、梁。②

同时，还公开表彰阎若璩、胡渭对《尚书》和《周易》研究所作出的突出贡献，分别予以"一字无假"和"耆年笃学"的高度评价，致使当时儒者"咸以为荣"，其与"治天下以人心风俗为本，而欲正人心、厚风俗，必崇尚经学"③的学术理念一脉相承。可见，清代传统经学的复兴，与清初以来的经筵讲论有着直接的联系，它不仅预示了以程朱理学为主体的经筵讲论被传统经学所取代，而且会通汉宋的学术取向也将随之呼之欲出。

在这个大的学术背景下，虽在清初有重新恢复对程朱理学的信仰的趋势，且在学术研究上汉宋兼采，但都要求呈现学术思想的新鲜发现。由此反观《大学衍义》和《大学衍义补》之后的衍义之作，绝大多数的衍义类作品不是节要、删节的作品，就是思想观念陈旧、体例凝固的仿作。仿作在形式上一般都遵从了《大学衍义》"纲目并举、经史以及诸子言论互证"的体例，走上了陈陈相因之路。在思想上，衍义之作已经失去了哲思和建设性，更失去了批判精神，衍义这种烦琐且冗长的解经方式已经不符合当时的学术发展潮流，以学术来致君这条路在清代难以行通。

---

① （清）张星鉴：《仰萧楼文集》卷1《赠何原船序》，清光绪六年（1880年）刊本。
② （清）李慈铭：《越缦堂读书记》，中华书局，1963，第1026~1028页。
③ （清）官修《清会典》卷69，文渊阁四库全书本。

参考文献

一　专著类

（汉）班固撰、张元济等辑《汉书》，商务印书馆，1936。

（汉）郑玄注、（唐）孔颖达疏《礼记正义》，北京大学出版社，2000。

（汉）郑玄注，（宋）王应麟辑，（清）丁杰等校订《周易》，中华书局，1985。

（唐）韩愈：《东雅堂昌黎集注》，文渊阁四库全书本。

（唐）李翱：《李文公集》，四部丛刊景明成化本。

（宋）程颢、程颐：《二程集》，王孝鱼点校，中华书局，1981。

（宋）邵雍：《皇极经世》，（明）黄畿注，中州古籍出版社，1992。

（宋）张载：《张子正蒙注》，王夫子注，中国书店，2016。

（宋）朱熹：《朱熹集》，郭齐、尹波点校，四川教育出版社，1996。

（宋）朱熹：《四书章句集注》，中华书局，1986。

（宋）朱熹：《杂学辨》，文渊阁四库全书本。

（宋）朱熹：《晦庵先生朱文公文集》，四部丛刊本。

（宋）朱熹撰，朱杰人、严佐之、刘永翔主编《朱子全书》，上海古籍出版社、安徽教育出版社，2002。

（宋）朱熹：《伊洛渊源录》，山东友谊书社，1990。

（宋）朱熹：《近思录详注集评》，陈荣捷注，华东师范大学出版社，2007。

（宋）黎靖德编《朱子语类》，明成化九年陈炜刻本。

（宋）赵汝愚撰《宋朝诸臣奏议》，上海古籍出版社，1999。

（宋）陈淳：《北溪大全集》，文渊阁四库全书本。

（宋）黄震：《黄氏日钞》，元刻本。

（宋）叶时：《礼经会元》，文渊阁四库全书本。

（宋）真德秀：《真文忠公全集》，台湾文友书店，1974。

（宋）真德秀：《西山读书记》，文渊阁四库全书本。

（宋）真德秀：《西山先生真文忠公文集》，四部丛刊景明正德刊本。

（宋）真德秀：《心经》，文渊阁四库全书本。

（宋）真德秀：《大学衍义》，朱人求校点，华东师范大学出版
社，2010。

（宋）真采：《西山真夫子年谱》，台湾文友书店，1974。

（宋）无名氏：《宋季三朝政要》，元皇庆元年陈氏余庆堂刻本。

（宋）钱时：《融堂书解》，商务印书馆，1936。

（宋）寇宗奭：《本草衍义》，商务印书馆，1937。

（宋）杨伯嵒：《泳斋近思录衍注》，宋刻本。

（宋）陈振孙：《直斋书录解题》，中华书局，2006。

（宋）晁公武撰，（宋）姚应绩编，（清）王先谦校《衢本郡斋读书
志》，中华书局，2006。

（宋）王尧臣等撰、（清）钱东垣等辑释《崇文总目》，中华书局，2006。

（宋）刘时举：《续宋编年资治通鉴》，文渊阁四库全书本。

（宋）李焘：《续资治通鉴长编》，文渊阁四库全书本。

（宋）杨仲良：《宋通鉴长编纪事本末》，清嘉庆宛委别藏本。

（元）脱脱等撰、张元济等辑《宋史》，上海商务印书馆，1936。

（元）虞集：《道园学古录》，台湾华文书局，1968。

（元）胡震：《周易衍义》，商务印书馆，1934。

（元）苏天爵：《滋溪文稿》，民国乌程张氏刊本。

（明）涂山：《明政统宗》，明万历刻本。

（明）申时行：《大明会典》，明万历内府刻本。

（明）胡广等撰《大明实录》，清抄本。

（明）陈邦瞻：《宋史纪事本末》，中华书局，1977。

（明）焦竑：《国史经籍志》，明徐象枟刻本。

（明）俞汝楫编《礼部志稿》，清抄本。

（明）张宁：《方洲集》，文渊阁四库全书本。

（明）杨士奇：《东里集续集》，文渊阁四库全书本。

（明）杨士奇原本、（清）黄虞稷等编《明史艺文志·补编·附编》，上海商务印书馆，1959。

（明）杨士奇：《文渊阁书目》，文渊阁四库全书本。

（明）杨廷和：《杨文忠公三录》，文渊阁四库全书本。

（明）宋濂等撰《元史》，清乾隆武英殿刻本。

（明）丘浚：《大学衍义补》，林冠群、周济夫点校，京华出版社，1999。

（明）丘濬：《琼台会稿》，文渊阁四库全书本补配文津阁四库全书本。

（明）丘濬：《丘濬集》，周伟民等点校，海南出版社，2006。

（明）吴道南：《吴文恪公文集》，明崇祯吴之京刻本。

（明）王畿著、丁宾编《龙溪王先生全集》，清光绪八年刻本。

（明）田汝成：《西湖游览志余》，文渊阁四库全书本。

（明）叶向高：《苍霞余草》，明万历刻本。

（明）蔡清：《虚斋集》，文渊阁四库全书本。

（明）谈迁：《国榷》，清抄本。

（明）徐栻：《大学衍义补纂要》，明刻本。

（明）杨廉：《杨文恪公文集》，明刻本。

（明）刘洪谟：《大学续衍精义删补要览》，明崇祯年间刻本。

（明）王诤：《大学衍义通略义例》，云南刻本。

（明）薛瑄：《读书录附续录》，文渊阁四库全书本。

（明）夏良胜：《中庸衍义》，文渊阁四库全书本。

（明）蒋冕：《湘皋集》，唐振真等点校，广西人民出版社，2001。

（明）徐咸：《皇明名臣言行录后集》，上海古籍出版社，2002。

（明）过庭训：《本朝分省人物考》，明天启刻本。

（明）湛若水：《泉翁大全集》，洪垣校刊，明嘉靖十九年刻，明万历二十一年修补本。

（明）湛若水：《格物通》，文渊阁四库全书本。

（明）程敏政：《篁墩文集》，文渊阁四库全书本。

（明）陈仁锡撰、吴相湘主编《皇明世法录》，台湾学生书局，1965。

（明）吴瑞登：《皇明绳武编拟续大学衍义》，明万历刻本。

（明）严嵩：《钤山堂集》，明嘉靖二十四年刻增修本。

（明）王世贞：《弇州山人四部续稿》，文渊阁四库全书本。

（明）黄佐：《南雍志》，民国景明嘉靖二十三年刻增修本。

（明）张萱等：《内阁藏书目录》，上海古籍出版社，2002。

（明）朱睦㮮：《万卷堂书目》，上海古籍出版社，2002。

（明）朱睦㮮：《授经图义例》，文渊阁四库全书本。

（明）陈弟：《世善堂藏书目录》，上海古籍出版社，2002。

（明）祁承爜：《澹生堂藏书目》，上海古籍出版社，2002。

（明）高儒：《百川书志》，清光绪至民国间观古堂书目丛刊本。

（明）晁瑮：《晁氏宝文堂书目》，中华书局，2006。

（明）徐𤊹：《徐氏家藏书目》，中华书局，2006。

（明）赵用贤：《赵定宇书目》，中华书局，2006。

（明）黄道周：《黄石斋先生文集》，清康熙五十三年刻本。

（明）陈鼎：《东林列传》，文渊阁四库全书本。

（明）吴钟峦：《十愿斋全集》，海盐朱氏藏清康熙初刻本。

（明）刘宗周：《刘蕺山集》，文渊阁四库全书本。

（清）张能鳞：《西山集》，清初刻本。

（清）张廷玉等纂修《明史》，清抄本。

（清）叶芳霭著，张英等撰《御定孝经衍义》，文渊阁四库全书本。

（清）黄宗羲原本、黄百家纂辑、全祖望修定《宋元学案》，四部备要本。

（清）黄宗羲：《明儒学案》，沈芝盈点校，中华书局。1985。

（清）李清馥：《闽中理学渊源考》，文渊阁四库全书本。

（清）李颙：《二曲集》，清康熙三十三年刻后印本。

（清）李颙：《四书反身录》，上海古籍出版社，2002。

（清）谢旻：《江西通志》，文渊阁四库全书本。

（清）江藩：《国朝汉学师承记》，清嘉庆十七年刻本。

（清）惠栋：《松崖文钞》，聚学轩丛书本。

（清）焦循：《雕菰集》，清文选楼丛书刊本。

（清）官修《清实录》，中华书局影印本，1985～1987。

（清）永瑢等撰《四库全书总目提要》，清乾隆武英殿刻本。

（清）官修《国朝宫史》，文渊阁四库全书本。

（清）允裪等撰《清会典》，中华书局影印本，1985～1987。

（清）嵇璜撰《续通志》，文渊阁四库全书本。

（清）嵇璜撰《续文献通考》，文渊阁四库全书本。

（清）张廷玉等撰《清文献通考》，商务印书馆，1955。

（清）官修《大清会典则例》，文渊阁四库全书本。

（清）素尔讷：《学政全书》，清乾隆三十九年武英殿刻本。

（清）官修《八旗通志》，文渊阁四库全书本。

（清）陈昌齐：《广东通志》，清道光二年刻本。

（清）钱大昕：《元史艺文志》，清潜研堂全书本。

赵尔巽等撰《清史稿》，民国十七年清史馆本。

（清）王先谦：《东华续录》，清光绪十年长沙王氏刻本。

（清）陈宏谋：《培远堂文集》，民国三十二年排印本。

（清）陈宏谋：《培远堂手札节要》，民国三十八年石印本。

（清）徐桐：《大学衍义体要》，清光绪年间刻本。

（清）陆世仪：《思辨录辑要》，文渊阁四库全书本。

（清）庆恕：《大学衍义约旨》，清光绪二十五年刻本。

（清）魏际端：《魏伯子文钞》，清道光丁酉年彭玉雯辑《易堂九子文钞》刊本。

（清）魏源：《魏源集》，中华书局，1976。

（清）魏裔介：《兼济堂文集》，文渊阁四库全书本。

（清）蔡世远：《古文雅正》，文渊阁四库全书本。

（清）张星鉴：《仰萧楼文集》，清光绪六年（1880）刊本。

（清）李慈铭：《越缦堂读书记》，中华书局，1963。

（清）曾国藩：《曾文正公奏稿》，清光绪二年传忠书局。

（清）皮锡瑞：《经学历史》，中华书局，1959。

（清）朱彝尊：《经义考》，中华书局。1998。

（清）吴振棫：《养吉斋丛录》，清光绪刻本。

（清）吴寿旸：《拜经楼藏书题跋记》，上海古籍出版社，1985。

（清）黄丕烈：《百宋一廛书录》，上海古籍出版社，1985。

（清）丁丙：《善本书室藏书志》，上海古籍出版社，1985。

（清）丁立中编《八千卷楼书目》，国家图书馆出版社，2009。

（清）范钦：《天一阁书目》，上海古籍出版社，1985。

（清）陆心源：《皕宋楼藏书志》，清光绪万卷楼藏本。

（清）陆心源：《仪顾堂题跋》，上海古籍出版社，1985。

（清）张金吾：《爱日经庐藏书志》，中华书局，2006。

（清）倪灿：《宋史艺文志补》，上海古籍出版社，1985。

（清）于敏中：《天禄琳琅书目》，上海古籍出版社，2007。

（清）杨绍和：《楹书隅录》，上海古籍出版社，1985。

（清）杨绍和：《宋存书室宋元秘本书目》，上海古籍出版社，1985。

（清）杨守敬：《日本访书志》，上海古籍出版社，1985。

（清）周中孚：《郑堂读书记》，上海古籍出版社，1985。

（清）彭元瑞：《钦定天禄琳琅书目后编》，上海古籍出版社，1985。

（清）潘祖荫：《滂喜斋藏书记》，上海古籍出版社，1985。

（清）钱谦益：《绛云楼书目》，上海古籍出版社，1985。

（清）钱谦益：《钱牧斋全集》，上海古籍出版社，2003

（清）徐乾学：《传是楼书目》，上海古籍出版社，2002。

（清）徐乾学：《资治通鉴后编》，文渊阁四库全书本。

（清）钱大昕：《元史艺文志》，清潜研堂全书本。

（清）钱曾：《钱遵王述古堂藏书目录》，上海古籍出版社，1985。

（清）瞿镛：《铁琴铜剑楼藏书目录》，上海古籍出版社，1985。

（清）孙星衍：《平津馆鉴藏书籍记》，上海古籍出版社，1985。

（清）卢文弨：《经籍考》，上海古籍出版社，2002。

（清）卢文弨：《抱经堂文集》，清乾隆六十年刻本。

（清）李其昌：《莲花厅志》，清同治四年。

（清）李元度：《国朝先正事略》，岳麓书社，2008。

（清）阮元：《儒林传稿》，清嘉庆刻本。

（清）阮元：《揅经室集》，中华书局，1993。

（清）徐世昌编纂《清儒学案》，舒大刚等点校，人民出版社，2010。

（清）唐鉴：《国朝学案小识》，商务印书馆，1935。

（清）傅增湘：《藏园群书经眼录》，中华书局，1983。

（清）孙殿起：《贩书偶记》，上海古籍出版社，1982。

（清）强汝询：《大学衍义续》，清光绪十二年刻本。

（清）贺长龄辑《清经世文编》，清光绪十二年思补楼重校本。

（民国）徐淦编撰《琼山县志》，民国6年。

（民国）世荣辑《庆勤僖公荣哀录》，奉天太古山房，1924。

〔韩〕李石亨等辑《大学衍义辑略》，朝鲜刻本。

〔韩〕正祖：《弘斋全书》，《韩国文集丛刊》标点影印本。

〔韩〕正祖：《大学类义》，清同治四年朝鲜活字本。

〔韩〕李珥：《圣学辑要》，朝鲜庚寅文化社，1976。

〔越〕张登桂等编《大南实录》，日本庆应大学语言文化研究所影印发行，1971～1981。

高亨：《周易大传今注》，齐鲁书社，1998。

高明：《高明文辑》，黎明文化事业公司，1978。

吴晗辑《朝鲜李朝实录中的中国史料》，中华书局，1980。

王重民撰《中国善本书目提要》，上海图书馆，1982。

周予同著，朱维铮编《周予同经学史论著选集》，上海人民出版社，1983。

东北师范大学图书馆：《古籍善本书目解题》，东北师范大学图书馆，1984。

陈荆和编校《校合本〈大越史记〉》，东京大学东洋文化研究所，1984～1986。

侯外庐、邱汉生、张岂之主编《宋明理学史》，人民出版社，1984。

蒙培元：《理学的演变——从朱熹到王夫子戴震》，福建人民出版社，1984。

蒙培元：《理学范畴系统》，人民出版社，1989。

蒙培元：《中国哲学的主体思维》，人民出版社，1993。

张立文：《宋明理学研究》，中国人民大学出版社，1985。

《中国古籍善本书目》编委会编《中国古籍善本书目》，上海古籍出版社，1985。

高令印、陈其芳：《福建朱子学》，福建人民出版社，1986。

高令印、高秀华：《朱子学通论》，厦门大学出版社，2007.

林保淳：《经世思想与文学经世：明末清初经世文论研究》，文津出版社，1991。

任孚先、武鹰主编《中外文学评论家辞典》，吉林教育出版社，1991。

柳存仁：《和风堂文集》，上海古籍出版社，1991。

束景南：《朱子大传》，福建教育出版社，1992。

宋希仁主编《中国伦理学百科全书》，吉林人民出版社，1993。

刘俊文、〔日〕池田温主编《中日文化交流史大系 2：法制卷》，浙江人民出版社，1996。

吕思勉：《理学纲要》，东方出版社，1996。

陈钟凡：《两宋思想述评》，东方出版社，1996。

钱穆：《中国近三百年学术史》，商务印书馆，1997。

钱穆：《宋代理学三书随札》，三联书店，2002。

钱穆：《朱子学提纲》，三联书店，2002。

梁启超：《清代学术概论》，上海古籍出版社，1998。

任继愈主编《中国哲学发展史》，人民出版社，1998。

任继愈主编《国际汉学》，大象出版社，1999。

黄建国、金初升主编《中国所藏高丽古籍综录》，汉语大词典出版社，1998。

北京图书馆编《北京图书馆珍藏本年谱丛刊》，北京图书馆出版社，1999。

牟宗三：《心体与性体》，上海古籍出版社，1999。

沈津：《美国哈佛大学哈佛燕京图书馆中文善本书志》，上海辞书出版社，1999。

陈来：《朱子哲学研究》，华东师范大学出版社，2000。

陈来：《宋明理学》，华东师范大学出版社，2005。

陈来：《早期道学话语的形成及其演变》，安徽教育出版社，2007。

骆伟主编《广东文献综录》，中山大学出版社，2000。

刘泽华：《中国传统政治哲学与社会整合》，中国社会科学出版社，2000。

浙江省地方志编纂委员会编（雍正）《浙江通志》，中华书局，2001。

张灏：《张灏自选集》，上海教育出版社，2002。

漆侠：《宋学的发展和演变》，河北人民出版社，2002。

冯友兰：《中国哲学史》，上海人民出版社，2003。

杜维明：《文化中国与儒家传统》，上海远东出版社，2003。

余英时：《士与中国文化研究》，上海人民出版社，2003。

余英时：《中国思想传统的现代阐释》，江苏人民出版社，2003。

蒋庆：《政治儒学——当代儒学的转向、特质与发展》，三联书店，2003。

姜广辉：《中国经学思想史》，中国社会科学出版社，2003。

贾贵荣：《日本藏汉籍善本书志书目集成》，北京图书馆出版社，2003。

蔡方鹿：《朱熹经学与中国经学》，人民出版社，2004。

黄俊杰：《中国孟学诠释史论》，社会科学文献出版社，2004。

黄俊杰编《东亚儒者的〈四书〉诠释》，华东师范大学出版社，2008。

何俊：《南宋儒学建构》，上海人民出版社，2004。

中山大学图书馆：《中山大学图书馆古籍善本书录》，广西师范大学出版社，2004。

朱鸿林：《中国近世儒学实质的思辨与习学》，北京大学出版社，2005。

章太炎、刘师培等撰《中国近三百年学术史论》，上海古籍出版社，2006。

曾枣庄、刘琳主编《全宋文》，上海辞书出版社、安徽教育出版社，2006。

中华书局编辑部编《宋元明清书目题跋丛刊》，中华书局，2006。

白益民：《三井帝国启示录》，中国档案出版社，2006。

詹尊沂等主编《丘濬邢宥海瑞研究》，海南出版社，2006。

邓洪波、龚抗云编著《中国状元殿试卷大全》（下），上海教育出版社，2006。

杨新勋：《宋代疑经研究》，中华书局，2007。

龚书铎主编《清代理学史》，广东教育出版社，2007。

吴建华：《明代经世儒臣——丘濬》，广东教育出版社，2007。

吴建华、傅里淮：《丘濬》，广东人民出版社，2012。

朱人求：《儒家文化哲学研究》，安徽人民出版社，2008。

孙先英：《真德秀学术思想研究》，上海人民出版社，2008。

向鸿全：《真德秀及其〈大学衍义〉之研究》，花木兰文化出版社，2008。

康士统：《真德秀〈大学衍义〉之研究》，花木兰文化出版社，2009。

王炜编校《科举史料汇编》，武汉大学出版社，2009。

顾宏义、戴扬本等编《历代四书序跋题记资料汇编》，上海古籍出版社，2010。

顾宏义：《宋代〈四书〉文献考论》，上海古籍出版社，2014。

张岱年主编《孔子百科辞典》，上海辞书出版社，2010。

中国古籍总目编纂委员会编《中国古籍总目》，中华书局，2010。

钟文荣：《真德秀〈大学衍义〉研究》，黑龙江人民出版社。2011。

南开大学古籍与文化研究所编《清文海》，国家图书馆出版社，2010。

张品端编《东亚朱子学新论》，厦门大学出版社，2011。

北京大学《儒藏》编纂与研究中心编《儒藏》，北京大学出版社，2012。

李未醉：《中外文化交流与华侨华人研究》，电子科技大学出版社，2014。

谭志词：《中越语言文化关系》，世界图书出版广东有限公司，2014。

山右历史文化研究院编《山右丛书初编》，上海古籍出版社，2014。

曹子西主编《北京历史人物传》（下），北京燕山出版社，2014。

陈文：《越南科举制度研究》，商务印书馆，2015。

杨峰、张伟：《清代经学学术编年》（下），凤凰出版社，2015。

何芳川主编《中外文化交流史》，国际文化出版公司，2016。

徐泳：《山东通志艺文志订补》，山东人民出版社，2016。

杨绪容：《明清小说的生成与衍化》，复旦大学出版社，2017。

〔日〕东山芦野德林：《无刑录》，佐伯复堂译注，信山社，1998。

〔美〕邓尔麟：《嘉定忠臣：十七世纪中国士大夫之统治与社会变迁》，宋华丽译，中央编译出版社，2012。

浙江省公立图书馆之源章箴编辑《近代著名图书馆馆刊荟萃》第12册《浙江公立图书馆年报》第8~9期，北京图书馆出版社，1927。

丘文彬：《真德秀及其〈大学衍义〉对理学的羽翼与发展》，载《武夷文化研究——武夷文化学术研讨会论文集》，海峡文艺出版社，2002。

张灏：《宋明以来儒家经世思想试释》，载中研院近代史研究所编《近世中国经世思想研讨会论文集》，中研院近代史研究所，1984。

二　期刊论文

冯友兰：《〈大学〉为荀学说》，《燕京学报》1930 年第 7 期。

〔美〕狄百瑞：《真德秀及其经世思想》，《湖南大学学报》1984 年第 4 期。

孙先英：《从历代书目的著录看〈大学衍义〉的文献价值》，《西南民族大学学报》2004 年第 4 期。

孙先英：《〈大学衍义〉成书时间及版本考述》，《图书馆理论与实践》2008 年第 5 期。

朱人求：《衍义体：经典诠释的新模式——以〈大学衍义〉为中心》，《哲学动态》2008 第 4 期。

朱人求、王玲莉：《衍义体在东亚世界的影响及其衰落》，《社会科学战线》2011 第 3 期。

杨念群：《“儒学地域化”概念再诠释——兼谈儒学道德实践的若干形态》，《清华大学学报》2010 年第 3 期。

姜鹏：《宋初文治导向与经筵缘起》，《传统中国研究集刊》（第七辑）2009 年第 6 期。

〔韩〕朴志勋：《真德秀的〈大学衍义〉及邱濬的〈大学衍义补〉对韩国性理学的影响》，《黑河学刊》2011 年第 6 期。

单晓娜、涂耀威：《“大学模式”与晚清经世之学》，《求索》2011 年第 11 期。

陈彦军、王宏海：《论〈大学衍义补〉在〈大学〉经世演进中的价值》，《衡水学院学报》2013 年第 3 期。

牟宗杰：《〈重广会史〉钤“经筵”印考辨》，《文献》2014 年第 1 期。

孔妮妮：《南宋后期理学家的政治构想及其时代意义——以〈大学衍义〉为中心解读》，《北方论丛》2014 年第 2 期。

夏福英：《〈大学衍义〉频引经典的论述策略——以引〈诗经〉为例》，《国学学刊》2015 年第 6 期。

王青：《近世日本的“德治”与“法治”观念解析——以朱子学者芦

东山〈无刑录〉教育刑论为中心》，《哲学动态》2017年第4期。

朱鸿林：《丘濬与〈大学衍义补〉：十五世纪中国的经世思想》，《食货月刊》1985年第15卷第3、4期。

三 学位论文

陈永正：《从〈大学衍义补〉试析丘濬思想》，硕士学位论文，福建师范大学，2002。

陈东：《清代经筵制度研究》，博士学位论文，山东大学，2006。

吕东波：《〈大学衍义补〉与明中期社会变迁》，硕士学位论文，东北师范大学，2007。

耿松：《〈大学衍义补〉研究》，硕士学位论文，华东师范大学，2007。

郄军红：《丘濬〈大学衍义补〉治民思想研究》，博士学位论文，南开大学，2009。

陶广学：《孔颖达〈礼记正义〉研究》，博士学位论文，扬州大学，2013。

图书在版编目（CIP）数据

衍义体研究 / 孙先英，刘丽莎，向娟妮著.-- 北京：
社会科学文献出版社，2020.6
ISBN 978-7-5201-6485-6

Ⅰ.①衍…　Ⅱ.①孙…②刘…③向…　Ⅲ.①阐释学
-研究　Ⅳ.①B089.2

中国版本图书馆 CIP 数据核字（2020）第 054486 号

衍义体研究

著　　者 / 孙先英　刘丽莎　向娟妮

出 版 人 / 谢寿光
责任编辑 / 黄金平

出　　版 / 社会科学文献出版社·政法传媒分社（010）59367156
　　　　　　地址：北京市北三环中路甲 29 号院华龙大厦　邮编：100029
　　　　　　网址：www.ssap.com.cn
发　　行 / 市场营销中心（010）59367081　59367083
印　　装 / 三河市龙林印务有限公司

规　　格 / 开　本：787mm×1092mm　1/16
　　　　　　印　张：13.25　字　数：215 千字
版　　次 / 2020 年 6 月第 1 版　2020 年 6 月第 1 次印刷
书　　号 / ISBN 978-7-5201-6485-6
定　　价 / 79.00 元